民乐五坝墓地发掘报告

甘肃省文物考古研究所　编著

文物出版社

图书在版编目（CIP）数据

民乐五坝墓地发掘报告 / 甘肃省文物考古研究所编
著. -- 北京：文物出版社，2022.12
　　ISBN 978-7-5010-7892-9

　　Ⅰ.①民… Ⅱ.①甘… Ⅲ.①墓葬(考古)—发掘报告
—民乐县 Ⅳ.①K878.85

　　中国版本图书馆CIP数据核字(2022)第227622号

民乐五坝墓地发掘报告

编　　著：甘肃省文物考古研究所

责任编辑：乔汉英
责任印制：张道奇
封面设计：王文娴

出版发行：文物出版社
社　　址：北京市东城区东直门内北小街2号楼
邮　　编：100007
网　　址：http://www.wenwu.com
经　　销：新华书店
印　　刷：天津图文方嘉印刷有限公司
开　　本：889mm×1194mm　1/16
印　　张：17.5
插　　页：2
版　　次：2022年12月第1版
印　　次：2022年12月第1次印刷
书　　号：ISBN 978-7-5010-7892-9
定　　价：380.00元

An Excavation Report of the Wuba Cemetery in Minle

by

Gansu Provincial Institute of Cultural Relics and Archaeology

Cultural Relics Press

本书为

甘肃省科学技术厅科技计划项目——重点实验室（研究中心）建设

"甘肃省敦煌文物保护研究中心"（20JR2RF001）

阶段性研究成果

本书编委会

主　编

陈国科

副主编

杨谊时　　王永安　　姬鹏雅

编　委

韩翀飞　　马智全　　冯维伟

樊青青　　刘冯军　　沈　磊

周　懋　　曾宗龙　　艾婉乔

贺乐天　　仇梦晗　　王卫东

目 录

插图目录

彩版目录

第一章 前 言

本章首先对五坝墓地所在的民乐县地理位置与自然环境做简要介绍，其次对民乐县的历史沿革、史前考古调查和发掘工作进行概述，而后对五坝墓地的发掘经过与资料整理工作做简单介绍，最后对墓地的报告编写体例及相关说明加以交代。

第一节 地理位置与自然环境

五坝墓地位于河西走廊中部、张掖市民乐县六坝镇五坝村，西北与甘州区相邻，地处民乐县北部，东南距民乐县城约 28 千米，西北约 18 千米为西灰山遗址，东北约 9 千米处即为东灰山遗址（图一）。

河西走廊南倚青藏高原，北接蒙古高原，东连黄土高原，西通塔里木盆地及天山山地，将中国典型的几大地理板块连接在一起，成为连接不同地理单元的狭长出口。河西走廊东起乌鞘岭，西至敦煌，西与新疆接壤，地理坐标 92°12′~103°48′E，37°17′~42°48′N，介于南山（阿尔金山和祁连山）和北山（马鬃山、合黎山和龙首山）之间，长约 1000 千米，宽数千米至近 300 千米，为西北—东南走向的狭长平地，总面积约 27000 平方千米，因位于黄河以西，故称河西走廊。自东向西依次有石羊河、黑河、疏勒河三大内陆河，贯穿走廊南北。

民乐县地处甘肃省中西部、河西走廊中段、祁连山北麓，是连接甘青两省的"要冲"，自古就是丝绸之路东段南线之"咽喉"。民乐县地理位置十分重要，经大马营滩可通甘、凉二州，南有祁连山扁都口，两山夹峙，群峰叠嶂，穿越山谷即为青海大通河谷，可直抵西宁，故为历代兵家必争之地，是历代王朝设防建卡重地。历史上素有河西走廊"南大门"之称。地理坐标 100°22′~101°13′E，37°56′~38°48′N。全县土地总面积 3687.32 平方千米，东西宽约 73.8 千米，南北长约 95.4 千米，西北毗邻张掖市甘州区，东接山丹县和山丹军马场，南与青海省祁连县和门源县相连，西南与肃南裕固族自治县接壤。

民乐县南跨走廊南山中段，北为河西走廊中段偏南部分。在地质上属祁连褶皱系，南部为祁连褶皱带，北部为祁连过渡带。地势南高北低，地貌类型分南部的祁连山地和北部的倾斜高平原。

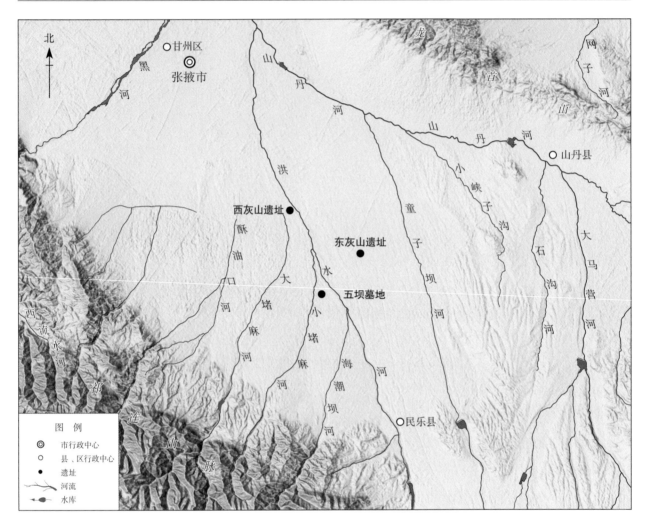

图一　五坝墓地位置示意图

南部祁连山地以景阳岭、俄博岭、龙孔大坂等山脊和青海省的门源、祁连县为界。东接冷龙岭，西以酥油口与肃南、张掖为邻。面积约 1223 平方千米，占全县总面积的 33.2%。海拔 2900~5000米，海潮坝沟垴海拔 5027 米，是民乐县最高峰，相对高度 2000 米左右，呈西高东低之递降趋势。在内外营力的共同作用下，地貌分为走廊南山主脊地带的侵蚀构造高山，走廊南山主脊北侧的侵蚀构造中山、山前中山丘陵以及走廊南山北麓一带和倾斜平原东缘部分的构造剥蚀低山、丘陵。境内主要山脉有祁连山、老君山、临松山和东山。倾斜高平原南起走廊南山北缘大断裂，包括童子坝河、洪水河、海潮坝河、大都麻河、小都麻河五大河所形成的山前一、二级洪积扇，向西北方向倾斜，与张掖平原相接，呈东南高西北低之地势，海拔 1500~2800 米，坡度一般为 0.8%~1.5%，最大为 4.1%，南部及中部为重要农业区。北部绿洲边缘以北，大部分为荒漠戈壁。地貌从南到北依次为分布在南丰、顺化、丰乐、新天、南古各乡镇南缘的平原与山区接触部位，以及永固、洪水镇部分地区的冰水、冰碛高台地；分布在南丰、永固、顺化、丰乐、新天、南古、杨坊各乡镇中北部及洪水、三堡、民联各乡镇全部的山前洪积倾斜平原；分布在境内五大河干支流及其重要沟溪的河谷沿岸的河谷冲积平原；民（乐）张（掖）交界线以南、县境内绿洲以北的杨坊、六坝、李寨、民联等乡镇的北缘和北部滩一带的北部戈壁、沙丘[1]。

民乐县降水量少，蒸发量大，干旱少雨。河流补给主要来源于山区大气降水和高山冰雪融水。境内河流均发源于祁连山北坡，属内陆河流黑河水系支流。黑河流域降水量年内分配极不均匀，其特点是汛期降水量大而集中，冬季雨雪稀少，春季雨水少而不稳。降水主要集中在6~9月，占年降水量的73.3%以上，部分高山区达80%，其中以7、8月最为集中，平均占年降水量的45.7%，部分高山区可达55.9%。12月到次年2月降水量平均占年降水量的3.5%，即使祁连山区也是极少的，11月到次年3月降水量占年降水量的10%以下[2]。县境内河流有洪水河、大都麻河、童子坝河、海潮坝河、小都麻河、玉带河和酥油口河，还有前山地带的沿山小沟小河等。民乐县径流总量为4.6355亿立方米，其中7条主要河流年均地表径流量为3.7819亿立方米，其余径流量来自沟谷潜流、山前出露泉水和小沟小河。径流量的来源可分为自产水和入境水，全县自产水资源3.1821亿立方米，主要分布在县境内海潮坝河以东和童子坝河以西的祁连山区，入境水来自祁连山区，总量为1.4534亿立方米，其中地表水径流量为1.3874亿立方米，沟谷潜流量为0.066亿立方米。根据1957~1980年的水文资料，前述比较大的7条河流，多年平均径流量为3.7819亿立方米，前山区小沟小河径流量为0.5978亿立方米。7条河流4~6月多年平均径流量为1.0397亿立方米，占全年总径流量的29%，7~9月径流量为2.1843亿立方米，占60.6%。据研究，河西内陆河水资源产生于祁连山区，河流出山以后依次穿越山前洪积扇、走廊南部盆地、北部盆地，最后进入尾闾湖。由于山前洪积扇、南北盆地及河床具有良好的通透性和巨大的蓄水能力使地表水易于转化为地下水，出山水量的很大一部分渗入地下避免无效蒸散损耗。同时由于特殊的串珠状水文地质盆地构造，水资源具有同源性和多次转化特点，使水资源的利用率大大提高。1999年河西水资源总量为63.79亿立方米，其中，地表水资源量为58.36亿立方米，地下水资源量为563万立方米，地表水与地下水重复计算量高达509.6万立方米。黑河流域水资源利用率达到128%，且黑河流域地下水目前开采量较小，适当扩大地下水灌溉量，水资源的利用率可达到170%以上[3]。民乐县出境水资源总量为2.3784亿立方米，以地下潜流形式转入张掖盆地2.2509亿立方米，转入山丹盆地0.1275亿立方米。

县内气候总体属大陆性荒漠草原气候，南部山地属高寒半干旱气候，中北部属温带大陆性气候。具有干旱少雨、日照充足、昼夜温差大、多风沙的特点。主要风向以东南风为主，其次为西北风，年平均气温0℃~7.6℃，无霜期78~188天，太阳辐射年总量127~144千卡/平方厘米，年日照时数2592~2997小时，属太阳辐射量高值区，年平均气温日较差在15℃左右，中部川区只有

[1]民乐县县志编纂委员会：《民乐县志》，甘肃人民出版社，1996年。

[2]陈文雄：《黑河流域水文特性》，《水文》2002年第6期，第57~60页。

[3]张济世、康尔泗、蓝永超等：《河西内陆河地表水与地下水转化及水资源利用率研究》，《冰川冻土》2001年第4期，第375~382页。

13℃，民乐最大日较差，夏秋季一般在 20℃以上。主要灾害性天气有干旱、冰雹、霜冻、洪涝、风沙、病虫害等。年降水量 155~501 毫米，由于地形和海拔的影响，年降水量自西北向南随海拔高度的升高而递增。南部中高山区多年平均降水量为 400~600 毫米，前山区为 400 毫米以上，中部平原区为 300 毫米左右，北部荒漠区为 150~220 毫米。降水量年内分布极不均匀，7~9 月降水量最大，占全年总降水量的 56.4% 左右，4~6 月降水较少，占全年总降水量的 30.9%，10 月到次年 3 月，降水量只占全年降水量的 12.7%。因自然地理条件的不同，降水和蒸发的比值关系也各不相同。南部山区降水量较大，气候湿润，蒸发量较少，干旱指数 1.52~3.981。平原区降水量次之，蒸发量较大，干旱指数 4.04~4.99。北部荒漠区降水最少，气候干燥，蒸发强烈，干旱指数 9.8~16.14。南部高寒、中部冷凉、北部干旱，丰富的光热资源和较大的昼夜温差，适宜各类植物尤其是瓜果和块茎作物（如马铃薯）进行光合作用和糖分积累，并为农作物的质量提高奠定了良好基础。

　　民乐县农区有风沙土、灰棕漠土、灰漠土、灰钙土、栗钙土、黑钙土、灌耕土、沼泽土八个土类，山区有亚高山草甸土、高山草甸土、高山寒漠土、山地森林土、灰漠土五个土类[1]。土壤质地较轻，通气性好，土壤养分易于分解，适宜于农业作物、经济作物、药材等的种植。民乐县根据各乡不同的地理位置、资源优势和作物特点，将全县分为北部温暖粮油瓜果区，中部冷凉粮油大蒜区、药材生产区和南部高寒青稞小油菜区。县内主要作物包括小麦、青稞、大麦、豆类、谷子、糜子、马铃薯、玉米，经济作物有胡麻、油菜籽、大蒜、甜菜、葵花籽、大麻、瓜类、蔬菜、苹果、梨等，药材主要包括板蓝根、甘草、黄芪、党参等。

第二节　历史沿革与史前考古工作

一　历史沿革

　　张掖自古以来是人类繁衍生息、文化绵延发展之地。新石器时代晚期，马家窑文化逐渐西进扩展至河西走廊，在公元前三千纪前叶，马家窑类型已扩展至该地区，在山丹县位奇镇二十里堡村北侧的二十里堡墓群发现了马家窑类型遗存。民乐县五坝墓地的发现表明半山类型遗存分布西界已达黑河流域。之后，马厂类型遍布河西走廊，相邻的甘州区也发现了多处马厂类型遗存。齐家文化在马厂类型晚期也进入这一地区，两者互有影响。

　　青铜文化时期，民乐地区经历了西城驿文化、四坝文化的发展阶段。马厂类型晚期和齐家文化遗存共存和影响而形成了西城驿文化，之后西城驿文化发展成为四坝文化。马厂类型、西城驿文化、四坝文化是前后延续的几支考古学文化，自马家窑文化以来一脉相承。西城驿文化因张掖西城驿遗址而得名，四坝文化因山丹四坝滩遗址而得名。民乐地区东灰山遗址、西灰山遗址西城

---

[1] 吴燕芳：《干旱绿洲县域土地利用分区研究—以民乐县为例》，西北师范大学硕士学位论文，2011 年。

驿文化、四坝文化相关遗物的发现，表明在西城驿至四坝文化时期，民乐地区东西文化交流频繁，铜冶金发达。

早期铁器时代，沙井文化向西扩散，骟马文化向东延伸，分别进入黑河流域，张掖成为沙井文化分布的西界、骟马文化分布的东界[1]。有学者研究认为沙井文化、骟马文化与乌孙、月氏有关，但目前尚难以定论。文献记载，乌孙与月氏共居河西。其后，月氏逐乌孙而独居。秦汉之际，北方的匈奴强大起来，击败并赶走了月氏人，河西遂为匈奴右贤王领地。黑河东、西由休屠王、浑邪王分领。

新石器时代—铁器时代，张掖地区经历了马家窑文化马家窑类型—马家窑文化半山类型—马家窑文化马厂类型/齐家文化—西城驿/齐家文化—四坝文化/齐家文化—沙井/骟马文化的考古学文化发展序列。

西汉武帝元狩二年（前121年），霍去病两次远征河西，大败匈奴。浑邪王杀休屠王，引数万匈奴部众向汉军投降，从此民乐县境归西汉。武帝元鼎六年（前111年），置张掖郡，境内始置氏池县。新莽始建国元年（9年），天下改郡、县名，改氏池县为否武县。更始三年（25年），窦融出镇张掖，统领张掖、酒泉、敦煌、武威、金城五郡，领氏池县。献帝兴平元年（194年），以河西四郡置雍州，氏池县属雍州牧张掖郡。魏文帝黄初元年（220年），县境归曹魏，置氏池县，隶属张掖郡。

晋永和元年（345年），张骏建立前凉政权，县境属前凉。穆帝永和十年（354年），前凉张祚在境内置汉阳县，以守牧地，治所在今永固一带，隶属祁连郡。废帝太和四年（369年），前凉张天锡置临松郡，领临松县。太元元年（376年）八月，前凉亡，县境归属前秦。太元十四年（389年），境内之地为后凉吕光所据。安帝隆安二年（398年），后凉段业建立北凉政权，县境归属北凉，仍置氏池县。隆安五年（401年），沮渠蒙逊建都张掖，置三郡四县，即祁连郡辖汉阳县，临松郡辖临松县，金山郡辖金山县、氏池县。北魏太延五年（439年），北凉亡，440年，县境归属北魏，郡县改为戍，置氏池戍，属武威镇张掖军，440年后，复称氏池县，属凉州张掖郡。另设临松郡领安平、和平二县。西魏置临松县，属西凉州建康郡。北周置金山县，属张掖郡。

隋实行郡、县二级制，废金山县归张掖郡。大业十三年（617年），凉州鹰扬府司马李轨起兵，自称凉王，统治河西五郡，县境为李轨所据。唐高祖武德二年（619年），县境归唐，建置沿袭隋。代宗大历元年（766年），吐蕃乘虚攻陷甘州，县境归吐蕃。宣宗大中二年（848年），张义潮起兵，于大中五年（851年）收复河陇11州，县境复归于唐。懿宗咸通十三年（872年），回鹘攻占甘州，建立回鹘政权，县境归甘州回鹘所有。五代十国，县境属甘州回鹘。

宋仁宗天圣六年（1028年），甘州回鹘为西夏李元昊所灭，县境归西夏。宋宝庆二年（1226年），成吉思汗攻陷甘州，西夏亡，县境归属元。至元十八年（1281年）设立甘肃行中书省，县

---

[1] 2011年发掘的张掖农场遗址为沙井文化遗存，2012年发掘的山丹过会台遗址为骟马文化遗存。

境属元甘肃行中书省甘州路辖地。明置卫、所，县境属甘州五卫，隶属陕西行都司甘肃镇（治甘州）。明成祖永乐四年（1406年），设祁连监于祁连城（永固城）。清雍正二年（1724年），设东乐厅（治东乐堡）。乾隆八年（1743年），置东乐县丞，隶甘州府。

民国二年（1913年），置东乐县，治所东乐堡，属甘凉道。民国十八年（1929年）三月，迁县治于洪水城。1929年12月16日，改东乐县为民乐县。因洪水城遭土匪劫掠，破坏严重，县府暂迁六坝南大寺。民国十九年（1930年）六月复迁东乐堡。民国二十一年（1932年）再次迁县治于洪水城。民国二十五年（1936年）后隶属甘肃省第六行政督察专员公署。

1949年9月17日民乐县解放，隶属张掖军事管制委员会。10月，属陕甘宁边区张掖分区。1950年1月后，隶属甘肃省行政公署张掖分区。从1951年11月起属武威专区。1955年10月属张掖专员公署。1958年12月，民乐县与山丹县合并。1962年1月1日，恢复民乐县建置，隶属张掖专员公署，后改为张掖地区行政公署。2001年7月，张掖撤地建市，民乐县属张掖市管辖[1]。

二　史前考古调查和发掘

1958年9月，甘肃省博物馆在该县开展文物普查时发现东灰山和西灰山遗址[2]。该县史前遗址较少，后续调查和发掘工作也基本围绕这两个遗址展开。1985年，张掖地区文化处和中国科学院遗传研究所李璠等先后赴东灰山遗址开展农业遗存考古调查[3]。1986年10月，由甘肃省文物考古研究所水涛、北京大学考古系李水城和吉林大学北方考古研究室许永杰组成的河西史前考古队前往东灰山和西灰山遗址进行调查[4]。1987年4~6月，甘肃省文物考古研究所与吉林大学北方考古研究室对东灰山遗址进行了发掘[5]。1989年9月，中国西北干旱地区全新世环境演变与人类文明兴衰研究组前往东灰山遗址调查采样[6]。2005年，北京大学考古文博学院李水城再次调查了东灰山遗址，并采集土样[7]。2007年，甘肃省文物考古研究所和北京科技大学联合开展河西走廊早期冶金遗址调查，对东灰山、西灰山遗址进行了考察。同年，甘肃省文物考古研究所、

[1] 民乐县县志编纂委员会：《民乐县志》，甘肃人民出版社，1996年。

[2] 宁笃学：《民乐县发现的二处四坝文化遗址》，《文物》1960年第1期，第74~75页。

[3] 李璠、李敬仪、卢晔等：《甘肃省民乐县东灰山新石器遗址古农业遗存新发现》，《农业考古》1989年第1期，第56~73页。

[4] 甘肃省文物考古研究所、北京大学考古文博学院：《河西走廊史前考古调查报告》，文物出版社，2011年。

[5] 甘肃省文物考古研究所、吉林大学北方考古研究室：《民乐东灰山考古——四坝文化墓地的揭示与研究》，科学出版社，1998年。

[6] 王一曼：《东灰山遗址的环境意义与河西走廊史前文化兴衰》，《西北干旱地区全新世环境变迁与人类文明兴衰》，地质出版社，1992年。

[7] Flad R, Li S C, Wu X H, et al., "Early wheat in China: Results from new studies at Donghuishan in the Hexi Corridor," *The Holocene*. 2010, 20(6): 955-965; 李水城、王辉：《东灰山遗址炭化小麦再议》，《考古学研究（十）》，科学出版社，2013年，第399~405页。

北京大学、中国社会科学院考古研究所、北京科技大学等单位联合组成环境考古调查队前往东灰山遗址进行了考察。2009 年 9~11 月，甘肃省文物考古研究所、张掖市文物保护研究所和民乐县博物馆联合对五坝墓地进行了抢救性发掘[1]。2016 年，中国农业科学院在东灰山和西灰山遗址调查，发现了大量的炭化农作物遗存，并发现了中国最早的荞麦遗存[2]。

第三节 发掘经过与资料整理

一 工作缘起

本次发掘工作是配合民乐县加快推进"村村通"工程（饮水管道建设和道路建设）而开展的抢救性考古发掘项目。该考古项目和工程的实施可进一步方便百姓生活，促进农村经济发展和全面建成小康社会。

早在 1994 年，为解决五坝村村民的饮水问题，在村内路基下挖自来水管道时，发现了人骨及大批彩陶，以后相继平整修路、挖井、挖窖坑、拉电线，又发现了不少彩陶。2009 年 7 月，在"村村通"工程中，当地村民在原管道北侧两米处开挖新的管道时，又发现了彩陶罐和人骨。为了使工程涉及区域内文化遗存得到有效的保护，并为今后该遗址的保护提供考古支撑，遂对涉建区域进行了考古发掘。

民乐县史前考古调查和发掘工作较少，主要围绕东灰山和西灰山遗址展开相关工作，两遗址以四坝文化遗存为主，有少量西城驿文化遗存。民乐县所在的张掖地区调查发现了大量马厂时期的遗址，但都未经科学发掘。河西走廊调查、发掘了部分马厂文化遗址和墓地，但大多未出版详细的发掘报告。其中永昌鸳鸯池墓地虽然进行了大规模发掘，但仅发表了 2 篇简报，未出版详细的发掘报告，加之早年发掘，现有的资料已经不能满足当前学术研究的需要。从五坝墓地以往的发现来看，以马厂类型遗存为主，有少量半山类型、西城驿文化和齐家文化遗存，所以我们试图通过本次发掘，进一步探讨半山类型、马厂类型、西城驿文化、齐家文化之间的关系，梳理黑河上游河西走廊地区的史前文化谱系，这也是本次发掘的主要学术目标。

二 工作经过

该墓地从 20 世纪 90 年代起，在多次农村基础设施建设中被严重破坏。2009 年 7 月，在"村

---

[1] 甘肃省文物考古研究所、张掖市文物保护研究所、民乐县博物馆：《甘肃民乐五坝史前墓地发掘简报》，《考古与文物》2012 年第 4 期，第 3~13 页。

[2] Wei Y M, Guo B, Ren M. "Properties of carbonized wheat kernels from the late Neolithic site of Donghuishan, Gansu Province, China," *Cereal Chemistry*. 2019, 96(4): 775-783; 魏益民、杨谊时、张影全等：《中国河西走廊东灰山和西灰山作物遗存研究》，《麦类作物学报》2020 年第 11 期，第 1327~1333 页。

村通"工程中，当地村民在原管道北侧两米处开挖新的管道时，发现了彩陶罐和人骨。村委会及时上报民乐县博物馆，民乐县文化局上报张掖市文物局，市县二级文物部门立即组织相关人员对遗址进行了调查，并从当地村民手中征集器物三十余件，部分器物见附录一。2009年9月，五坝村因要对村内道路进行硬化，故上报相关文物部门并建议进行考古发掘。

经报国家文物局批准，甘肃省文物考古研究所组织成立五坝墓地考古队，9月21日始对该墓地进行考古发掘。该墓地位于村民居住区内，墓葬大部分叠压在乡村道路及民房下，无法进行大规模勘探，致使无法摸清整个墓地的分布范围和布局。发掘区位于村内东西向道路间，本次仅对墓葬叠压的密集区进行发掘，布探沟五个。发掘工作可以大致分为两个阶段。

第一阶段，2009年9月21日~10月14日，自西向东布探沟三个：TG1（3米×10米）、TG2（3米×10米）、TG3（3米×11.5米）（彩版一）。通过对三个探沟的清理发掘，对该墓地的文化性质有了初步的认识，时代主要为马厂类型时期，部分为西城驿文化时期。

第二阶段，2009年10月16日~11月5日，通过第一阶段三个探沟的发掘情况来看，越向西，墓葬越多，文化面貌越复杂，因此在TG3西侧再布探沟TG4（4米×10米）和TG5（4米×15米）。该阶段发掘对墓地的文化特征有了进一步的认识，该墓地有半山类型晚期、马厂类型、西城驿文化和齐家文化多种文化遗存。发掘过程中完成了发掘记录、墓葬绘图和部分器物绘图工作。

参与本次发掘的人员有韩狲飞、马智全、王永安、王卫东、刘义、周荣等，项目负责人韩狲飞统筹整体发掘并负责现场发掘工作，马智全、王永安、王卫东负责发掘、记录、绘图和现场拍照工作。

三　资料整理与报告编写

1. 整理缘由

为响应国家文物局和甘肃省文物局对处理积压考古报告的要求，时隔十余年，2021年至2022年重新开展该墓地的资料整理和报告编写工作。

2. 队伍组建

由于发掘主要人员韩狲飞、马智全因工作变动调离我单位，王永安主要负责石家及遇村遗址的发掘，无暇整理，故重新组织人员对该报告进行整理。由陈国科统筹报告资料整理和编写工作，杨谊时、姬鹏雅、樊青青完成资料的整理和报告的编写工作。

3. 资料整理

2009年，该墓地发掘结束后，基本完成了基础资料整理，并于2012年发表了简报，该阶段工作主要由王永安完成。

2021年8~12月，进行文字资料的核对、录入和墓葬图、器物图的订正、绘制工作。以上工作由姬鹏雅负责完成，西北民族大学本科生张思源、刘英杰参与了线图的绘制工作。

2022年1~6月，逐步完成陶器线图的修改和石器、骨器补绘工作，并完成所有墓葬基础资料的描述和表格登记工作，以上工作由姬鹏雅、樊青青完成，杨谊时完成所有资料的核对工作（彩版二）。

发掘结束后，循序渐进的开展相关科技考古检测分析，包括测年、人骨、串珠的鉴定检测等工作。人骨鉴定由兰州大学贺乐天老师完成并撰写检测分析报告，串珠的检测由中国社会科学院考古研究所艾婉乔博士完成并撰写检测分析报告。出土遗物的拍照工作由兰州大学博士生仇梦晗完成。

4. 报告编写

报告的编写工作逐渐推进，大致可以分为以下几个阶段：

第一阶段，2022 年 1~3 月，主要工作包括：（1）拟定报告编写大纲；（2）完成报告主体部分遗存的编写工作，完成各类文字、线图、照片、表格的核对统计工作。本阶段工作主要由姬鹏雅、樊青青完成。

第二阶段，2022 年 4~6 月，在完成第二章地层堆积、墓葬和随葬器物综述的基础上，对出土器物进行类型学分析，初步完成分期工作，同时完成报告第一章前言的写作工作。在此基础上结合墓地布局特点、出土器物型式特征，调整和完善墓地的分期和时代，并完成了报告第四章墓地分期、时代和布局的写作。本阶段工作主要由杨谊时、姬鹏雅、樊青青完成。在参阅相关研究成果基础上，结合科技考古的相关研究成果，完成报告第五章讨论部分的写作，本章主要由陈国科、杨谊时、姬鹏雅、樊青青完成。

第三阶段，2022 年 6 月，完成报告的编写工作。6 月下旬，完成一稿的修改，之后陈国科完成二稿的修改。

第四阶段，2022 年 7~12 月，根据出版社的意见对报告进行校对修改。

2021 年 7 月~2022 年 6 月，资料整理前后耗时近 1 年，报告整理编写人员分工合理，精诚合作，才确保报告的顺利完成。

第四节　报告体例与相关说明

一　报告体例

本报告共分为五章，第一章为前言，概述墓地的地理位置及其所在区域的自然地理背景、历史沿革、相关考古工作，以及本次考古发掘和报告整理过程、报告编写体例等；第二章综述地层堆积及墓葬特征；第三章详细公布墓葬资料；第四章为墓地分期、时代与布局；第五章根据墓地分期与布局，结合周边地区研究成果和科技检测分析报告就相关问题进行探讨。后附墓葬登记表、出土器物登记表，人骨鉴定报告和串珠检测分析报告。

为了客观地公布资料，本报告坚持"实事求是"的原则，不强加发掘者的主观认识，按照墓葬单位进行客观描述，一律不进行分型定式的标注，附表内也不标注，只挑选典型器物作为分期的标型器。为了翔实地反映墓葬资料，本报告所有墓葬和遗物全部以文字描述、线图和照片的形式公布，同时将民乐县博物馆藏五坝墓地以往采集器物的文字描述、线图、照片等一并公布。

二　相关说明

编号说明，本报告所有墓葬的编号以发掘后的统一编号为准。墓葬编号表述为发掘年代＋地名（民乐）＋遗址名称（五坝墓地）＋探沟编号＋墓葬编号，例如 2009MLWTG5M47。墓葬和地层出土器物的编号，每个墓葬单位统一编号，但是地层内出土的大部分是陶器残片，且数量较少，只选择典型标本，陶器残片不纳入统一编号，例如 M47 出土完整遗物编号为 2009MLWTG5M47：1。为了行文方便，本报告后文编号直接简化，例如 2009MLWTG5M47 简化为 M47，2009MLWTG5M47：1 简化为 M47：1。另外，民乐县博物馆馆藏采集于五坝墓地的遗物，作为附录置于报告后，采集器物编号表述为 CJ，例如 CJ：1。

插图说明，本报告线图主要包括总平面图、探沟平剖面图、墓葬平剖面图、出土器物图。总平面图中墓葬只表示墓葬轮廓线，墓葬平剖面图为充分表现结构，剖面为剖视图。地层出土的陶片，特征明显且可复原者绘制陶器复原图。个别陶器为红彩，在插图中均以灰色表示。

插表说明，本报告表格分为插表和附表，除墓葬登记表和出土器物登记表作为附表外，其余表格为方便读者查阅，随文作为插表。

附录说明，五坝墓地出土人骨鉴定报告、五坝墓地浅色串珠材质分析作为附录二、三随置于附录一五坝墓地采集遗物后。

为便于讨论，本报告中采用"半山类型"和"马厂类型"表述，相当于目前学者认为的"半山文化"和"马厂文化"或"半山时期"和"马厂时期"。

第二章　地层堆积与墓地综述

本章首先概述墓葬地层堆积情况和墓葬之间的关系，然后从墓向、墓葬结构、葬俗葬制等方面对不同形制墓葬进行综述，在此基础上对五坝墓地不同时期墓葬的特征进行归纳与讨论。

第一节　地层堆积及出土遗物

一　地层堆积

墓地叠压在五坝村村庄下，发掘区域位于村庄内一条东西向道路间。共布探沟五个，分别为 TG1（3 米 × 10 米）、TG2（3 米 × 10 米）、TG3（3 米 × 11.5 米）、TG4（4 米 × 10 米）和 TG5（4 米 × 15 米）（图二）。由于当地居民长期的生产生活，墓地原始堆积已被破坏殆尽，①~③ 层为近现代不同时期道路垫土层，墓葬开口于③层垫土层下，埋藏较浅。

从整体堆积看，探沟地层可分为 3 层，依次为硬化道路所铺沙砾层、路基硬土层、近现代垫土层，之下生土层为黄土和砂砾石，表土沙砾层在各探沟呈连续分布，路基硬土层、近现代垫土层呈不连续分布。上部 3 层为后期近现代人类活动垫土，墓葬开口于③层垫土下。下面对各探沟地层堆积分别做介绍。

TG1　位于发掘区最东面，北部和西部被管线破坏。地层堆积可分为 3 层（图三）。

第①层：沙砾层，粗砂砾，青灰色，土质疏松，全探沟呈连续水平状分布，厚约 20~30 厘米。硬化道路新铺的砂石。

第②层：沙土层，灰黄色，土质疏松，夹杂有砂石，全探沟呈水平状分布，厚约 10~25 厘米。现代路基垫土。

第③层：沙土层，褐色，土质疏松，全探沟呈水平状分布，厚约 10~35 厘米，出土骨器 1 件。近现代垫土层。此层下开口的墓葬有 M10、M13、M14、M18、M19、M20、M27。

第④层下生土层为黄土和砂砾层。

TG2　位于 TG1 西面、TG3 东面，北部和中部被管线破坏，东部被现代坑打破。地层堆积分为 3 层（图四）。

第①层：沙砾层，粗砂砾，青灰色，土质疏松，全探沟呈斜坡状分布，北部堆积较厚，厚约 15~75 厘米。硬化道路新铺的砂石。

第②层：沙土层，灰黄色，土质疏松，夹杂有砂砾石，全探沟呈水平状分布，厚约 15~40 厘米，包含有近现代瓷片、塑料、炭渣等，出土有马厂时期陶片。现代路基垫土。

第③层：沙土层，褐色，土质疏松，全探沟呈水平状分布，厚约 15~40 厘米，包含有马厂时期彩陶片，亦有近现代瓷片。近现代垫土层。此层下开口的墓葬有 M2、M3、M8、M11、M15、M22、M23。

第④层下生土层为黄土和砂砾层。

TG3 位于 TG2 西面、TG4 东面，北部被管线破坏，东南部和东北部被现代坑打破。地层堆积分为 6 层（图五）。

第①层：沙砾层，粗砂砾，土质疏松，全探沟呈连续水平状分布，厚约 15~30 厘米。硬化道路所铺设的砂夹石。

第②层：沙土层，灰黄色，土质疏松，夹杂有砂砾石，全探沟呈水平状分布，厚约 15~35 厘米，出土有马厂时期陶片。现代路基垫土。

第③a 层：沙土层，灰褐色，土质疏松，呈水平状分布，东南部无分布，厚约 0~40 厘米。近现代垫土层。

第③b 层：沙土层，深褐色，土质疏松，呈水平状分布，西端无分布，厚约 0~50 厘米。近现代垫土层。此层下开口的墓葬有 M24。

第③c 层：沙砾石层，灰褐色，呈水平状分布，仅西端有分布，厚约 0~38 厘米。近现代垫土层。此层下开口的墓葬有 M12。

第③d 层：沙土层，黄褐色，土质疏松，呈水平状分布，东南角和西北角无分布，厚约 0~50 厘米。近现代垫土层。此层下开口的墓葬有 M1、M4、M5、M6、M7、M9、M16、M17、M21、M25、M26、M28、M29、M30、M31、M32。

第③d 层下生土层为黄土和砂砾层。

TG4 位于 TG3 西面、TG5 东面，北部被管线破坏。地层堆积分为 4 层（图六）。

第①层：沙砾层，粗砂砾，青灰色，土质疏松，全探沟呈连续水平状分布，厚约 15~30 厘米。硬化道路新铺的砂石。

第②层：沙土层，灰黄色，土质疏松，夹杂有砂砾石，全探沟呈水平状分布，厚约 10~30 厘米。现代路基垫土。

第③a 层：沙土层，褐色，土质疏松，呈水平状分布，东端无分布，厚约 0~25 厘米。近现代垫土层。此层下开口的墓葬有 M34、M35、M43、M46、M48、M52、M53。

第③b 层：沙土层，黄褐色，土质疏松，呈斜坡状分布，西部无分布，厚约 0~60 厘米。近

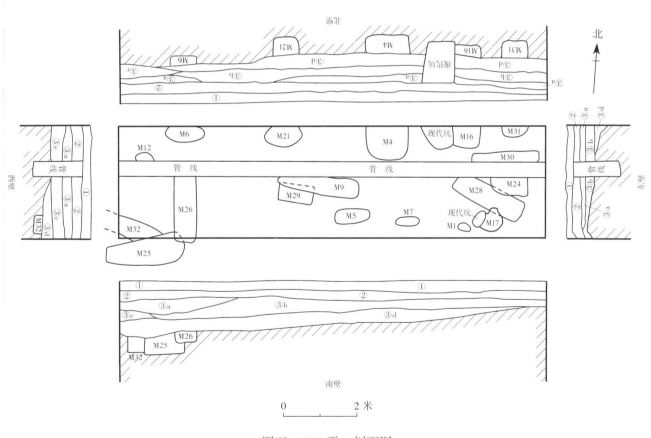

区

道　　　　路

M14　M13　　　M27

北

TG1

0 　　 240厘米

区

北壁

M6　M21　M4　M16　M31

③c　③a　③b　③d　现代坑　③a　P③　③c

②　　　　③b　③a

①

西壁

②　③c
③a
②　③a
M32　③c
③d
管线
①
②

M12　M6　　M21　　　M4　　　现代坑　M16　M31

M30

M26　　管线　　　管线　　　M28　M24

M29　M9

M5　M7　现代坑

M32　　　　　　　M1　M17

M25

东壁

②　③a
③d
③b
③a
管线
①
②
③b
③a

南壁

①　　　　　　　　　②　　　①

②　　　③b　　　　③d

③a

③c

M26

M25

M32

0 　　 2米

图五　TG3平、剖面图

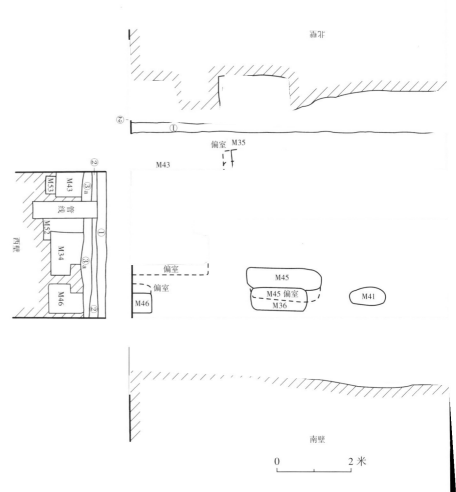

图六　TG4 平、剖面图

现代垫土层。此层下开口的墓葬有 M36、M37、M40、M41、M45、M50（彩版三，1）。

第③b层下生土层为黄土和砂砾层。

TG5　位于发掘区最西面，东临 TG4，北部和中部被管线破坏，东南部局部被现代坑打破。地层堆积分为 5 层（图七；彩版三，2）。

第①层：沙砾层，粗砂砾，青灰色，土质疏松，全探沟呈连续水平状分布，厚约 15~35 厘米。硬化道路新铺的砂石。

第②层：沙土层，灰黄色，土质疏松，夹杂有砂砾石，全探沟呈水平状分布，厚约 10~35 厘米，包含有近现代瓷片、塑料、炭渣等。现代路基垫土。

第③a层：沙土层，灰黄色，土质疏松，全探沟呈水平状分布，厚约 10~40 厘米，包含有马厂时期彩陶片等遗物，亦有近现代遗物。近现代垫土层。

第③b层：沙土层，黄褐色，土质疏松，呈斜坡状分布，东端无分布，厚约 0~95 厘米。有现代坑、房屋堆积、窑坑等遗迹，包含有史前时期残碎陶片等遗物，亦有近现代塑料、铁圈等，出土有浅色石珠串饰、石磨盘等。近现代垫土层。

第③c层：沙土层，灰褐色，土质疏松，呈水平状分布，东北角无分布，厚约 0~80 厘米。有现代窑坑、白灰等遗迹，包含有史前时期残碎陶片及零星骨骼等，亦有近现代塑料等，出土有腹耳罐。近现代垫土层。此层下开口的墓葬有 M33、M38、M39、M42、M44、M47、M49、M51。

第③c层下生土层为黄土和砂砾层。

二　地层出土遗物

由于当地居民长期生产生活及 1994 年引水管道建设，墓地原始堆积和墓葬遭严重破坏。地层中出土部分陶片、骨骼、串珠、石磨盘等。陶器残片经修复，主要有双耳罐、腹耳壶、盆等。

双耳陶罐　1 件。

标本 TG2②：2，夹砂灰褐陶，手制，器表有烟炱。侈口，圆唇，束颈，溜肩，圆鼓腹，下腹弧收，平底。口肩之间有双耳，双耳低于口沿。肩部饰横向凸棱一周，腹部饰纵向凸棱四道，延伸至下腹。口径 7.2、腹径 9.7、底径 4.8、高 9.1 厘米（图八，1；彩版四，1）。

腹耳陶壶　1 件。

标本 TG5③c：1，泥质橙黄陶，手制。侈口，圆唇，束颈，溜肩，圆鼓腹，下腹斜收，平底，腹部有双耳。器表及口沿内壁饰黑彩，口沿至肩部从上至下依次饰细条带纹、短斜线纹、细条带纹各一周。肩腹部饰宽条带纹三周，肩部宽带间饰折线纹和圆点纹，腹部宽带间饰菱形网格纹。口径 4.1、腹径 9.1、底径 5.4、高 10.3 厘米（图八，2；彩版四，2）。

彩陶盆　1 件。

标本 TG2②：1，泥制橙红陶，手制。敞口，圆唇，高领，鼓腹，下腹内收，平底。腹部对称有錾，下部有豁口。器表内外壁通体施紫红色陶衣，饰黑彩，纹饰脱落严重。口径 17.6、腹径 16.5、底径 7.2、

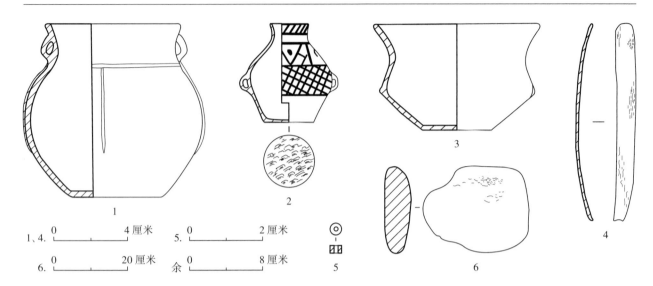

1、4. |0_____4 厘米　5. |0_____2 厘米

6. |0_____20 厘米　余 |0_____8 厘米

图八　探沟地层出土器物

1. 双耳陶罐（TG2②：2）　2. 腹耳陶壶（TG5③c：1）　3. 彩陶盆（TG2②：1）　4. 骨器（TG1③：1）　5. 石珠串饰（TG5③b：1-1）　6. 石磨盘（TG5③b：2）

高 11.2 厘米（图八，3；彩版四，3）。

骨器　1 件。

标本 TG1③：1，系用动物肋骨磨制而成。长条形片状，中部略弯曲，器表涂朱砂，一端较尖，尖残。残长约 10.4、宽约 1.2、厚约 0.2 厘米（图八，4；彩版四，4）。

石珠串饰　1 组。

标本 TG5③b：1，共 12 颗。黄白色，圆柱状，中有穿孔。TG5③b：1-1，直径约 0.3、孔径约 0.1、厚约 0.2 厘米（图八，5；彩版四，5）。

石磨盘　1 件。

标本 TG5③b：2，砂岩，平面近圆角长方形，较厚，一面有磨光面，一面较平。长约 28、宽约 22、厚约 7 厘米（图八，6；彩版四，6）。

第二节　墓葬综述

根据墓葬形制可分为竖穴土坑墓和竖穴偏洞室墓两类，然后从墓葬保存情况、墓向、墓葬结构、葬式葬俗和随葬器物等方面进行总结。

一　竖穴土坑墓

共 46 座（M1、M2、M3、M4、M5、M6、M7、M8、M9、M10、M11、M12、M13、M14、M15、M16、M17、M18、M19、M20、M21、M22、M23、M24、M25、M26、M27、M28、M29、M30、M31、

M32、M33、M36、M37、M38、M39、M40、M41、M42、M43、M49、M50、M51、M52、M53）。发掘区位于居民区内，且部分墓葬叠压在居民房址下和公路路基下，发掘范围有限。后期修路、挖管线对墓地破坏严重。发掘过程中为方便居民通行与生活，部分墓葬压在探沟壁下未完整发掘。M3南部、M16西部、M17西部、M23东部、M33西部、M38北部被现代坑破坏。M3西北部、M8东部、M9西北部、M12南部、M18南部、M20西部、M24北部、M26北部、M28西北部、M30南部、M37北部、M50南部、M52北部被管线打破，墓葬形制不完整。M4、M6、M8、M11、M16、M18、M21、M22、M31、M43、M51北部叠压在北壁下，局部未清理发掘。M14、M15、M23、M38南部叠压在南壁下，局部未清理发掘。M15、M20、M32、M43、M52、M53西部叠压在西壁下，局部未清理发掘。M27、M37东部叠压在东壁下，局部未清理发掘。

近现代人类活动对墓地破坏严重。道路建设致使墓地的原始地表及大部分墓葬上部堆积被完全破坏，墓葬大都开口于③层垫土层下，埋藏也较浅。管线建设与现代扰土坑破坏导致部分墓葬形制不完整。

1. 墓向

不同时期墓葬布局与方向不一，其中东—西向墓葬共25座（M1、M2、M5、M6、M7、M8、M9、M10、M13、M16、M17、M20、M25、M27、M30、M33、M36、M39、M40、M41、M42、M49、M50、M52、M53），南—北向墓葬共6座（M14、M18、M19、M26、M37、M38），西北—东南向墓葬共3座（M3、M28、M32）。墓葬未见人骨和扰乱葬致墓向不明者共12座（M4、M11、M12、M15、M21、M22、M23、M24、M29、M31、M43、M51）。

2. 墓葬结构

（1）墓室

墓室平面以圆角长方形居多，个别呈椭圆形、圆角梯形，部分墓葬一侧较宽、一侧较窄，或中间略宽、两端略窄。大多口大底小，少数四壁较直。壁面较为平整，个别墓壁不甚规整。根据有无龛可以分为两型。

A型　带龛竖穴土坑墓。共6座（M3、M17、M19、M20、M24、M27）。龛指在竖穴四周壁面上掏挖的龛洞，龛底与墓室底平齐，用于放置随葬器物。龛的面积都比较小，宽25~43、进深13~39厘米。M3、M19、M20、M24、M27龛平面呈圆角方形。M3、M27龛位于西北角，M17龛位于北侧，M19龛位于西南角，M20龛位于东北角，M24龛位于东南角。根据龛的位置，分为头龛、脚龛、侧龛，M19、M20为头龛，M3、M27为脚龛，M17为侧龛。

B型　不带龛竖穴土坑墓。共40座（M1、M2、M4、M5、M6、M7、M8、M9、M10、M11、M12、M13、M14、M15、M16、M18、M21、M22、M23、M25、M26、M28、M29、M30、M31、M32、M33、M36、M37、M38、M39、M40、M41、M42、M43、M49、M50、M51、M52、M53）。

（2）填土

墓葬内填土为五花土（灰褐色沙土，少量为黄褐色沙土，极个别为灰黑色或灰黄色沙土），土质疏松，个别土质坚硬，夹杂较多沙砾石，个别还夹杂有黄土块和红烧土块。M4填土中出土细石叶1件，M18填土中出土骨锥1件，M39填土中出土骨珠2颗，M42填土中出土绿松石块1件，M43填土中出土带流壶1件，M53填土中出土骨珠3颗。

3. 葬式

葬式分单人葬和扰乱葬。头向有东向、南向和东南向，头向东的墓葬居多，面多向南，有24座（M1、M5、M6、M7、M8、M9、M10、M13、M16、M17、M20、M25、M27、M30、M33、M36、M39、M40、M41、M42、M49、M50、M52、M53），头向西的仅M2，头向南的墓葬有6座（M14、M18、M19、M26、M37、M38），头向东南的墓葬有3座（M3、M28、M32）。由于墓地破坏严重，部分墓葬保存状况较差，加之个别墓葬未完整发掘，头向不明者有12座（M4、M11、M12、M15、M21、M22、M23、M24、M29、M31、M43、M51）。东—西向墓葬墓向85°~96°，南—北向墓葬墓向175°~185°，西北—东南向墓葬墓向115°~127°。

（1）单人葬

单人葬包括仰身直肢葬、俯身葬、侧身葬和葬式不明。

仰身直肢葬，有26座（M3、M6、M8、M9、M13、M14、M17、M18、M19、M20、M25、M26、M27、M28、M30、M32、M33、M37、M38、M39、M40、M41、M42、M49、M50、M53）。双臂顺置于身体两侧，双腿伸直，M40一侧手臂置于盆骨处，M41一侧手臂弯折。

俯身葬，有2座（M2、M16）。骨骼保存状况差，盆骨及下肢骨呈粉末状或被现代坑破坏。

侧身葬，有2座（M5、M10）。骨骼保存状况差，仅存部分骨骼。

葬式不明，有3座（M1、M7、M52）。人骨保存状况差，仅存部分骨骼。

（2）扰乱葬。

共9座（M4、M11、M15、M21、M29、M31、M36、M43、M51）。残存部分骨骼，散乱无序或凌乱堆放。

（3）葬式不明。

共4座（M12、M22、M23、M24）。

4. 葬俗

部分墓葬人骨及其附近有赭石粉。

据完整墓葬与未扰动器物统计分析，陶器多置于墓主头骨、脚骨附近及龛内，骨器、石器多置于上肢骨一侧，装饰品多散置于颈部附近。

5. 随葬器物

随葬品以陶器、骨器为主，其次为石器、玉器和串饰等。据完整墓葬与随葬器物未扰动墓葬统计分析，随葬品多置于墓主头骨、脚骨附近、肢骨旁侧或龛内，串饰多散置于墓主颈部附近。

随葬器物组合一般为彩陶盆、双耳彩陶罐、双耳素面罐、单耳彩陶杯，部分随葬有单耳彩陶罐、彩陶壶、双耳彩陶盆、四系罐、侈口罐、陶杯、器盖等。陶器通常置于头骨、脚骨附近和龛内。

置于头骨附近的有 19 座，包括 M2、M5、M6、M7、M9、M13、M16、M17、M19、M20、M25、M26、M28、M33、M38、M39、M42、M52、M53。置于脚骨附近的有 5 座，包括 M3、M14、M27、M36、M39、M41。带龛墓部分器物置于龛内，M19、M20 为头龛，M3、M27 为脚龛，M17 为侧龛。

骨器以骨管、骨锥、骨柄石刀为主，部分墓葬随葬有骨针等。骨器通常置于上肢骨旁侧，个别位于头骨颈部和脚部附近。M25 置于上肢骨旁侧，M5 置于肋骨旁侧，M9 置于头骨附近，M53 置于颈部，M3 置于龛内。M25 一骨柄石刀置于左掌骨之下，M53 骨针置于骨管内。

石器有石锛、石片、石锤、双孔石刀等，置于上肢骨旁侧、肱骨及肋骨之间、股骨中间等位置。石器出土数量少，较为简单。串饰出土数量较多，石珠串饰见于 M14、M17、M18、M19、M26、M37、M41，共 8 组，通常散置于墓主颈部附近，仅 M14 散落于墓主下肢骨附近。

玉器仅 M20 出土玉斧 1 件，置于墓主肋骨北侧，制作精美。

二 竖穴偏洞室墓

共 7 座（M34、M35、M44、M45、M46、M47、M48），其中 M48 为竖穴双偏洞室墓。近现代人类活动对墓地破坏严重。道路建设致墓地的原始地表及大部分墓葬上部堆积被破坏，墓葬大都开口于③层垫土层下，埋藏也较浅。M35、M48 南部被管线打破，形制不完整。M34、M46 西部叠压在西壁下，未完整发掘。

1. 墓向

墓葬方向有东—西向和南—北向。东—西向共 5 座（M34、M44、M45、M46、M48），南—北向共 2 座（M35、M47）。

2. 墓葬结构

竖穴偏洞室墓是由地面向下挖出竖穴墓道后在墓道长边一侧或两侧挖出偏室，墓道底部与墓室地面平齐，洞室顶部较平。未见封门和葬具痕迹。

（1）墓道

墓道底部多与偏洞室地面平齐，墓道壁面较直。墓道平面均呈圆角长方形。大多数墓葬墓道被破坏，未完整发掘，从完整墓葬（M44、M45、M47）统计，长 137~247、宽 32~59、深 56~105 厘米。

（2）墓室

除了 M48 南偏室被现代管道严重破坏外，其余偏室平面均呈圆角长方形。大部分墓道与偏室长度一致，M45 偏室略短于墓道，M47 偏室略长于墓道。墓室壁面平整。以完整发掘的墓葬来统计，墓室长宽比在 3.10~6.06 之间。部分墓葬有双偏室，根据偏室的数量可以分为两型。

A 型 竖穴单偏洞室墓，共 6 座（M34、M35、M44、M45、M46、M47）。是指由地面向下挖出竖穴墓道后，在墓道长边一侧挖出一偏室。偏洞室地面与墓道底面平齐。一般偏室内放置人骨和随葬器物。

B 型　竖穴双偏洞室墓，共 1 座（M48）。是指由地面向下挖出竖穴墓道后，在墓道长边两侧各挖出一偏室。墓室平面呈圆角长方形。偏洞室地面与墓道底面平齐。人骨及随葬品置于偏室内。

（3）填土

填土为褐色沙土，土质疏松，夹杂细沙和砂砾石。M34 填土中出土陶片及石刀，M35 填土中出土绿松石块 1 件，M47 填土中包含有骨骼残片及马厂时期彩陶片。

3. 葬式

有单人葬、双人葬和三人葬。头向有东向和南向，头向东的墓葬居多，有 5 座（M34、M44、M45、M46、M48），头向南的有 2 座（M35、M47）。

（1）单人葬

共 4 座（M34、M35、M46、M47）。单人葬均为成人仰身直肢葬，双臂多顺置于身体两侧，双腿并拢伸直，M34 墓主一侧手臂置于盆骨处。

（2）双人葬

共 2 座（M44、M45）。双人合葬均为成人与儿童合葬，M44 双人均置于洞室内，M45 成人置于洞室内，小孩置于墓道内，紧挨成人。成人与儿童均仰身直肢葬，儿童位于成人上肢骨北侧，骨骼保存相对完好。成人均一臂置于盆骨上，一臂顺置于身体旁侧，双腿并拢伸直。儿童均双臂顺置于身体两侧，双腿并拢伸直。

（3）三人葬

共 1 座（M48）。北偏室人骨保存完整，均为仰身直肢葬，为成年女性与儿童合葬，可能为母子合葬，成年女性在南，儿童在北。成人身体向右微侧，右臂置于小孩盆骨之下，作搂抱状，左臂置于盆骨上，双腿并拢伸直。儿童双臂顺置于身体两侧，双腿并拢伸直。南偏室墓主为成年男性，从残存骨骼判断应为仰身直肢葬。

4. 葬俗

M34 墓主头骨不存，头骨位置置一双耳罐，罐内有狗头骨 1 件，其中狗颅骨置于罐下，狗下颌骨位于人的肩胛骨一侧，可能是下葬过程中一种特殊的葬俗。M44 墓中也随葬有狗下颌骨 1 件，置于成人肱骨南侧。

M45 骨骼上有赭石粉。

部分墓葬随葬陶器有叠压嵌套或小型器物置于大型器物内的现象。M48 北偏室东南角 3 件陶器有叠压嵌套放置的现象，由上到下依次为器盖、双耳罐和单耳彩陶罐。M44 陶杯置于陶罐内。

据完整墓葬与未扰动器物统计分析，陶器大部分置于墓主头骨附近，骨器多置于肢骨旁侧，装饰品多置于墓主颈部附近，M44 墓主右臂随葬有制作精致的骨臂饰。

5. 随葬器物

随葬品以陶器、骨器为主，其次为石器和串饰等。据完整墓葬与随葬器物未扰动墓葬统计分析，随葬品多置于墓主头骨附近、肢骨旁侧及脚骨附近。串饰通常散置于墓主颈部附近。

以 M44 为代表的半山墓葬器物以双腹耳彩陶罐、单耳彩陶壶、单耳彩陶杯和双耳罐为组合。以 M34、M45 为代表的马厂墓葬以双耳彩陶罐、单耳彩陶罐、双耳罐和器盖等为组合。以 M47 为代表的西城驿文化与齐家文化共存墓葬器物以双耳彩陶罐、双大耳罐和双耳罐为组合。陶器通常置于墓主头骨附近，多置于头骨东侧，位于偏室内，M46 置于头骨东南侧，位于墓道内。比较特殊的是，M47 中 4 件置于墓主头骨南侧，1 件置于墓主脚骨北侧。

骨器以骨柄石刀、骨锥为主，另有骨片饰、骨管、骨笄、骨针、骨臂饰等。骨器通常置于人骨旁侧和头骨附近。M44 是随葬器物最丰富、骨器最多的墓葬，骨器置于成人下肢骨南侧、头骨东侧，儿童头骨北侧、肢骨南侧、股骨中间，两墓主下肢骨中间等位置，臂饰套于成人右尺骨和桡骨上。骨臂饰是用 24 片长约 14.4~16.5、宽约 0.3~1.1 厘米的长条形小骨片竖列并排组成的扁环状装饰品，骨片间用黑色胶状物粘缀，与永昌鸳鸯池 M58 骨制臂饰相似。

石器出土数量较少，有单孔石刀、细石叶，置于墓主右掌骨北侧和下肢骨南侧。串饰出土数量较多，石珠串饰见于 M34、M44、M45、M48，共 7 组，通常散置于墓主颈部附近，M44 有一组散置于成人左肱骨南侧。据统计，浅色石珠串饰在竖穴偏洞室墓的随葬比例高，M44、M45 均随葬 2~3 组，竖穴土坑墓 46 座墓葬共随葬 8 组石珠串饰，竖穴偏洞室墓 7 座墓葬共随葬 7 组浅色石珠串饰。比较特殊的是，M44 有一件串饰由 2 颗绿松石珠、1 颗骨珠、若干浅白色石珠共同串联成项饰，置于儿童颈部附近。M35 随葬贝饰 1 组，散置于墓主颈部附近，也是作为项饰随葬。

第三章　墓葬及其出土器物

一　M1

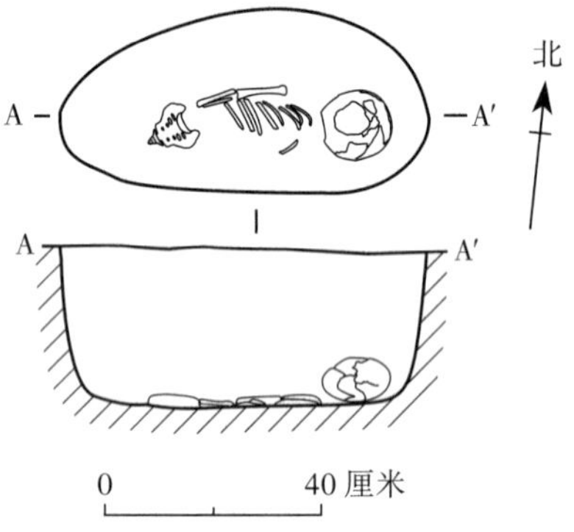

图九　M1平、剖面图

M1位于TG3东南部，开口于③d层下，开口距地表80厘米。西邻M7，东邻M17，北邻M28。

竖穴土坑墓，东—西向，墓向85°。平面近椭圆形。口大底小，墓口长67、宽33厘米，墓底长56、宽23厘米，深28厘米（图九）。填土为灰褐色沙土，土质坚硬，夹杂较多砂砾石。

单人葬，葬式不明，未见葬具痕迹。人骨保存较差，仅存破碎头骨、肋骨及部分上肢骨。头向东。经鉴定，墓主性别不明，年龄为6±3岁。

二　M2

M2位于TG2中部偏南，开口于③层下，打破其西侧的M3，开口距地表73厘米。西北部与M22相邻，东北部与M11相邻。

竖穴土坑墓，东—西向，墓向265°。平面呈圆角梯形，西侧较宽。口大底小，墓口长约113、宽约60厘米，墓底长约102、宽约56厘米，深约25厘米（图一○）。填土为五花土，土质疏松，夹杂有黄土块。

俯身葬，未见葬具痕迹。人骨保存情况较差，仅存破碎头骨、椎骨及部分肋骨，盆骨及下肢骨呈粉末状。头向西。经鉴定，墓主性别不明，年龄为3~5岁。

M2随葬陶器1件，置于头骨北侧。

双耳罐　1件。

标本M2:1，夹砂红陶，手制，器表有烟炱。侈口，圆唇，束颈，圆肩，鼓腹，下腹弧收，小平底，最大腹径位于腹中。口颈间有双小耳，耳部略低于口沿，两侧饰对称小乳突，乳突上有戳印纹。肩部饰横向凸棱一周，耳及乳突下饰纵向凸棱及"X"形凸棱，延伸至下腹。器底有压印痕迹。口径6.9、腹径9.7、底径4.5、高8.3、厚0.3~0.6厘米（图一○，1；彩版五，1）。

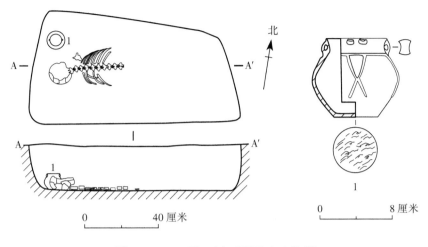

图一〇　M2 平、剖面图及出土陶器

1. 双耳罐（M2：1）

三　M3

M3 位于 TG2 西部偏南，开口于③层下，被 M2 及现代坑打破，西北部被管线打破，打破 M23，开口距地表约 71 厘米。西邻 M15，北邻 M22。

竖穴土坑墓，西北角有一脚龛。西北—东南向，墓向 127°。平面呈圆角长方形，南壁不甚规整。口大底小，墓口长 229、宽 60 厘米，墓底长 206、宽 55 厘米，深约 34 厘米。龛平面呈圆角方形，宽 40、进深约 39 厘米（图一一）。填土为灰褐色沙土，土质疏松。

单人仰身直肢葬，未见葬具痕迹。头骨被现代坑破坏，除盆骨及部分肢骨腐朽严重外，其余骨骼保存相对完好。墓主头向东南。经鉴定，墓主男性，成年。

M3 随葬陶器 3 件、骨器 1 件，均置于龛内（彩版六，1、2）。

单耳陶杯　1 件。

标本 M3：1，夹砂橙黄陶，手制。直口，方唇，筒状腹，下腹内收，平底，最大腹径位于下腹。口肩部有一耳，耳部高于口沿。底部有席纹。口径 6、腹径 7.3、底径 4.6、高 7.8、厚 0.3~0.6 厘米（图一一，1；彩版六，3）。

双耳陶罐　1 件。

标本 M3：2，夹砂红陶，手制，器表有烟炱。直口，圆唇，矮领，鼓肩，圆腹，下腹内收，小平底，最大腹径位于上腹，口肩部有双耳，耳部与口沿平齐，均残。下腹与底相接处施泥条一周。口径 7.2、腹径 11.7、底径 5.4、高 10.4、厚 0.3~0.5 厘米（图一一，2；彩版六，4）。

双耳彩陶罐　1 件。

标本 M3：3，夹细砂橙黄陶，手制，器表磨光。近直口，微侈，圆唇，短颈，圆肩，圆鼓腹，下腹内收，小平底，最大腹径位于腹中。口肩部有双桥形耳，耳部与口沿平齐。器表施紫红色陶衣，局部脱落，饰黑彩，彩绘脱落严重。仅颈、肩、耳及腹部残存黑彩。肩部饰戳印凹窝一周，

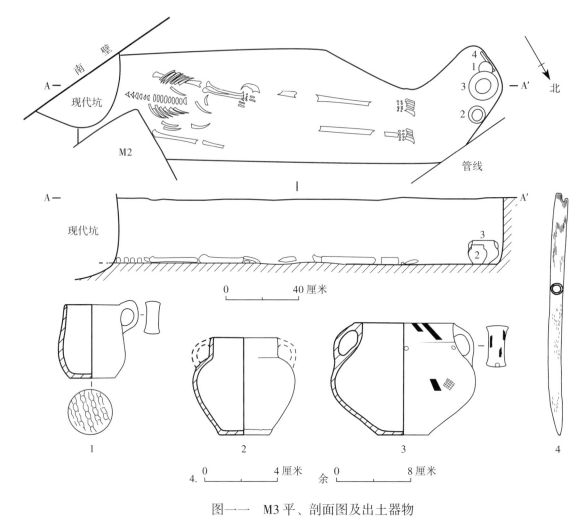

图一一 M3 平、剖面图及出土器物

1. 单耳陶杯（M3：1） 2. 双耳陶罐（M3：2） 3. 双耳彩陶罐（M3：3） 4. 骨锥（M3：4）

共六个，双耳下戳印凹窝或施刻划纹，下腹可见条带纹和网格纹。口径 10.8、腹径 15.5、底径 5.4、高 11.9、厚 0.3~1.6 厘米（图一一，3；彩版六，5）。

骨锥 1 件。

标本 M3：4，系用鸟类肢骨磨制而成，通体磨光。一端残，一端磨成锋尖。长 12.8、宽 0.7、厚 0.1 厘米（图一一，4；彩版六，6）。

四 M4

M4 位于 TG3 中部北端，开口于③d 层下，开口距地表 129 厘米。西邻 M21，东邻 M16，西南与 M9 相邻，东南与 M28 相邻。北部叠压在北壁下，未清理。

竖穴土坑墓，墓向不明，未见葬具痕迹。平面呈圆角长方形。墓室残长约 90、宽约 98、深约 39 厘米（图一二；彩版五，3）。填土为灰褐色沙土，土质较为疏松，夹杂较多砂砾石，填土中出土细石叶 1 件。

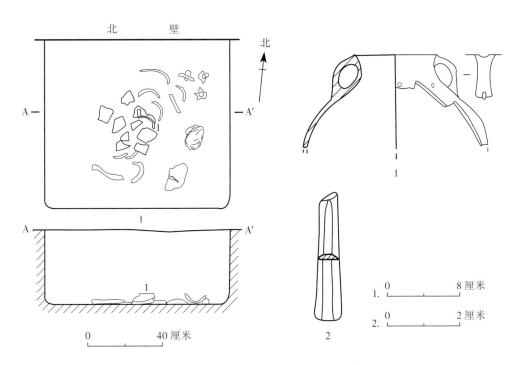

图一二 M4 平、剖面图及出土器物

1. 双耳陶罐（M4：1） 2. 细石叶（M4：2）

扰乱葬，未见葬具痕迹。骨骼残缺凌乱。经鉴定，墓主性别不明，年龄为 20 岁左右。

M4 随葬陶器 1 件，仅存口沿部分，置于墓室中部。

双耳罐 1 件。

标本 M4：1，泥质红陶，手制。侈口，圆唇，束颈，圆肩，下腹及底部残。口肩之间有双耳，耳部与口沿平齐，肩部及耳下戳印凹窝一周。耳部近口沿处有凹窝。口径 9.1、残高 10、厚 0.25 厘米（图一二，1；彩版五，2）。

填土中出土细石叶 1 件。

细石叶 1 件。

标本 M4：2，玛瑙质，打制而成。呈片状，较薄，一侧有脊。长 3.4、宽 0.7、厚 0.16 厘米（图一二，2）。

五 M5

M5 位于 TG3 中部靠南，开口于③d 层下，开口距地表 109 厘米。北邻 M9，东邻 M7，西北与 M29 相邻。

竖穴土坑墓，东—西向，墓向 83°。平面近圆角长方形，西部较宽。口大底小，墓口长约 187、宽 33~72 厘米，墓底长 175、宽 25~70 厘米，深约 25 厘米（图一三；彩版七，1）。填土为灰黑色沙土，土质坚硬。

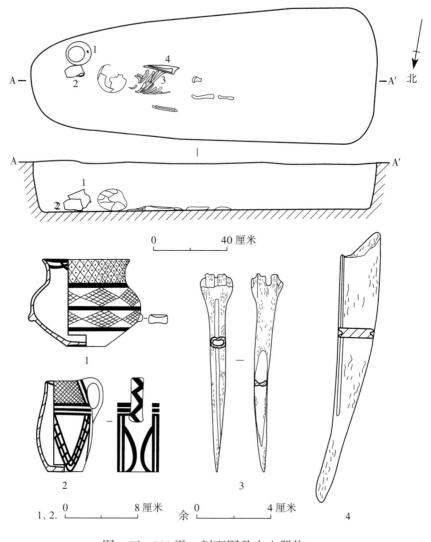

图一三　M5 平、剖面图及出土器物

1.彩陶罐（M5：1）　2.单耳彩陶杯（M5：2）　3.骨锥（M5：3）　4.骨柄石刀（M5：4）

单人侧身葬，未见葬具痕迹。骨骼保存状况差，仅存破碎头骨、肋骨及部分肢骨等。头向东，面向南。经鉴定，墓主性别不明，年龄为 6 岁左右。

M5 随葬陶器 2 件、骨器 2 件。陶器置于墓主头骨东侧，骨器置于肋骨南侧，骨锥叠压于骨柄石刀上（彩版七，2、3）。

彩陶罐　1 件。

标本 M5：1，泥质红陶，手制。侈口，尖唇，矮领，束颈，圆鼓腹，下腹弧收，平底内凹，最大腹径位于腹中略偏上。下腹有对称双鋬，鋬上下皆有小豁口。器表及口沿内侧施红色陶衣，饰黑彩。口沿外饰细线纹一周，颈部饰菱形网格纹，网格内填小圆点。肩部饰宽带纹一周。腹部从上到下依次为菱形网格纹、宽带纹、菱形网格纹和宽带纹各一周。口沿内侧饰交错连弧纹。口径 9.6、腹径 12.4、底径 4.2、高 9.6、厚 0.4~0.6 厘米（图一三，1；彩版八，1）。

单耳彩陶杯 1 件。

标本 M5：2，泥质红陶，手制。近直口，圆唇，筒状腹，略鼓，下腹斜收，平底，最大腹径位于腹中。口肩之间有单耳，耳部高于口沿。器表及口沿内侧饰黑彩。口沿外及颈部饰网格纹一周。肩部饰宽带纹三周，腹部网格折带纹，耳下饰条带纹和弧线纹，耳面饰折带纹。口沿内饰弧线纹一周。口径 3.5、腹径 6、底径 3.7、高 9.6、厚 0.4~0.6 厘米（图一三，2；彩版八，3）。

骨锥 1 件。

标本 M5：3，系动物肢骨磨制而成。一端保留有关节，另一端削磨成锋尖。长 10.5、宽 0.1~1.7、厚 0.1~0.5 厘米（图一三，3；彩版八，2）。

骨柄石刀 1 件。

标本 M5：4，系用大型动物肢骨加工而成。器身扁平，通体磨光，上部残。双刃，一侧直刃，一侧弧刃，刃部有切割凹槽，截面呈"V"形，系镶嵌石叶。残长 14.3、宽 0.2~2.1、厚 0.46 厘米，刃槽宽 0.2 厘米（图一三，4）。

六 M6

M6 位于 TG3 西北部，开口于③d 层下，开口距地表 100 厘米。东邻 M21，南邻 M26，西南侧与 M12 相邻。北部叠压在北壁下，未清理。

竖穴土坑墓，东—西向，墓向 85°。平面近圆角长方形，东部较宽。口大底小，墓口长约140、残宽约 30~54 厘米，墓底长约 125、残宽约 33~44 厘米，深约 22 厘米（图一四；彩版九，1）。填土为灰褐色沙土，土质疏松。

单人仰身直肢葬，未见葬具痕迹。骨骼保存状况相对完好，盆骨和部分肋骨、肢骨不存。头向东，面向南。经鉴定，墓主性别不明，年龄为 18 个月~2 岁。

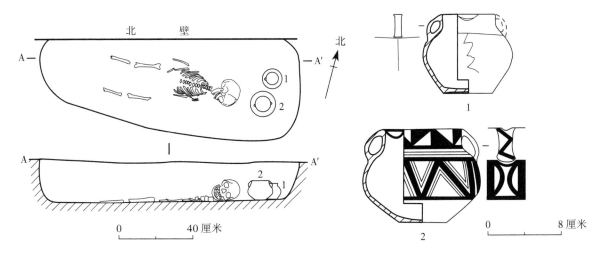

图一四 M6 平、剖面图及出土陶器

1. 双耳罐（M6：1） 2. 双耳彩陶罐（M6：2）

M6随葬陶器2件，置于墓主头骨东侧（彩版九，2、3）。

双耳罐　1件。

标本 M6：1，夹砂灰陶，手制，器表有烟炱。直口，微侈，圆唇，矮领，圆肩，鼓腹，下腹内收，平底内凹，最大腹径位于上腹。口肩之间有双耳，一耳残，耳部与口沿平齐。口沿外有双錾。肩部刻划凹弦纹一周，腹部饰直线和折线刻划纹，各两道。口径5.8、腹径9.8、底径5.4、高8.3、厚0.4~0.6厘米（图一四，1；彩版九，4）。

双耳彩陶罐　1件。

标本 M6：2，泥质橙黄陶，手制。直口，尖唇，矮领，溜肩，圆鼓腹，下腹内收，小平底，最大腹径位于腹中。口肩之间有双耳，耳部与口沿平齐，口沿与耳部连接处各施一凹窝。器表及口沿内侧施橙黄色陶衣，饰黑彩。颈部饰首尾相接的三角纹一周，肩部从上到下依次饰宽带纹一周和细线纹两周。腹部饰宽带纹两周，宽带间以竖向宽带纹将腹部分为四个图案单元，以耳为界，对称分布。耳下两单元饰弧线纹，两侧单元饰折带纹和折线纹，耳面饰斜带纹。口沿内饰连弧纹。口径8.2、腹径12.8、底径5、高10、厚0.2~0.5厘米（图一四，2；彩版九，5）。

七　M7

M7位于TG3中部，开口于③d层下，开口距地表约108厘米。西邻M5，东邻M1，北邻M4，东北部与M28相邻。

竖穴土坑墓，东—西向，墓向87°。墓室平面呈圆角长方形，西部较宽，东部较窄。墓口长约120、宽35~55厘米，墓底长110、宽35~45厘米，深约30厘米（图一五）。填土为灰褐色沙土，土质坚硬，夹杂较多砂砾石。

单人葬，葬式不明，未见葬具痕迹。骨骼保存状况极差，仅存部分破碎头骨、肋骨等。头向东。

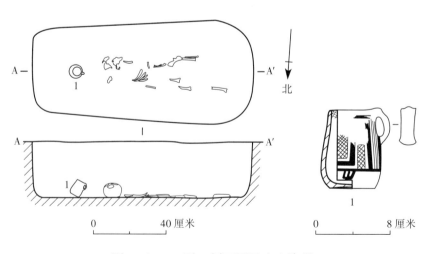

图一五　M7平、剖面图及出土陶器

1.单耳彩陶杯（M7：1）

经鉴定，墓主性别不明，为新生儿。

M7 随葬陶器 1 件，置于头骨东侧。

单耳彩陶杯 1 件。

标本 M7：1，泥质红陶，手制。直口，圆唇，鼓腹下垂，平底略内凹，最大腹径位于下腹。口肩部有一耳，耳部高于口沿，耳耳连接处还有一小乳突。器表及口沿内侧饰黑彩，部分黑彩已脱落。口至上腹部纹饰已模糊不清，下腹饰宽带回形纹，中间填充细线网格纹，下饰一周宽带纹，宽带纹下接四个对称半圆形纹饰，中间各有一条黑色短线。口沿内饰细线网格纹。口径4.6、腹径6.4、底径4.8、高8.3、厚0.3~0.8厘米（图一五，1；彩版一〇，1）。

八 M8

M8 位于 TG2 东北部，开口于③层下，东部被现代管线打破，开口距地表约 95 厘米。西邻 M11。北部叠压在北壁下，未清理。

竖穴土坑墓，东—西向，墓向 87°。残存墓室平面呈圆角长方形。口大底小，墓口残长约 88、残宽约 40 厘米，墓底残长约 79、残宽约 35 厘米，深约 14 厘米（图一六）。填土为灰褐色沙土，土质疏松，夹杂较多砂砾石。

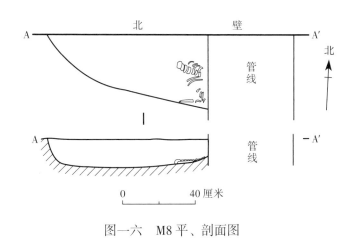

图一六 M8平、剖面图

单人仰身直肢葬，未见葬具痕迹。部分人骨被管线破坏，骨骼腐朽严重，脊椎骨、肋骨及部分上肢骨保存相对完好。根据上肢骨位置推断墓主头向东。经鉴定，墓主性别不明，年龄为 3~5 岁。

九 M9

M9 位于 TG3 中部，开口于③d 层下，打破 M29，西北部被管线打破，开口距地表 117 厘米。北邻 M21，东南部与 M5、M7 相邻，东北部与 M4 相邻。

竖穴土坑墓，东—西向，墓向 92°。墓室平面呈圆角长方形，墓壁不规整，南壁略弧。墓口长约 224、残宽约 50 厘米，墓底长约 208、残宽约 45 厘米，深 32~41 厘米（图一七；彩版一一，1）。填土为灰黄色沙土，土质较硬，夹杂有砂砾石。

单人仰身直肢葬，未见葬具痕迹。人骨保存较好，部分下肢骨被现代管线破坏。墓主头向东，面向南。经鉴定，墓主男性，年龄为 25~30 岁。

M9 随葬陶器 1 件、骨器 2 件、石器 1 件。陶器及骨器置于墓主头骨东侧，石器置于左侧肱骨及肋骨之间（彩版一一，2）。

双耳陶罐 1 件。

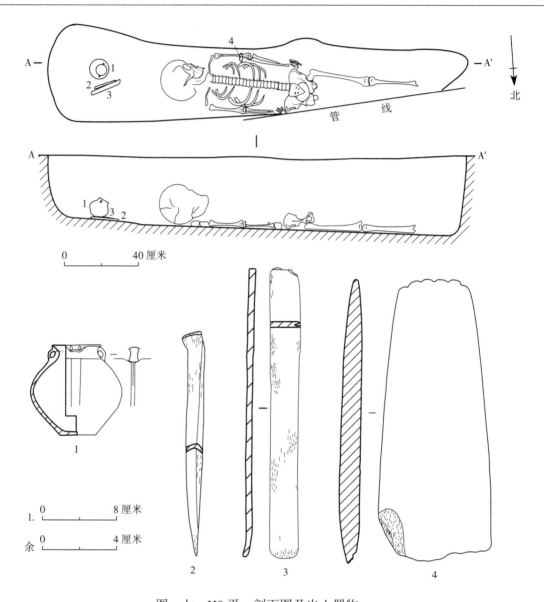

图一七　M9平、剖面图及出土器物

1. 双耳陶罐（M9：1）　2. 骨锥（M9：2）　3. 骨柄石刀（M9：3）　4. 石锛（M9：4）

标本 M9：1，夹砂红陶，手制，器形不甚规整，器表有烟炱。侈口，窄斜沿，圆唇，束颈，圆肩，鼓腹，小平底，最大腹径位于腹中。口肩部有双小耳，耳部略低于口沿，口沿下有双錾，一錾残。口耳连接处及錾上有戳印纹。肩部饰刻划纹一周，耳及錾下饰纵向刻划纹八道。口径5.4、腹径9.8、底径3.9、高9.6、厚0.3~0.4厘米（图一七，1；彩版一一，3）。

骨锥　1件。

标本 M9：2，系用动物肢骨磨制而成。一端保留原来的关节，另一端打磨成锋尖。长11.9、宽1、厚0.2厘米（图一七，2；彩版一一，4）。

骨柄石刀　1件。

标本 M9：3，系用动物肋骨加工而成。器身扁平，一侧有"V"形凹槽，一端残，另一端略弯曲。残长 15.5、宽 1.4、厚 0.3 厘米（图一七，3；彩版一一，5）。

石锛　1 件。

标本 M9：4，砂岩质，青色，通体磨光。平面呈梯形，顶端有刻槽，单面刃，微弧，有明显使用崩痕，局部残缺。长 15、宽 6、厚 0.3~1 厘米（图一七，4；彩版一一，6）。

一〇　M10

M10 位于 TG1 西北部，开口于③层下，开口距地表 61 厘米。东邻 M18，南邻 M19、M20。

竖穴土坑墓，东—西向，墓向 88°。平面呈圆角长方形，中部略宽，两端略窄。墓室长约 130、宽 22~37、深约 58 厘米（图一八）。填土为五花土，夹杂有细碎砂石。

单人侧身葬，未见葬具痕迹。人骨保存状况较差，仅存部分肋骨及下肢骨。头向东。经鉴定，墓主性别不明，为婴幼儿。

一一　M11

M11 位于 TG2 中部偏北，开口于③层下，开口距地表约 100 厘米。西邻 M22，东邻 M8。北部叠压在北壁下，未清理。

竖穴土坑墓，墓向不明。平面呈圆角长方形，东、南侧墓壁不规整。口大底小，墓口残长 81、宽 66 厘米，墓底残长 64、宽 56 厘米，深 27 厘米（图一九）。填土为灰褐色沙土，土质疏松，夹杂较多砂砾石。

扰乱葬，未见葬具痕迹。仅存部分肢骨、头盖骨等，凌乱堆放。经鉴定，墓主男性，年龄为 30~35 岁。

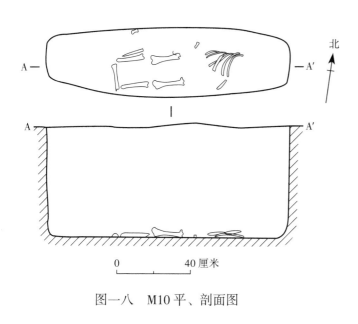

图一八　M10 平、剖面图

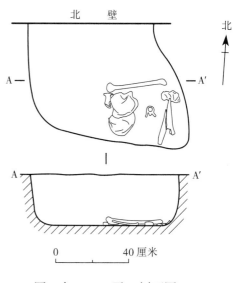

图一九　M11 平、剖面图

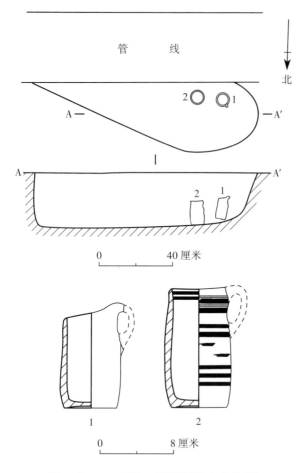

图二〇　M12 平、剖面图及出土陶器

1. 单耳杯（M12：1）　2. 单耳彩陶杯（M12：2）

单耳彩陶杯　1 件。

标本 M12：2，泥质红陶，手制，器表有明显泥条盘筑痕迹。直口，微侈，圆唇，口沿下微束，筒状腹，下腹略大，平底内凹，最大腹径位于下腹近底。口腹之间有单耳，耳残，耳下有穿孔五个。器表及口沿内侧施紫红色陶衣，饰黑彩，纹饰大多已脱落，颈腹部可见部分平行宽带纹及细线纹，口沿内饰平行条带纹两周。口径 6、腹径 7.2、底径 6、高 12.6、厚 0.2~0.7 厘米（图二〇，2；彩版一〇，5）。

一三　M13

M13 位于 TG1 中部，开口于③层下，开口距地表 50 厘米。西北部与 M18 相邻，西南部与 M14 相邻，东侧为 M27。

竖穴土坑墓，东—西向，墓向 84°。平面呈圆角长方形，东宽西窄。墓口长约 165、宽 40~65 厘米，墓底长 150、宽 40~60 厘米，深 32 厘米（图二一；彩版一二，1）。填土为五花土，夹杂有细碎砂石。

一二　M12

M12 位于 TG3 西北部，开口于③c 层下，南部被管线打破，开口距地表约 100 厘米。东北部与 M6 相邻，东南部与 M26 相邻。

竖穴土坑墓，墓向不明。残存部分平面呈圆角长方形。口大底小，墓口残长 117、残宽 37 厘米，墓底残长 98、残宽 34 厘米，深 29 厘米（图二〇）。填土为灰褐色沙土，土质疏松，夹杂较多砂石。

未见人骨及葬具痕迹，葬式不明。

M12 随葬陶器 2 件，均置于墓室西端（彩版一〇，2、3）。

单耳杯　1 件。

标本 M12：1，夹砂红陶，手制，烧制不匀，器表有烟炱。直口，口沿不平，近耳端略高，方唇，筒状腹，下腹略大，平底内凹，最大腹径位于下腹近底。口肩之间有单耳，耳部高于口沿，耳残。口径 5.8、腹径 6.4、底径 5.7、高 10.8、厚 0.2~0.7 厘米（图二〇，1；彩版一〇，4）。

单人仰身直肢葬，未见葬具痕迹。人骨保存较好，头向东，面向南。经鉴定，墓主性别不明，年龄为 12~14 岁。

M13 随葬陶器 3 件，均置于墓主头骨东侧（彩版一二，2）。

彩陶盆　1 件。

标本 M13：1，泥质红陶，手制，轮修。敞口，圆唇，领较高，折腹微鼓，腹部较深，下腹内收，平底。腹部对称有双錾，上有豁口。器表施紫红色陶衣，器表及口沿内侧饰黑彩。口沿外及领部饰平行宽带纹三组。腹部从上到下依次饰宽带纹两周、折带纹一周和宽带纹一周。口沿内从上到下依次饰宽带纹、首尾相连的三角纹和宽带纹各一周。口径 24.7、腹径 21.4、底径 12、高 13.4、厚 0.5~0.7 厘米（图二一，1；彩版一三，1）。

双耳彩陶罐　1 件。

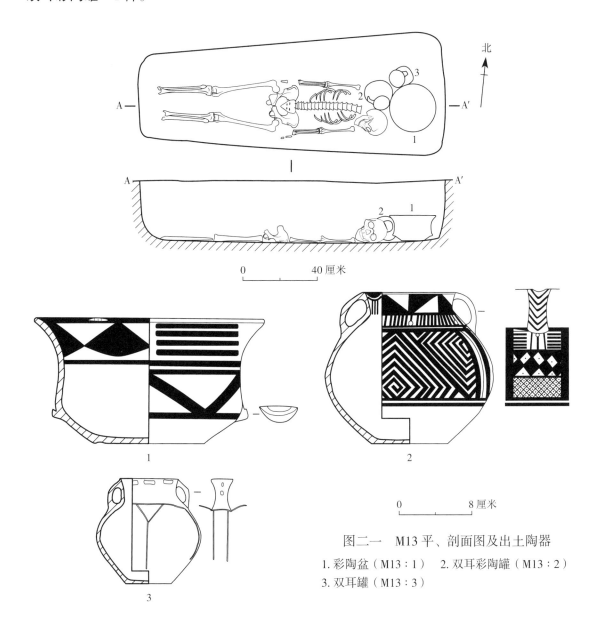

图二一　M13 平、剖面图及出土陶器

1. 彩陶盆（M13：1）　2. 双耳彩陶罐（M13：2）
3. 双耳罐（M13：3）

标本 M13：2，夹砂红陶，手制，轮修，口沿略残。侈口，圆唇，短斜颈，圆肩，鼓腹，下腹弧收，平底，最大腹径位于腹中。口肩之间有双耳，耳部与口沿平齐。肩部及耳下饰戳印凹窝一周，共八个，口沿与耳部连接处各施一短刻槽。器表及口沿内侧饰黑彩。颈部饰首尾相接的三角纹一周，肩部从上到下饰细带纹、竖向短线纹、细带纹各一周。腹部饰宽带纹两周，宽带间以多条竖向条带纹将腹部整体分为四个图案单元，以耳为界，对称分布，耳下两单元饰菱形网格纹，网格纹内填充小圆点，两侧单元饰回形纹。耳面上绘上下叠置的"V"形纹。口沿内饰弧线纹及竖向短线纹。口径 10.1、腹径 18.3、底径 8.3、高 15.8、厚 0.3~0.7 厘米（图二一，2；彩版一三，2）。

双耳罐　1件。

标本 M13：3，夹砂橙黄陶，手制，器表有烟炱。侈口，圆唇，斜直颈，圆肩，鼓腹，小平底，最大腹径位于上腹。口肩之间有双耳，耳部略低于口沿，口沿外对称有乳突，三个为一组。肩部饰横向凸棱一周，耳下各为两道纵向凸棱，錾下纵向凸棱呈"Y"字形，均延伸至下腹。耳面饰锥刺纹。口径 6.2、腹径 11.2、底径 4.8、高 11.2、厚 0.3~0.6 厘米（图二一，3；彩版一三，3）。

一四　M14

M14 位于 TG1 南部偏西，开口于③层下，开口距地表 50 厘米。西邻 M19，东北侧与 M13 相邻。南部叠压在南壁下，未清理。

竖穴土坑墓，南—北向，墓向 177°。已清理部分平面呈圆角长方形。口大底小，墓口残长约 110、宽约 46 厘米，墓底残长约 97、宽约 42 厘米，深约 82 厘米（图二二；彩版一二，3）。填

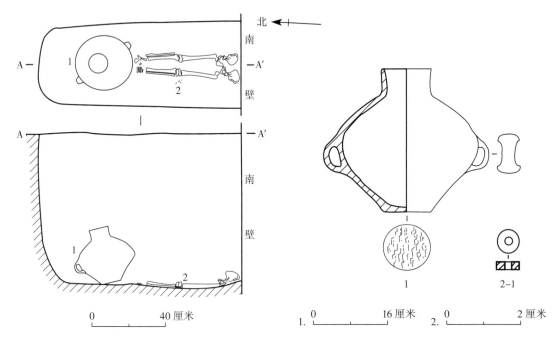

图二二　M14 平、剖面图及出土器物

1. 陶壶（M14：1）　2. 石珠串饰（M14：2）

土为五花土，土质疏松，夹杂有细碎砂砾石。

单人仰身直肢葬，未见葬具痕迹。盆骨及下肢骨保存较好。头向南。经鉴定，墓主性别不明，年龄为 6~14 岁。

M14 随葬陶器 1 件、浅色石珠串饰 1 组。陶壶位于墓主脚骨北侧，石珠散落于墓主下肢骨附近。

陶壶　1 件。

标本 M14：1，夹砂红陶，手制，轮修，器表磨光。近直口，圆唇，直颈，圆肩，圆鼓腹，下腹内收，小平底，最大腹径位于腹中略偏上。下腹对称有双耳。口径 10.6、腹径 30.4、底径 9.8、高 30、厚 0.4~0.9 厘米（图二二，1；彩版一四，1）。

石珠串饰　1 组。

标本 M14：2，共 50 颗。黄白色，圆柱状，中有穿孔，大小相近。M14：2-1，直径 0.6、孔径 0.2、厚 0.2 厘米（图二二，2；彩版一四，2）。

一五　M15

M15 位于 TG2 西南部，开口于③层下，开口距地表约 70 厘米。东邻 M3、M23。西部和南部叠压在西壁和南壁下，未清理。

竖穴土坑墓，墓向不明。墓室平面呈圆角长方形。口大底小，墓口残长约 176、宽约 124 厘米，墓底残长约 155、宽约 109 厘米，深约 58 厘米（图二三）。填土为五花土，夹杂黄土块、红烧土块及砂砾石。

扰乱葬，未见葬具痕迹。仅在墓室西南部发现部分下肢骨和椎骨。经鉴定，墓主男性，为成年。

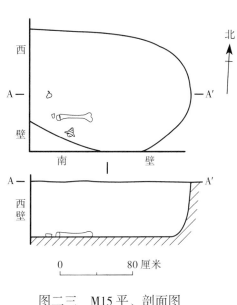

图二三　M15 平、剖面图

一六　M16

M16 位于 TG3 东北部，开口于③d 层下，西侧被现代坑打破，开口距地表 117 厘米。东邻 M31，东南侧与 M30 相邻。北部叠压在北壁下，未清理。

竖穴土坑墓，东—西向，墓向 87°。已清理部分平面呈圆角长方形。口大底小，墓口残长约 83、残宽 63 厘米，墓底残长约 74、残宽约 60 厘米，深约 20 厘米（图二四）。填土为灰褐色沙土，土质较为疏松，夹杂较多砂砾石。

单人俯身葬，未见葬具痕迹。盆骨及下肢骨被现代坑破坏，仅存头骨、肋骨、椎骨及部分上肢骨。墓主头向东，面向南。经鉴定，墓主男性，年龄为 25 岁左右。

M16 随葬陶器 1 件，置于墓主头骨南侧（彩版一二，4）。

双耳彩陶罐　1 件。

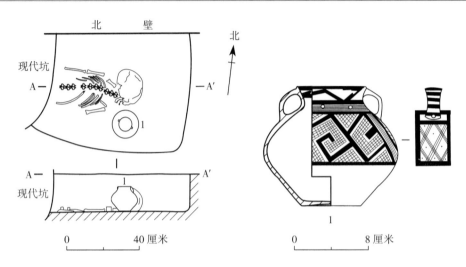

图二四　M16 平、剖面图及出土陶器
1. 双耳彩陶罐（M16：1）

标本 M16：1，泥质橙黄陶，手制。侈口，圆唇，束颈，溜肩，圆鼓腹，下腹内收，平底内凹，最大腹径位于腹中。口肩之间有双耳，耳部略低于口沿。肩部及耳下饰戳印凹窝一周，共六个，近耳部口沿各有一凹槽。器表及口沿内侧施紫红色陶衣，饰黑彩，局部脱落。颈部从上到下依次为宽带纹、折线纹和宽带纹各一周。肩部饰细线纹四周。腹部饰宽带纹两周，宽带间以竖宽带纹夹细线纹将腹部分为四个图案单元，以耳为界，对称分布。耳下两单元饰菱形网格纹，内填小圆点，两侧单元饰宽折带纹和回形网格纹，中间填充细线网格纹。口沿内饰交错连弧纹。口径 7.4、腹径 14.4、底径 6.3、高 12.6、厚 0.2~0.6 厘米（图二四，1；彩版一四，3）。

一七　M17

M17 位于 TG3 东南角，开口于③d 层下，打破 M28，西侧被现代坑打破，开口距地表 59 厘米。北邻 M24，西邻 M1。

竖穴土坑墓，墓室北侧有一龛，墓底与龛底平齐。东—西向，墓向 85°。墓室西部被现代坑破坏，现存部分平面为圆角长方形。口大底小，墓口残长 53、残宽 43 厘米，墓底残长 47、残宽 38 厘米，深 29~33 厘米。龛平面呈半圆形，宽 29、进深 13 厘米（图二五）。填土为灰褐色沙土，土质疏松，夹杂砂砾石。

单人仰身直肢葬，未见葬具痕迹。盆骨以下被破坏，头骨、椎骨、肋骨保存完整。头向东，面向南。经鉴定，墓主性别不明，年龄为 18 岁左右。

M17 随葬陶器 2 件、浅色石珠串饰 1 组。陶壶和陶罐置于墓主头骨北侧小龛内，浅色石珠散置于墓主颈部两侧（彩版一五，1、2）。

彩陶壶　1 件。

标本 M17：1，泥质橙黄陶，手制。直口，圆唇，矮领，溜肩，圆鼓腹，略下垂，下腹内收，

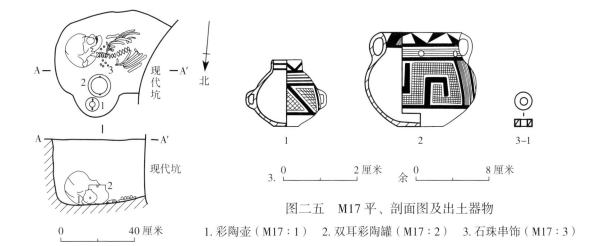

图二五　M17 平、剖面图及出土器物

1. 彩陶壶（M17：1）　2. 双耳彩陶罐（M17：2）　3. 石珠串饰（M17：3）

小平底，最大腹径位于下腹。最大腹径处有双腹耳。器表及口沿内侧饰黑彩。颈部饰折带纹一周，肩部自上而下饰宽带纹一周、细线纹三周。腹部饰宽带纹两周，宽带间以四道竖宽带将腹部整体分为四个图案单元，以耳为界，对称分布。两腹耳所在单元饰"X"形纹，两侧单元饰折带纹，折带间饰网格三角纹。沿内饰宽条带纹两周，脱落严重。口径 3、腹径 7.2、底径 2.7、高 7.1、厚 0.2~0.6 厘米（图二五，1；彩版一六，1）。

双耳彩陶罐　1 件。

标本 M17：2，泥质红陶，手制。侈口，圆唇，束颈，圆肩，圆鼓腹，下腹弧收，小平底，最大腹径位于腹中。口肩之间有双耳，耳部与口沿平齐。肩部及耳下饰戳印凹窝一周，共八个，近耳部口沿各有一凹槽。器表及口沿内侧饰黑彩。口沿外饰首尾相连的三角纹一周，颈部自上而下饰宽带纹一周及细线纹四周。肩腹部饰宽带纹两周，宽带间以竖向宽带夹细线纹将腹部整体分为四个图案单元，以耳为界，对称分布。耳下两单元饰回形网格纹，两侧单元饰回纹，内填网格纹。口沿内饰折带纹，间填斜线纹。口径 8.8、腹径 12.1、底径 5、高 10、厚 0.3~0.8 厘米（图二五，2；彩版一六，2）。

石珠串饰　1 组。

标本 M17：3，共 118 颗。黄白色，圆形薄片，中有穿孔，大小相近。M17：3-1，直径 0.4、孔径 0.2、厚 0.25 厘米（图二五，3；彩版一五，3）。

一八　M18

M18 位于 TG1 西北部，开口于③层下，南部被现代管线打破，开口距地表 57 厘米。西邻 M10，西南与 M19、M20 相邻，东南与 M14 相邻。北部叠压在北壁下，未清理。

竖穴土坑墓，南—北向，墓向 180°。平面呈长方形。残长 72、宽 62、深 82 厘米（图二六）。填土为五花土，夹杂较多砂砾，填土中出土骨锥 1 件。

单人仰身直肢葬，未见葬具痕迹。无头骨，其余骨骼保存相对完整。头向南。经鉴定，墓主

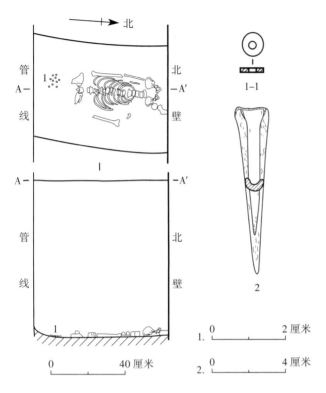

图二六　M18平、剖面图及出土器物
1. 石珠串饰（M18：1）　2. 骨锥（M18：2）

性别不明，年龄为6~14岁。

M18出土浅色石珠串饰1组，散置于墓主颈部附近。

石珠串饰　1组。

标本M18：1，共73颗。黄白色，圆柱状，中有穿孔，大小相近。M18：1-1，直径0.6、孔径0.3、厚0.12厘米（图二六，1；彩版一五，4）。

填土中出土骨锥1件。

骨锥　1件。

标本M18：2，系用动物肢骨加工打磨而成。一端去除关节，一端磨成锋尖。长8.8、宽0.1~1.8、厚0.3厘米（图二六，2）。

一九　M19

M19位于TG1西南部，开口于③层下，打破M20，开口距地表50厘米。东邻M14，东北部与M18相邻，西北部与M10相邻。南部叠压在南壁下，已全部清理。

竖穴土坑墓，西南角有一龛。南—北向，墓向177°。墓室平面呈圆角长方形，南部较宽。墓口长约211、宽32~60厘米，墓底长约204、宽30~58厘米，深约80厘米。龛平面呈圆角方形，宽39、进深33厘米（图二七）。填土为五花土，夹杂有细碎砂石。

单人仰身直肢葬，未见葬具痕迹。人骨保存完整，骨骼及墓底有赭石粉。头向南，面向西。经鉴定，墓主女性，年龄为35~40岁。

M19随葬陶器5件、浅色石珠串饰1组。陶器置于墓主头骨南侧及龛内，浅色石珠散置于颈部两侧（彩版一七，1）。

彩陶盆　2件。泥质橙黄陶，手制，轮修。敞口，窄弧沿，圆唇，高领，鼓腹，腹部略下垂，下腹内收，小平底。

标本M19：1，下腹有横双錾，錾上下均有小豁口。口沿对称有钻孔四组，每两个为一组。器表及口沿内侧施紫红色陶衣，饰黑彩。领部饰平行条带纹四组。腹部自上而下依次饰宽带纹两周、宽折带纹一周、宽带纹一周和三个弧形纹。口沿内侧自上而下依次饰宽带纹、弧边三角纹、宽带纹各一周。口径23.8、腹径22.5、底径7.9、高15.3、厚0.4~0.9厘米（图二七，1；彩版一七，2）。

标本M19：6，上腹有横耳一对。器表及口沿内侧饰黑彩。领部饰平行条带纹五组。腹部自上而下依次饰宽带纹、折带纹和宽带纹各一周。口沿内自上而下依次饰细带纹两周、弧边三角纹

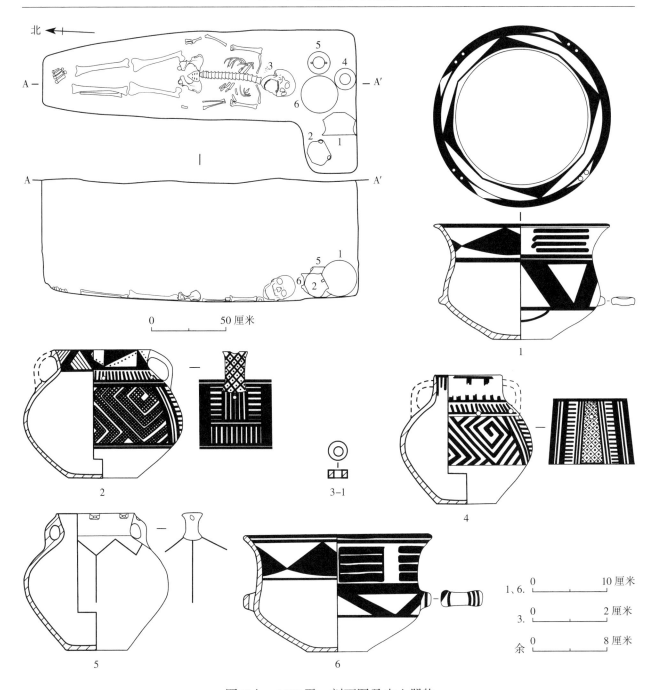

图二七　M19 平、剖面图及出土器物

1、6.彩陶盆（M19：1、6）　2、4.双耳彩陶罐（M19：2、4）　3.石珠串饰（M19：3）　5.双耳陶罐（M19：5）

一周和细带纹一周。口径 25.4、腹径 22.1、底径 8、高 15.6、厚 0.5~0.9 厘米（图二七，6；彩版一八，1）。

双耳彩陶罐　2 件。手制。圆唇，圆肩，鼓腹，下腹弧收，小平底，口肩之间有双耳。肩部及耳下饰戳印凹窝一周，共八个。

标本 M19：2，泥质橙黄陶。侈口，斜直颈，最大腹径位于腹中。耳部与口沿平齐，口耳连接处饰戳印凹槽。器表磨光，器表及口沿内侧饰黑彩。颈部饰首尾相连的直角三角纹一周，长边一侧均饰一排小圆点。肩部自上而下依次饰细带纹、短竖线纹、细带纹各一周。腹部饰细带纹两周，细带间以竖带纹将腹部分为四个图案单元，以耳为界，对称分布。耳下两单元饰横向及竖向短线纹，两侧单元饰回形网格纹。耳面饰网格纹，内填小圆点。口沿内饰折带纹，中间填充平行斜线纹。口径10.4、腹径17.1、底径7.4、高13.6、厚0.2~0.8厘米（图二七，2；彩版一八，2）。

标本M19∶4，夹细砂红陶。直口，直颈，最大腹径位于腹中偏上。口肩之间有双耳，均残，耳部略低于口沿。器表及口沿内侧施紫红色陶衣，饰黑彩，纹饰局部脱落。颈肩部自上而下依次饰细带纹、竖向短线纹、细带纹、斜向短线纹及细带纹各一周。腹部饰细带纹两周，细带间以竖条纹将腹部分为四个图案单元，以耳为界，对称分布。耳下两单元饰横向短线纹及菱形网格纹，网格内填小圆点，两侧单元饰回形纹。口沿内侧纹饰已不明。口径7.3、腹径14.4、底径6.6、高13.7、厚0.3~0.7厘米（图二七，4；彩版一九，1）。

双耳陶罐　1件。

标本M19∶5，夹砂红陶，手制。器表及口沿内侧用细泥抹光，烧制不匀，器表有烟炱。侈口，圆唇，束颈，圆肩，圆鼓腹，下腹弧收，小平底，最大腹径位于上腹。口肩之间有双耳，耳部略低于口沿，耳面上各有一戳印凹窝。口沿外对称施乳突，三个一组。肩部饰折线凸棱一周，耳及乳突下饰纵向凸棱四道，并与折线凸棱相连，延伸至下腹。口径8.4、腹径15.6、底径6.7、高14.5、厚0.3~0.8厘米（图二七，5；彩版一九，3）。

石珠串饰　1组。

标本M19∶3，共73颗。薄片状，中有穿孔，大小相近，穿系物已朽。M19∶3-1，直径0.6、孔径0.3、厚0.12厘米（图二七，3；彩版一九，2）。

二○　M20

M20位于TG1西南部，开口于③层下，被M19打破，开口距地表50厘米。北邻M10，东北侧与M18相邻。西侧和南侧部分叠压在南壁下，西侧未清理。

竖穴土坑墓，墓室东北角有一龛。东—西向，墓向88°。墓室平面呈圆角长方形。口大底小，墓口残长约145、宽约60厘米，墓底残长约142、宽约54厘米，深约102厘米。龛平面呈圆角方形，宽约37、进深约24厘米（图二八）。填土为五花土，夹杂有细砂石。

单人仰身直肢葬，未见葬具痕迹。人骨保存较好。头向东，面向南。经鉴定，墓主男性，年龄为30~35岁。

M20随葬陶器2件、玉器1件。陶器置于墓室东部及东北部小龛内，玉器置于墓主肋骨北侧（彩版二○，1）。

四系陶罐　2件。夹砂橙黄陶，手制，器表有烟炱，表面磨光。近直口，微侈，直领，圆肩，圆鼓腹，下腹弧收，小平底略内凹，最大腹径位于上腹。口肩之间有四耳，两两对称，耳部低于口沿。

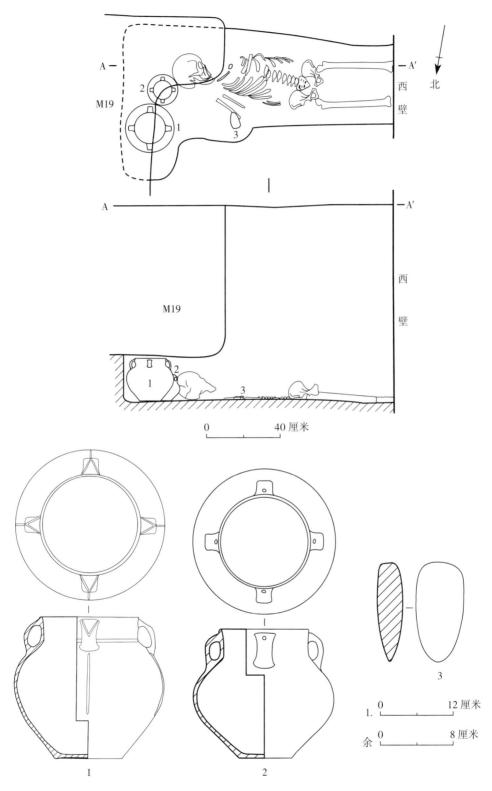

图二八　M20 平、剖面图及出土器物

1、2. 四系陶罐（M20：1、2）　3. 玉斧（M20：3）

标本 M20：1，耳部上下两端饰戳印纹，耳面上饰 "V" 形刻划纹。肩颈连接处饰横向凸棱一周，部分已脱落，耳下饰纵向凸棱四道，延伸至下腹。口径 16、腹径 24.2、底径 11、高 22.5、厚 0.3~1.1 厘米（图二八，1；彩版二〇，2）。

标本 M20：2，耳面靠上均施一小孔。口径 9.5、腹径 15、底径 5.7、高 13.6、厚 0.4~0.9 厘米（图二八，2；彩版二〇，3）。

玉斧　1 件。

标本 M20：3，透闪石质，绿色，通体磨光。平面近椭圆形，断面呈椭圆形，顶端稍宽，刃部稍窄，双面刃。长 10.6、宽 5.2、厚 2.8 厘米（图二八，3；彩版二〇，4）。

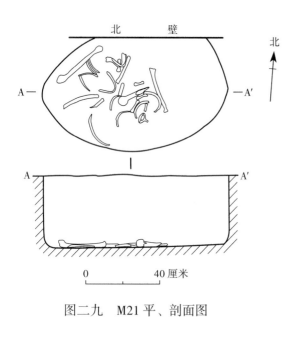

图二九　M21 平、剖面图

二一　M21

M21 位于 TG3 北部偏西，开口于③ d 层下，开口距地表 123 厘米。西邻 M6，东邻 M4，南邻 M9。北部叠压在北壁下，未清理。

竖穴土坑墓，墓向不明。墓室平面呈椭圆形。口大底小，墓口长径约 100、短径约 60 厘米，墓底长径约 94、短径约 55 厘米，深约 38 厘米（图二九；彩版二〇，5）。填土为灰褐色沙土，夹杂较多砂砾石。

扰乱葬，未见葬具痕迹。骨骼残缺凌乱，集中摆放在墓室中西部。经鉴定，墓主性别不明，年龄为 2 岁左右。

二二　M22

M22 位于 TG2 西北部，开口于③层下，开口距地表约 115 厘米。东邻 M11，南邻 M3。北部叠压在北壁下，未清理。

竖穴土坑墓，墓向不明。墓室平面呈圆角长方形。口大底小，墓口残长约 72、残宽约 55 厘米，墓底残长约 55、宽约 40 厘米，深约 19 厘米（图三〇）。填土为五花土，土质疏松，夹杂较多砂砾石，填土中出土陶片 2 件。

葬式不明，仅发现部分肋骨残片。

M22 随葬陶罐 1 件，置于墓室东南角。

双耳罐　1 件。

标本 M22：1，夹砂红陶，手制，器表有烟炱。侈口，圆唇，束颈，溜肩，鼓腹，下腹弧收，小平底，最大腹径位于上腹。口肩之间有小双耳，一耳残，两侧有鸡冠錾，上饰戳印纹，一錾残。

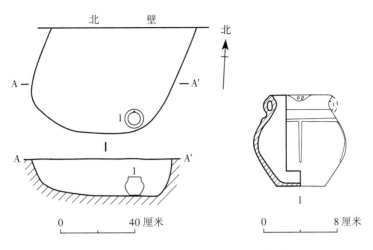

图三〇　M22 平、剖面图及出土陶器

1. 双耳罐（M22:1）

肩部饰横向凸棱一周，耳及乳突下饰纵向凸棱四道，延伸至下腹，部分已脱落。口径 6.6、腹径 10、底径 5.2、高 9.7、厚 0.3~0.5 厘米（图三〇，1；彩版一九，4）。

二三　M23

M23 位于 TG2 西南部，开口于③层下，东部及北部被现代坑及 M3 打破，开口距地表约 74 厘米。西邻 M15。南部叠压在南壁下，未清理。

竖穴土坑墓，墓向不明。残存墓室平面呈圆角长方形。口大底小，墓口残长 160、残宽 24 厘米，墓底残长 142、残宽 20 厘米，深 53 厘米（图三一）。填土为灰褐色沙土，土质疏松。

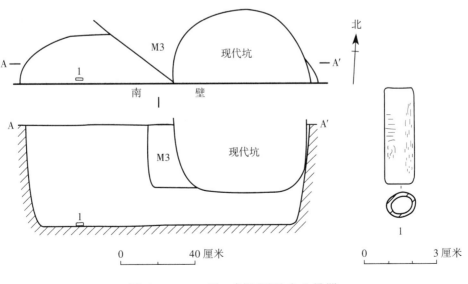

图三一　M23 平、剖面图及出土骨器

1. 骨管（M23:1）

葬式不明，人骨叠压在南壁下，未清理。

M23 随葬骨管 1 件，由于人骨未完全清理，推测可能位于人骨北侧，上肢骨附近。

骨管 1 件。

标本 M23：1，系用动物肢骨磨制而成，通体磨光。管状，一侧磨光，一侧保留有切割痕迹。长 3.9、外径 1.2、内径 0.8 厘米（图三一，1；彩版一九，5）。

二四 M24

M24 位于 TG3 东部，开口于③b 层下，打破 M28，北部被管线打破，开口距地表 76 厘米。北与 M16、M30、M31 相邻。

竖穴土坑墓，东南角有一龛。墓向不明。残存墓室平面呈圆角方形。长约 98、残宽 45、深 54 厘米。龛宽约 47、进深约 15 厘米（图三二）。填土为灰褐色沙土，土质较为坚硬。

未发现人骨及葬具痕迹，葬式不明。

M24 随葬陶器 2 件，均置于东南角小龛内（彩版二一，1、2）。

双耳罐 1 件。

标本 M24：1，泥质橙黄陶，手制，器表有烟炱。侈口，圆唇，束颈，圆肩，鼓腹，下腹斜收，小平底内凹，最大腹径位于腹中略偏上。口肩部有双耳，耳部与口沿平齐，口沿外施鸡冠鋬，

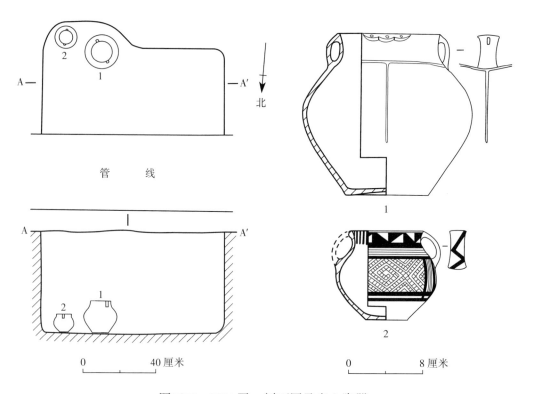

图三二 M24 平、剖面图及出土陶器
1. 双耳罐（M24：1） 2. 双耳彩陶罐（M24：2）

耳部上方及鋬上饰戳印纹。肩部施横向凸棱一周，耳及鋬下施纵向凸棱四道，延伸至下腹。口径10.8、腹径18.2、底径8.8、高17.2、厚0.3~0.7厘米（图三二，1；彩版二一，3）。

双耳彩陶罐　1件。

标本M24：2，泥质橙黄陶，手制。侈口，圆唇，束颈，圆肩，鼓腹，下腹弧收，小平底，最大腹径位于腹中。口肩之间有双耳，一耳残，耳部与口沿平齐。器表及口沿内侧饰黑彩。颈部饰首尾相连的三角纹，肩部自上而下依次饰宽带纹一周、细带纹三周，腹部饰宽带纹三周，上腹部一周，下腹部两周，宽带间以竖向宽带纹和细带纹将腹部分为四个图案单元，以耳为界，对称分布，耳下两单元饰横向及竖向短线纹，两侧单元饰回形纹。耳面饰折带纹，口沿内饰竖条带纹。口径7.6、腹径10.8、底径4.5、高9.4、厚0.4~0.8厘米（图三二，2；彩版二一，4）。

二五　M25

M25位于TG3西南部，大部分位于探沟外，开口于③d层下，被M26打破，打破M32，开口距地表142厘米。墓室大部叠压在南壁下，全部清理。

竖穴土坑墓，东—西向，墓向88°。平面呈圆角长方形，东部略宽。口大底小，墓口长207、宽32~81厘米，墓底长184、宽30~74厘米，深约56厘米（图三三；彩版二二，1）。填土为灰褐色沙土，土质较为疏松。

单人仰身直肢葬，未见葬具痕迹。人骨保存较好，头向东，面向南。经鉴定，墓主男性，年龄为30~35岁。

M25随葬陶器2件、骨器4件、石器2件。陶器置于墓主头骨东侧，骨器及石器置于上肢骨南侧，骨器一端叠压于肱骨之上，一骨柄石刀置于左掌骨之下（彩版二二，2、3）。

双耳彩陶罐　1件。

标本M25：1，泥质橙黄陶，手制。侈口，圆唇，高领微束，圆肩，圆鼓腹，下腹弧收，小平底略内凹，最大腹径位于腹中。上腹有双横耳，耳部上翘。器表磨光，饰黑彩，彩绘剥落严重。肩腹部饰宽带纹两周，宽带间饰菱格纹。口径9.5、腹径16.8、底径6.3、高15.8、厚0.3~0.6厘米（图三三，1；彩版二二，4）。

双耳陶罐　1件。

标本M25：2，泥质红陶，手制，烧制不匀，器表有烟炱。侈口，圆唇，束颈，圆肩，鼓腹，下腹内收，小平底，最大腹径位于上腹。口肩之间有双耳，耳部与口沿平齐。口沿外对称有鸡冠鋬，鋬上饰戳印纹。口径7.7、腹径11.1、底径5.1、高11.1、厚0.3~0.8厘米（图三三，2；彩版二二，5）。

骨柄石刀　2件。系用大型动物肢骨加工而成，器身扁平，通体磨光。由柄部和刃部组成，柄部较直，有一穿孔。刃部略宽，双刃，一侧直刃，一侧弧刃，刃部切割凹槽，截面呈"V"形，系镶嵌石叶。

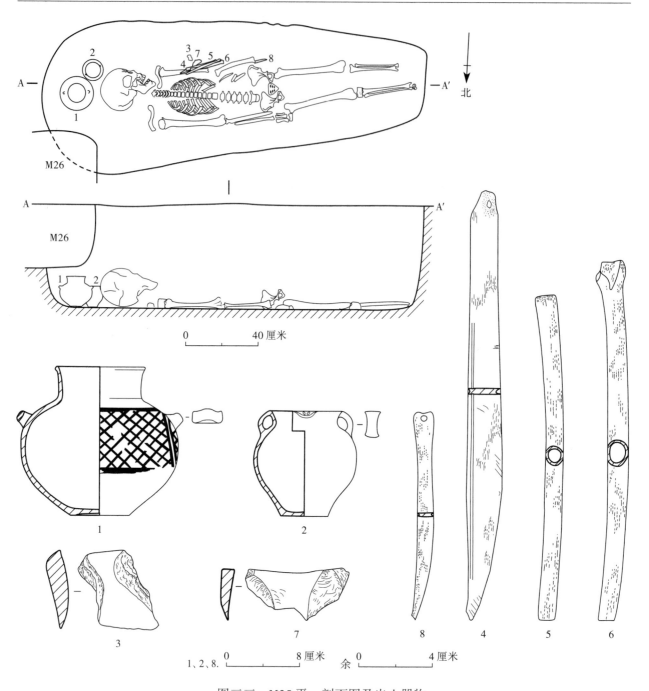

图三三　M25平、剖面图及出土器物

1. 双耳彩陶罐（M25：1）　2. 双耳陶罐（M25：2）　3、7. 石片（M25：3、7）　4、8. 骨柄石刀（M25：4、8）　5、6. 骨管（M25：5、6）

　　标本M25：4，器身两侧近刃部有刻槽。长22.8、宽1.9、厚0.3厘米，刃槽宽0.3厘米（图三三，4；彩版二三，1）。

　　标本M25：8，长22、宽0.1~2、厚0.3厘米，刃槽宽0.3厘米（图三三，8；彩版二三，2）。

　　骨管　2件。系用大型鸟类肢骨加工而成，通体磨光。长管状，横截面呈圆形。

标本 M25：5，略弯曲，一端口部打磨光滑，一端残。长 17.2、宽 0.8~1.1、厚 0.1~0.2 厘米（图三三，5；彩版二三，3）。

标本 M25：6，一端保留有关节，另一端磨制。长 19、宽 0.8~1.5、厚 0.1 厘米（图三三，6；彩版二三，4）。

石片　2 件。

标本 M25：3，砂岩，灰色。两面有打制疤痕，一侧较平，一侧有刃。长 4.2、宽 3.1、厚 0.2~1 厘米（图三三，3；彩版二三，5）。

标本 M25：7，玛瑙质，紫红色。两面有剥片痕迹，一端较平，一端有刃。长 5.4、宽 2.5、厚 0.8 厘米（图三三，7；彩版二三，6）。

二六　M26

M26 位于 TG3 西南部，开口于③d 层下，北部被现代管线打破，打破 M25，开口距地表 130 厘米。东邻 M29、M9，西邻 M32，北与 M6、M12 相邻。南部叠压在南壁下，已全部清理。

竖穴土坑墓，南—北向，墓向 175°。平面呈圆角长方形。墓口残长约 178、宽约 64、深 33~38 厘米（图三四；彩版二四，1）。填土为灰褐色沙土，土质较为疏松，夹杂有较多砂砾石。

单人仰身直肢葬，未见葬具痕迹。人骨保存较好，部分下肢骨被管线破坏。头向南，面向上。经鉴定，墓主性别不明，年龄为 14~15 岁。

M26 随葬陶器 2 件、浅色石珠串饰 1 组、羊距骨 1 件。陶器置于头骨南侧，浅色石珠散落于人骨颈部附近，羊距骨置于上肢骨西侧（彩版二四，2、3）。

双耳彩陶壶　1 件。

标本 M26：1，泥质橙黄陶，手制，轮修。直口，圆唇，直颈，圆肩，圆鼓腹，下腹弧收，平底，最大腹径位于上腹。口肩之间有双耳，耳部略低于口沿。腹部有对称竖向乳突。颈部对称有穿孔四个，肩部饰戳印凹窝一周，共六个，耳部上下两端饰有凹窝四个。器表及口沿内侧施紫红色陶衣，饰黑彩。颈部饰横向和竖向细带纹。肩部自上而下依次饰细带纹、折带纹和细带纹各一周。腹部饰宽带纹两周，宽带间以竖向细带纹将腹部整体分为六个图案单元。耳下两单元饰大菱形纹，两侧四个单元纹饰大体相同，为复道斜线相接构成的几何纹，部分斜线间饰圆点纹。口沿内饰折带纹两周。口径 6.9、腹径 20、底径 9.5、高 19、厚 0.3~0.8 厘米（图三四，1；彩版二五，1）。

双耳彩陶盆　1 件。

标本 M26：2，泥质红陶，手制，轮修。近直口，微侈，圆唇，矮领，圆肩，鼓腹，下腹弧收，小平底，最大腹径位于上腹。口肩之间有双耳，耳部略低于口沿。器表及口沿内侧施橙黄色陶衣，饰黑彩。口沿外及颈部饰条带纹两周，条带间为横向短直线纹，共六组，以"X"形纹相间隔。肩腹部饰宽带纹两周，宽带间为宽带及细线构成的折带纹，内填菱格三角纹。耳面饰横向宽带、细线及"X"形纹。口沿内自上而下饰细带纹两周，由斜线纹、三角纹和三角网格纹组成的条带

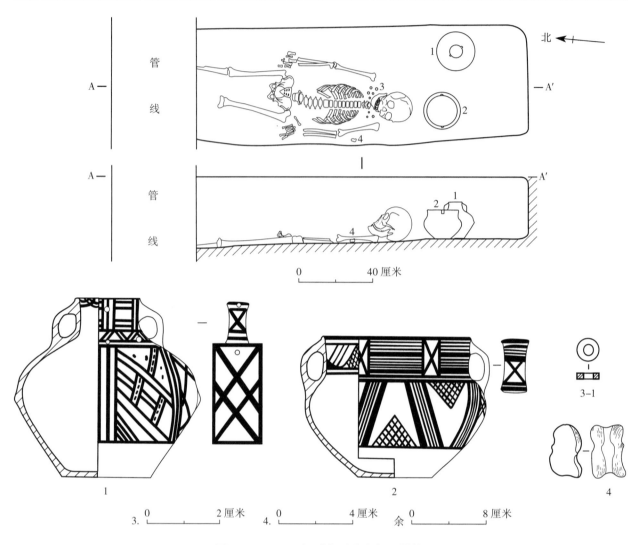

图三四　M26 平、剖面图及出土器物

1. 双耳彩陶壶（M26：1）　2. 双耳彩陶盆（M26：2）　3. 石珠串饰（M26：3）　4. 羊距骨（M26：4）

纹一周及细带纹两周。口径 15.9、腹径 19.5、底径 8、高 14.9、厚 0.4~0.8 厘米（图三四，2；彩版二五，2）。

石珠串饰　1 组。

标本 M26：3，共 115 颗。圆形薄片，中有穿孔，大小相近。M26：3-1，直径 0.6、孔径 0.2、厚 0.15 厘米（图三四，3；彩版二四，4）。

羊距骨　1 件。

标本 M26：4，长 2.4、宽 1.5~1.7、厚 1.4 厘米（图三四，4；彩版二四，5）。

二七　M27

M27 位于 TG1 东部，开口于③层下，开口距地表 69 厘米。西邻 M13，东部叠压在东壁下，未清理。

竖穴土坑墓，西北角有一龛。东—西向，墓向85°。平面呈圆角长方形。口大底小，墓口残长77、宽40厘米，墓底残长73、宽38厘米，深34厘米。龛平面呈圆角方形，宽34、进深16厘米（图三五）。填土为五花土，夹杂有较多砂石。

单人仰身直肢葬，未见葬具痕迹。仅清理部分下肢骨及脚骨，保存完好，头向东。经鉴定，墓主性别不明，为成年。

M27随葬陶器1件，置于西北角龛内。

双耳罐　1件。

标本M27：1，夹砂橙黄陶，手制，轮修，器表磨光，表面有烟炱。直口，微侈，直颈，溜肩，圆鼓腹，下腹弧收，小平底，最大腹径位于腹中偏上。口肩之间有双耳，耳部与口沿平齐，均残。口径11.2、腹径27、底径10.3、高26、厚0.3~1.3厘米（图三五，1；彩版二六，1）。

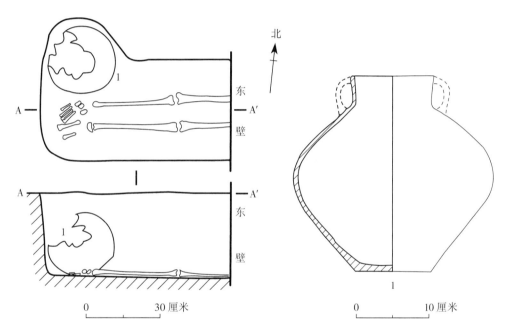

图三五　M27平、剖面图及出土陶器
1.双耳罐（M27：1）

二八　M28

M28位于TG3东部，开口于③d层下，西北角被管线打破，南部被M17打破，北部被M24打破，开口距地表65厘米。南邻M1，北邻M30。

竖穴土坑墓，西北—东南向，墓向115°。平面呈圆角长方形。口大底小，墓口长约200、宽约60厘米，墓底长约186、宽约58厘米，深约59厘米（图三六；彩版二七，1）。填土为灰褐色沙土，土质疏松，夹杂小砾石。

单人仰身直肢葬，未见葬具痕迹。人骨保存相对完整，残存头骨、部分肋骨及肢骨等。头向东南，

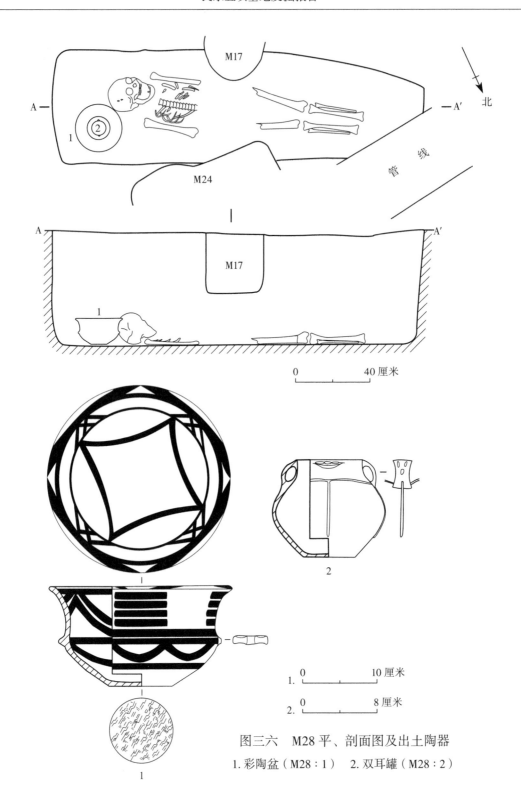

图三六　M28 平、剖面图及出土陶器
1.彩陶盆（M28∶1）　2.双耳罐（M28∶2）

面向南。经鉴定，墓主男性，年龄为 30~35 岁。

　　M28 随葬陶器 2 件，均位于墓主头骨东侧，双耳罐置于彩陶盆内（彩版二七，2、3）。

　　彩陶盆　1 件。

标本 M28∶1，泥质橙黄陶，手制，轮修。敞口，圆唇，高领，微鼓腹，下腹弧收，平底，最大腹径位于上腹。最大腹径处有双錾，錾上缘有豁口。底部有席纹。器表及内壁施橙红色陶衣，内外通体饰黑彩。口沿外及领部饰平行条带纹，共四组，每组四道，腹部从上到下依次饰宽带纹两周、垂弧纹一周和宽带纹一周。内壁从上到下依次饰垂弧纹一周、宽带纹一周、垂弧纹两周、宽带纹一周和垂弧纹一周。口径 25.1、腹径 22、底径 8.6、高 13.3、厚 0.5~0.8 厘米（图三六，1；彩版二八，1）。

双耳罐 1件。

标本 M28∶2，夹砂橙黄陶，手制，烧制不匀，器表有烟炱。直口微侈，圆唇，束颈，圆肩，圆鼓腹，下腹弧收，小平底，最大腹径位于腹中。口肩之间有双耳，耳部与口沿平齐，耳上饰戳印纹。口沿外有双錾，錾上饰戳印纹。肩部饰横向凸棱一周，耳及錾下饰纵向凸棱四道，延伸至下腹。口径 7.1、腹径 12、底径 5.5、高 10.4、厚 0.2~0.6 厘米（图三六，2；彩版二七，4）。

二九 M29

M29 位于 TG3 中部偏南，开口于③d 层下，北部被 M9 打破，开口距地表 120 厘米。北邻 M21，东南部与 M5、M7 相邻。

竖穴土坑墓，东—西向，墓向不明。平面呈圆角长方形，东部略宽。口大底小，墓口长约 118、宽约 58 厘米，墓底长约 109、宽约 54 厘米，深约 54 厘米（图三七；彩版二六，2）。填土为灰褐色沙土，土质疏松，夹杂少量砂砾石。

扰乱葬，未见葬具痕迹。人骨保存状况差，墓室东侧仅存部分下肢骨和肋骨等。经鉴定，墓主男性（？），为成年。

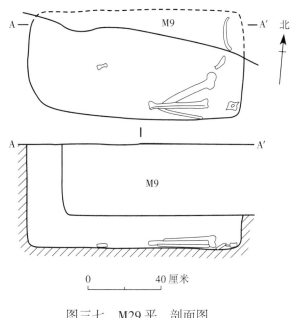

图三七 M29 平、剖面图

三〇 M30

M30 位于 TG3 东北部，开口于③d 层下，南部被管线打破，开口距地表 78 厘米。北邻 M31，西北邻 M16，南侧与 M24、M28 相邻。

竖穴土坑墓，东—西向，墓向 87°。平面呈圆角长方形。墓口长约 178、残宽 33~37 厘米，墓底长约 171、残宽 30~35 厘米，深约 30 厘米（图三八；彩版二六，3）。填土为灰褐色沙土，土质疏松，夹杂砂砾石。

单人仰身直肢葬，未见葬具痕迹。人骨左侧被管线破坏，仅存右侧部分，头骨不存。头向东。经鉴定，墓主男性，年龄为 30~40 岁。

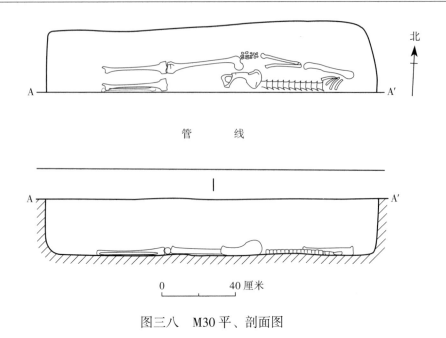

图三八　M30 平、剖面图

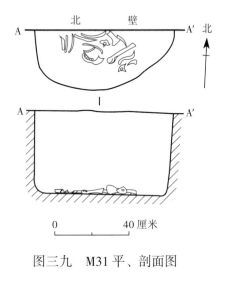

图三九　M31 平、剖面图

三一　M31

M31 位于 TG3 东北角，开口于③d 层下，开口距地表112 厘米。南邻 M30，西邻 M16。北部叠压在北壁下，未完全清理。

竖穴土坑墓，墓向不明。平面近圆形。墓口长约 75、残宽约 32 厘米，墓底长约 66、残宽约 30 厘米，深约 44 厘米（图三九）。填土为灰褐色沙土，土色偏黑，土质坚硬，夹杂有砾石。

扰乱葬，未见葬具痕迹。人骨保存状况差，仅存下颌骨、肋骨等，骨骼残缺凌乱，集中摆放于墓室中部。经鉴定，墓中有 2 个成年个体和 1 个未成年个体，年龄、性别不明。

三二　M32

M32 位于 TG3 西南部，开口于③d 层下，东部被 M25 打破，开口距地表 147 厘米。东邻 M26，北邻 M12。墓室西部、南部叠压在西壁、南壁下，西部未清理。

竖穴土坑墓，西北—东南向，墓向 115°。墓室平面呈长方形。残长约 117、宽约 41、深约 42 厘米（图四〇）。填土为灰褐色沙土，土质疏松，夹杂小砾石。

单人仰身直肢葬，未见葬具痕迹。头骨不存，上身扰动，上肢骨及部分指骨集中堆放，盆骨及下肢骨保存较好。头向东南。经鉴定，墓主女性，年龄为 40 岁左右。

M32 随葬石器 1 件，置于墓主股骨中间。

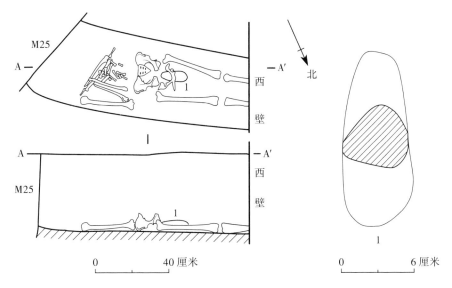

图四〇　M32 平、剖面图及出土石器

1. 石锤（M32 : 1）

石锤　1 件。

标本 M32 : 1，砾石，灰白色。整体呈圆柱状，断面呈圆形，一端有砸击痕迹。长 13.9、宽约 5.7、厚 4.3~5 厘米（图四〇，1；彩版二六，4）。

三三　M33

M33 位于 TG5 东南部，开口于③c 层下，西部被现代坑打破，开口距地表 140 厘米。东邻 M38，南邻 M39、M44，东北侧与 M42 相邻。

竖穴土坑墓，东—西向，墓向 82°。平面呈圆角长方形。墓口残长约 93、宽约 62 厘米，墓底残长约 87、宽约 58 厘米，深约 32 厘米（图四一）。填土为灰褐色沙土，土质疏松，夹杂有粗砂砾。

单人仰身直肢葬，未见葬具痕迹。人骨保存状况差，仅存破碎头骨、肋骨、椎骨和部分肢骨等，盆骨及下肢骨被现代坑破坏。头向东。经鉴定，墓主性别不明，年龄为 7~9 岁。

M33 随葬陶器 3 件、石器 1 件。陶器置于墓主上肢骨和头骨北侧，石器置于墓主上肢骨南侧（彩版二九，1）。

双耳彩陶罐　1 件。

标本 M33 : 1，泥质橙黄陶，手制。侈口，圆唇，束颈，圆肩，扁圆腹，略下垂，下腹内收，小平底，最大腹径位于腹中略偏下。口肩之间有双耳，耳部略低于口沿，口耳连接处饰戳印纹，下腹对称有乳突，器底饰席纹。器表及口沿内侧饰黑彩。口沿外及颈部从上到下依次饰细带纹一周、细线纹两周和宽带纹一周，肩部从上到下依次饰斜向锯齿纹一周和细线纹两周。腹部饰宽带纹两周，宽带间以竖宽带纹夹细线纹将腹部整体分为八个图案单元，耳下两单元饰网格纹，两侧四个

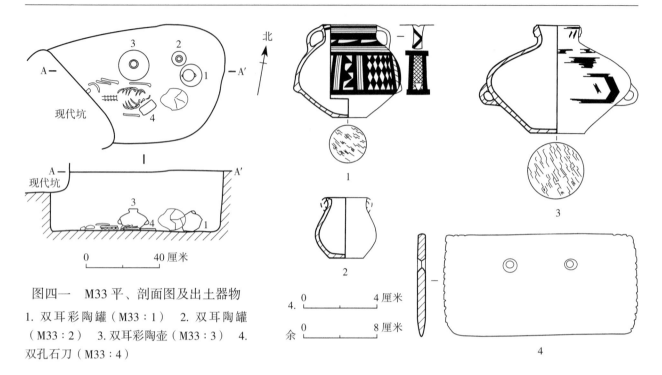

图四一　M33 平、剖面图及出土器物
1. 双耳彩陶罐（M33：1）　2. 双耳陶罐
（M33：2）　3. 双耳彩陶壶（M33：3）　4.
双孔石刀（M33：4）

单元均饰连续菱格纹，两侧单元间以三角纹或圆点纹相间隔。耳面饰折带纹。口沿内侧饰弧带纹
两周。口径 6、腹径 11.7、底径 3.7、高 9.8、厚 0.2~0.9 厘米（图四一，1；彩版二八，2）。

双耳陶罐　1 件。

标本 M33：2，夹砂橙黄陶，手制，器表有烟炱。侈口，窄折沿，圆唇，束颈，溜肩，鼓腹，
下腹内收，平底，最大腹径位于下腹。口肩之间有双耳，耳与口沿平齐，均残。口径 4.4、腹径 6.6、
底径 3.6、高 6.4、厚 0.3~0.6 厘米（图四一，2；彩版二九，2）。

双耳彩陶壶　1 件。

标本 M33：3，夹细砂橙黄陶，手制，器表磨光。侈口，口部较小，圆唇，短束颈，圆肩，鼓腹，
下腹斜收至小平底，最大腹径位于腹中略偏上。口沿下对称有竖向乳突，乳突上有横向压印纹一
或两道，下腹有双耳。器底饰席纹。器表饰黑彩，脱落严重。口径 4.5、腹径 15.4、底径 5.8、高
11.4、厚 0.3~0.6 厘米（图四一，3；彩版二九，3）。

双孔石刀　1 件。

标本 M33：4，砂岩，青色，通体磨光。平面呈长方形，形制规整，直背直刃，双面刃，刃
部有使用痕迹。两侧及刀背两端刻有花边凹槽。近刀背处有双孔，对面钻。长约 10.4、宽约 5.4、
厚约 0.4 厘米（图四一，4；彩版二九，4）。

三四　M34

M34 位于 TG4 西部，开口于③a 层下，打破 M52，开口距地表 60~70 厘米。南邻 M46，北邻
M43、M53。西部叠压在西壁下，未清理。

竖穴偏洞室墓，由竖穴墓道和偏洞室组成，墓室位于墓道南侧。东一西向，墓向87°。墓道平面呈圆角长方形。墓道口残长约214、宽87厘米，墓道底残长约204、宽约82厘米，深88厘米。墓室平面呈圆角长方形，残长约212、宽约35、高约54厘米（图四二；彩版三〇，1、2）。上层填土为灰褐色，土质坚硬，夹杂细沙和砾石，中层为砾石层，下层为灰褐色土，土质疏松，夹细沙。填土中出土残陶器及石刀各1件。

单人仰身直肢葬，未见葬具痕迹。无头骨，上身及盆骨保存相对完整，下肢骨不存，右侧尺骨、桡骨及掌骨置于盆骨处。头向东。经鉴定，墓主性别不明，年龄为14~15岁。

M34随葬陶器4件、浅色石珠串饰1组、狗头骨1个。一双耳罐置于人骨头部位置，其余三件陶器均置于墓主头骨东侧。石珠散置于墓主颈部两侧。狗的上颌骨置于双耳罐下，下颌骨位于人的肩胛骨一侧（彩版三〇，3、4）。

双耳陶罐 2件。夹砂红陶，手制，烧制不匀，器表有烟炱。侈口，圆唇，窄折沿，束颈，圆肩，鼓腹，下腹弧收，平底。

标本M34：1，最大腹径位于腹中。口颈部有小双耳，耳部低于口沿，耳上饰戳印纹，两侧对称有鸡冠鋬，鋬上饰戳印纹。肩部饰横向凸棱一周，耳及鋬下饰纵向凸棱四道，延伸至腹中。口径6.9、腹径9.7、底径5.6、高8.2、厚0.3~0.6厘米（图四二，1；彩版三一，1）。

标本M34：2，器形不甚规整，最大腹径位于腹中偏上。颈肩部有小双耳，耳上有戳印纹，两侧有鸡冠鋬，鋬上有戳印纹。肩部饰横向凸棱一周，耳及鋬下饰纵向凸棱六道，耳下为一道，鋬下为两道，部分已脱落。口径11、腹径16.3、底径8.3、高13.7、厚0.3~0.7厘米（图四二，2；彩版三一，2）。

双耳彩陶罐 1件。

标本M34：3，泥质橙黄陶，手制，轮修。侈口，圆唇，束颈，圆肩，扁圆腹，略下垂，下腹内收，小平底，底部有压印痕迹，最大腹径位于下腹。口肩部有双耳，耳部略低于口沿。颈部及耳下饰戳印凹窝一周，共八个。器表及口沿内侧施红色陶衣，饰黑彩。口沿及颈肩部从上到下依次饰交错折带纹一周、宽带纹一周、细线纹两周。腹部饰宽带纹两周，宽带间以竖宽带纹夹细线纹将腹部分成四个图案单元，以耳为界，对称分布。耳下两单元饰"卐"形纹，两侧单元饰回形网格纹、连续菱格纹和圆点纹。耳面饰折带纹。口沿内饰斜线纹和折带纹。口径12.3、腹径15.3、底径5.1、高12.3、厚0.3~0.6厘米（图四二，3；彩版三一，3）。

单耳彩陶罐 1件。

标本M34：4，泥质红陶，手制。侈口，圆唇，束颈，圆肩，圆鼓腹，略下垂，下腹内收，小平底，最大腹径位于下腹。口肩之间有一桥形耳，耳部略高于口沿，耳顶粘贴小泥饼。耳下有一乳突，另一侧腹中有一人面形鋬，鋬面勾勒出人面部五官，有凸起的高鼻及戳印的双眼和嘴。器表及口沿内侧施紫红色陶衣，饰黑彩。口沿至肩从上到下依次饰细带纹一周、细线纹三周、宽带纹一周和斜向锯齿纹一周。腹部饰宽带纹两周，宽带间以竖向宽带纹夹细线纹将腹部整体分为四个图案

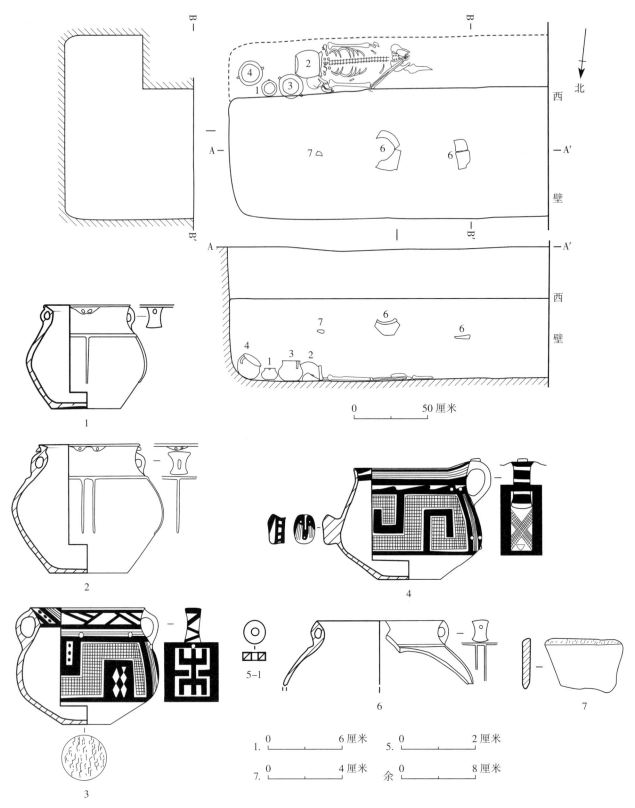

图四二　M34 平、剖面图及出土器物

1、2、6. 双耳陶罐（M34∶1、2、6）　3. 双耳彩陶罐（M34∶3）　4. 单耳彩陶罐（M34∶4）　5. 石珠串饰（M34∶5）
7. 石刀（M34∶7）

单元，以耳及錾为界，对称分布，耳及錾所在单元饰"X"形网格纹，两侧单元饰回形网格纹和折带纹。耳面饰横宽带纹四道。人面以黑彩涂轮廓，鼻饰竖条带纹，眼下饰数道细线纹，錾与器表连接处饰宽带一周，宽带与面部轮廓之间以平行横带纹连接。口沿内侧饰弧带纹两周。器表有钻孔七对，应是修补穿孔。口径12.2、腹径16.9、底径6.7、高11.7、厚0.3~0.6厘米（图四二，4；彩版三二、三三）。

石珠串饰 1组。

标本M34：5，共104颗。圆柱状，中有穿孔，穿系物已腐。M34：5-1，直径0.5、孔径0.2、厚0.2厘米（图四二，5；彩版三四，1）。

墓道填土中出土双耳陶罐1件、石刀1件。

双耳陶罐 1件。

标本M34：6，仅存口沿及上腹部残片。夹砂橙红陶，手制，器表有烟炱。侈口，圆唇，束颈，圆肩，鼓腹。口颈之间有双耳，耳上饰戳印纹，两侧有鸡冠錾，上饰戳印纹。肩部饰横向凸棱一周，耳及錾下饰纵向凸棱四道。口径13.6厘米，残长19.5、残高6.7、厚0.4~0.6厘米（图四二，6；彩版三四，2）。

石刀 1件。

标本M34：7，砂岩，青色，残断，通体磨光。残存部分平面近梯形。背部较直，单面刃，刃部较钝。长约4.2、宽2.6~2.9、厚0.4厘米（图四二，7；彩版三四，3）。

三五 M35

M35位于TG4西北部，开口于③a层下，打破M48，南部被管线打破，开口距地表55厘米。西侧为M43、M53，东侧为M50，西南侧为M34、M52。北部叠压在北壁下，已全部清理。

竖穴偏洞室墓，由竖穴墓道和偏洞室组成，墓室位于墓道西侧。南—北向，墓向170°。墓道平面呈圆角长方形。墓道口残长约180、宽约32厘米，墓道底残长约176、宽30厘米，深65厘米，墓室残长178、宽34、高约42厘米（图四三；彩版三四，4）。填土为灰褐色沙土，土质疏松，夹杂细沙和砂砾石。填土中出土绿松石块1件。

单人仰身直肢葬，未见葬具痕迹。人骨保存状况较好，仅部分下肢骨残缺。头向南，面向西。经鉴定，墓主女性（？），年龄为40~45岁。

M35随葬骨柄石刀1件、贝饰1组。骨柄石刀置于墓主头骨西侧，贝壳散置于墓主颈部附近。

骨柄石刀 1件。

标本M35：1，系用大型动物肢骨磨制而成，器身扁平，通体磨光。两端均残，刃部切割出"V"形凹槽。残长12.1、宽2.4、厚0.3厘米，刃槽宽0.3厘米（图四三，1；彩版三五，1）。

贝饰 1组。

标本M35：2，共7件，2件已残。系小贝壳穿孔而成。M35：2-1，长1.5、宽1.4、厚0.1厘

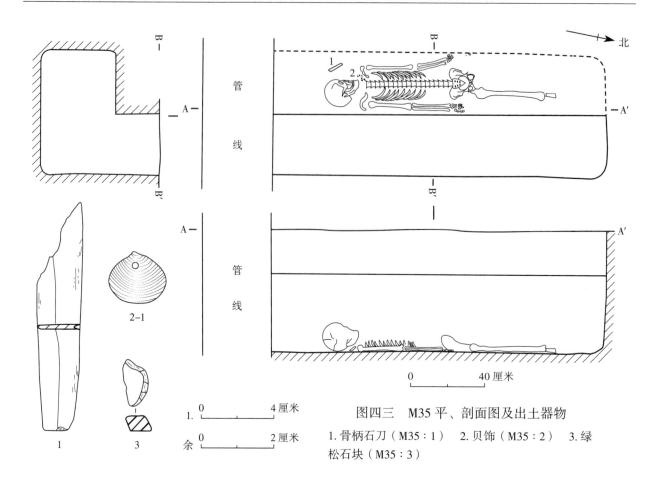

图四三　M35 平、剖面图及出土器物

1. 骨柄石刀（M35：1）　2. 贝饰（M35：2）　3. 绿
松石块（M35：3）

米（图四三，2；彩版三四，5）。

填土中出土绿松石块 1 件。

绿松石块　1 件。

标本 M35：3，残块，边缘有打击修整痕迹。残长 1.3、残宽 0.6、厚 0.5 厘米（图四三，3）。

三六　M36

M36 位于 TG4 中部偏南，开口于③b 层下，打破 M45，开口距地表 81 厘米。西邻 M46，东邻 M41，西北侧与 M34、M52 相邻。

竖穴土坑墓，东—西向，墓向 87°。平面呈圆角长方形。墓口长约 151、宽 75 厘米，墓底长约 138、宽 70 厘米，深约 53 厘米（图四四）。填土为灰褐色沙土，土质疏松，夹杂砂砾石。

扰乱葬，未见葬具痕迹。盆骨及下肢骨保存完整，头骨不存，部分上肢骨缺失且摆放凌乱。头向东。经鉴定，墓主性别不明，年龄为 3 岁左右。

M36 随葬陶器 1 件，置于墓主下肢骨西南侧。

侈口罐　1 件。

标本 M36：1，夹砂红陶，手制，器表有烟炱。侈口，圆唇，束颈，溜肩，鼓腹，下腹弧收，平底，

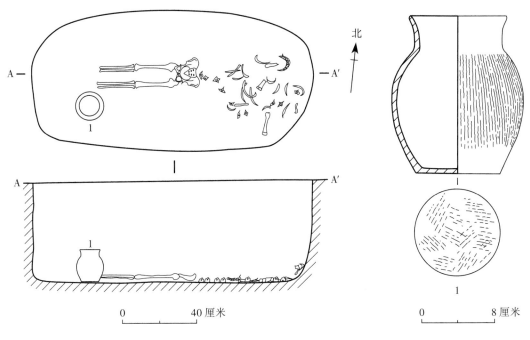

图四四　M36 平、剖面图及出土陶器
1. 侈口罐（M36∶1）

最大腹径位于腹中。腹部饰竖绳纹，底部饰席纹。口径 10.8、腹径 14.2、底径 9.1、高 16.6、厚 0.3~0.8 厘米（图四四，1；彩版三五，2）。

三七　M37

M37 位于 TG4 东部，开口于③b 层下，北部被管线打破，开口距地表 134 厘米。南邻 M40。东部叠压在东壁下，未清理。

竖穴土坑墓，南—北向，墓向 175°。平面呈圆角长方形。墓口残长约 177、残宽约 67 厘米，墓底残长约 170、残宽约 61 厘米，深 19~26 厘米（图四五；彩版三五，3）。填土为灰褐色沙土，土质疏松，夹杂砂砾石。

单人仰身直肢葬，未见葬具痕迹。头骨及部分上肢骨不存，下肢骨部分被管线破坏，其余骨骼保存相对完好。头向南。经鉴定，墓主女性，年龄为 40 岁左右。

M37 随葬浅色石珠串饰 2 组，分别置于墓主颈部两侧。

石珠串饰　2 组。黄白色，圆柱状，中有穿孔。

标本 M37∶1，共 9 颗，其中有 1 颗为白色。M37∶1-1，直径约 0.6、孔径约 0.3、厚约 0.1 厘米（图四五，1；彩版三五，4）。

标本 M37∶2，共 26 颗。M37∶2-1，直径约 0.3、孔径约 0.2、厚约 0.1 厘米（图四五，2；彩版三五，5）。

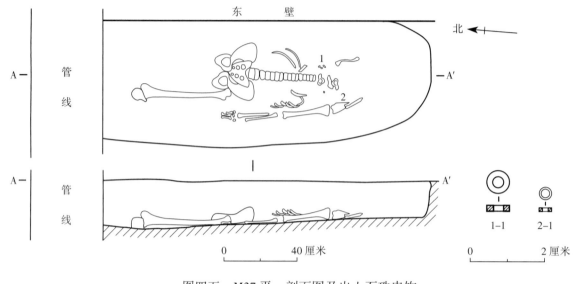

图四五　M37 平、剖面图及出土石珠串饰

1、2. M37：1、2

三八　M38

M38 位于 TG5 东南部，开口于③c 层下，北部被现代坑打破，打破 M44，开口距地表 132 厘米。西邻 M33，东邻 M47、M49，南部叠压在南壁下，未清理。

竖穴土坑墓，南—北向，墓向 177°。平面呈圆角长方形，北部略窄。墓口残长约 88、宽约 42 厘米，深约 35 厘米（图四六；彩版三六，1）。填土为灰褐色沙土，土质疏松，夹杂有较多粗砂砾石。

单人仰身直肢葬，未见葬具痕迹。人骨保存状况较差，仅存头骨、肋骨、椎骨及部分上肢骨，盆骨及下肢骨被现代坑破坏。头向南，面向西。经鉴定，墓主性别不明，年龄为 6 岁左右。

M38 随葬陶器 4 件。均置于墓主头骨南侧（彩版三六，2）。

彩陶壶　1 件。

标本 M38：1，泥质橙黄陶，手制。直口，微侈，圆唇，矮领，溜肩，圆鼓腹，下腹内收，平底，最大腹径位于腹中偏下。口肩之间有双耳，耳部略低于口沿，下腹对称有乳突。肩腹部及耳上有戳印凹窝，部分凹窝内镶嵌有白色石块，凹窝内有白色黏合剂痕迹。器表及口沿内侧饰黑彩。口沿至肩部从上到下依次饰宽带纹、细线纹、网格纹、细线纹、宽带纹、锯齿纹各一周。腹部饰细带纹两周，细带间以竖向宽带纹夹细线纹将腹部分为四个图案单元，均饰网格纹。口沿内侧从上到下依次饰竖向短线纹一周和细带纹四周。口径 4、腹径 11.8、底径 5、高 11、厚 0.4~0.8 厘米（图四六，1；彩版三七）。

双耳罐　2 件。手制。束颈，平底。

标本 M38：2，泥质灰陶。大敞口，圆唇，溜肩，折腹，下腹斜收，小平底，最大腹径位于腹中。口肩部有双耳，耳部略低于口沿。口径 8、腹径 9、底径 4.7、高 8.7、厚 0.3~1.0 厘米（图四六，2；

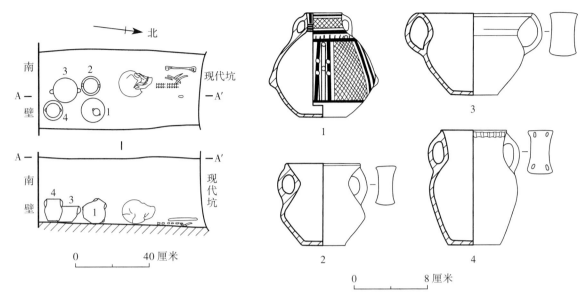

图四六 M38 平、剖面图及出土陶器

1. 彩陶壶（M38：1） 2、4. 双耳罐（M38：2、4） 3. 敞口盆（M38：3）

彩版三六，3）。

标本 M38：4，夹砂红陶，器表有烟炱。侈口，圆唇，溜肩，鼓腹，下腹斜收，最大腹径位于上腹。口肩部有双耳，耳部略低于口沿，耳面饰戳印纹。口沿外饰花边附加堆纹一周。口径 7.2、腹径 9.6、底径 5.8、高 12.2、厚 0.3~0.7 厘米（图四六，4；彩版三六，4）。

敞口盆 1件。

标本 M38：3，泥质灰陶，器表磨光。大敞口，圆唇，短束颈，圆肩，鼓腹，下腹内收，小平底，最大腹径位于上腹。口腹之间有双耳，耳部与口沿平齐。口径 12.6、腹径 11、底径 5.2、高 8.5、厚 0.4~0.8 厘米（图四六，3；彩版三六，5）。

三九 M39

M39 位于 TG5 南部，开口于③c 层下，打破 M44，开口距地表 146 厘米。北侧为 M33，东侧为 M38。南部叠压在南壁下，已全部清理。

竖穴土坑墓，东—西向，墓向 87°。平面呈圆角长方形，西部较窄。墓口长约 120、宽 33~53 厘米，墓底长约 115、宽 32~52 厘米，深约 31 厘米（图四七；彩版三八，1）。填土为黄褐色沙土，土质疏松，夹杂有较多粗砂砾。填土中出土骨珠 1 组。

单人仰身直肢葬，未见葬具痕迹。人骨保存较好。头向东，面向南。经鉴定，墓主性别不明，年龄为 2 岁左右。

M39 随葬陶器 3 件。其中 2 件置于墓主头骨东侧，1 件置于墓主下肢骨西侧（彩版三八，2）。

双耳彩陶罐 1件。

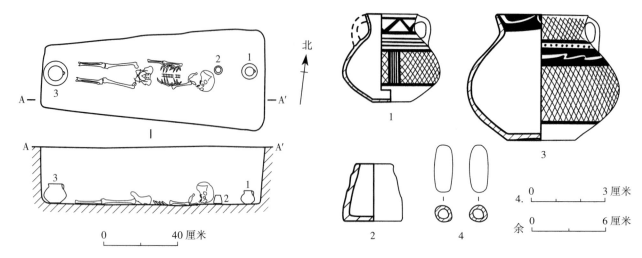

图四七　M39 平、剖面图及出土器物

1. 双耳彩陶罐（M39：1）　2. 陶杯（M39：2）　3. 单耳彩陶罐（M39：3）　4. 骨珠（M39：4）

　　标本 M39：1，夹砂橙黄陶，手制。侈口，圆唇，束颈，圆肩，圆鼓腹，略下垂，小平底，最大腹径位于下腹。口肩之间有双耳，耳部与口沿齐平，一耳残。器表饰黑彩，口沿至肩部从上到下依次饰细带纹、折带纹、宽带纹各一周和细线纹三周。腹部饰宽带纹两周，宽带间以竖向宽带纹夹细线纹将腹部分为四个图案单元，均饰菱形网格纹。口径 4.2、腹径 8、底径 3、高 7、厚 0.4~0.58厘米（图四七，1；彩版三八，3）。

　　单耳彩陶罐　1件。

　　标本 M39：3，泥质红陶，手制。侈口，圆唇，束颈，圆肩，扁圆腹，下腹内收，小平底略内凹，最大腹径位于腹中偏下。口肩之间有一耳，耳部略低于口沿。器表及口沿内侧饰黑彩。器表从上到下依次饰网格纹、宽带纹、圆点纹各一周，宽带锯齿纹两周和网格纹、宽带纹各一周，口沿内饰宽带锯齿纹两周。口径 7.4、腹径 12、底径 5.4、高 10、厚 0.2~0.5厘米（图四七，3；彩版三九）。

　　陶杯　1件。

　　标本 M39：2，夹砂红陶，手制，器表内外壁涂朱砂。口小底大，敛口，圆唇，斜直腹，平底。口径 2.9、底径 4.5、高 4.5、厚 0.2~0.4厘米（图四七，2；彩版三八，4）。

　　填土中出土骨珠 1组。

　　骨珠　1组。

　　标本 M39：4，共 2颗。系用动物骨骼切割打磨而成。两端略小，中间略大。长 1.9、直径 0.5~0.9、厚 0.2厘米（图四七，4）。

四〇　M40

　　M40 位于 TG4 东南角，开口于③b 层下，开口距地表 127厘米。北邻 M37，西侧为 M41。东部叠压在东壁下，已全部清理。

竖穴土坑墓，东—西向，墓向 85°。平面呈圆角长方形。墓口长约 201、宽约 63 厘米，墓底长约 184、宽约 60 厘米，深约 40 厘米（图四八；彩版四〇，1）。填土为黄褐色沙土，土质疏松，夹杂少量细沙和砂砾石。

单人仰身直肢葬，未见葬具痕迹。人骨保存完整，墓主左尺骨、桡骨及掌骨置于盆骨上，人骨上有赭石粉。头向东，面向北。经鉴定，墓主女性，年龄为 35~45 岁。

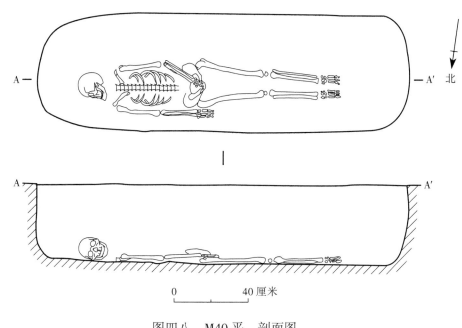

图四八　M40 平、剖面图

四一　M41

M41 位于 TG4 中部偏南，开口于③b 层下，开口距地表 110 厘米。西侧为 M36、M45，东侧为 M40。

竖穴土坑墓，东—西向，墓向 88°。平面呈圆角长方形。口大底小，墓口长约 100、宽 47 厘米，墓底长约 85、宽 40 厘米，深约 30 厘米（图四九）。填土为灰褐色沙土，土质疏松，夹杂砂砾石。

单人仰身直肢葬，未见葬具痕迹。人骨保存较完整，头骨破碎。头向东。经鉴定，墓主性别不明，年龄为 18 岁左右。

M41 随葬陶器 2 件、浅色石珠串饰 1 组。陶器位于墓主下肢骨南侧，石珠散置于墓主颈部附近（彩版四〇，2、3）。

双耳彩陶罐　1 件。

标本 M41:1，泥质橙黄陶，手制。侈口，圆唇，束颈，溜肩，扁圆腹，略垂，下腹内收，小平底，最大腹径位于下腹。口肩之间有双耳，耳部略低于口沿，近耳处口沿位置有戳印凹窝，下腹对称

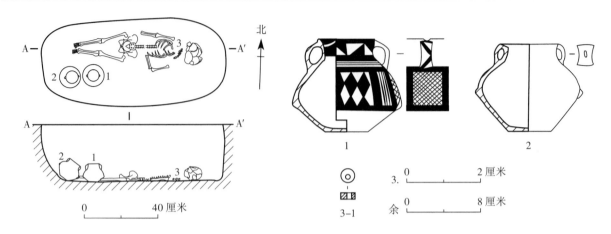

图四九　M41 平、剖面图及出土器物

1. 双耳彩陶罐（M41:1）　2. 双耳陶罐（M41:2）　3. 石珠串饰（M41:3）

有乳突。器表及口沿内侧饰黑彩，部分已脱落。口沿至肩部从上到下依次为横向细带纹一周、首尾相连的三角纹一周、宽带纹一周、细线纹两周。腹部饰宽带纹两周，宽带间以竖向宽带纹夹细线纹将腹部分为五个图案单元，饰连续竖菱格纹和网格纹。耳面饰折带纹。口沿内饰弧带纹两周。口径 6.1、腹径 11.6、底径 4.5、高 9.8、厚 0.3~0.5 厘米（图四九，1；彩版四一，1）。

双耳陶罐　1 件。

标本 M41:2，夹砂灰陶，手制，器表磨光，表面有烟炱。侈口，窄斜沿，圆唇，束颈，圆肩，鼓腹，下腹弧收，小平底，最大腹径位于腹中偏上。口肩之间有双耳，耳部与口沿平齐，下腹对称有乳突。口径 6.2、腹径 11.4、底径 4.5、高 9.1、厚 0.3~0.4 厘米（图四九，2；彩版四〇，4）。

石珠串饰　1 组。

标本 M41:3，共 89 颗。黄白色，圆柱状，中有穿孔，大小相近。M41:3-1，直径 0.4、孔径 0.1、厚 0.2 厘米（图四九，3；彩版四〇，5）。

四二　M42

M42 位于 TG5 中部偏东，开口于③c 层下，开口距地表 121 厘米。南邻 M49，东南侧为 M47，西南侧为 M33、M38、M39 和 M44。

竖穴土坑墓，东—西向，墓向 85°。平面呈圆角长方形。口大底小，墓口长约 109、宽约 54 厘米，墓底长约 105、宽约 50 厘米，深约 18 厘米（图五〇；彩版四一，2）。填土为黄褐色沙土，土质疏松，夹杂有砂石。填土中出土绿松石块 1 件。

单人仰身直肢葬，未见葬具痕迹。人骨保存状况差，头骨破碎，骨骼腐朽严重。头向东。经鉴定，墓主性别不明，年龄为 6 岁左右。

M42 随葬陶器 1 件，置于墓主头骨东侧。

单耳杯　1 件。

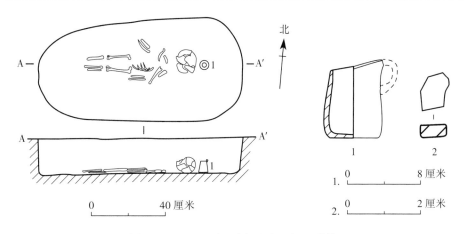

图五〇 M42 平、剖面图及出土器物

1.单耳陶杯（M42：1） 2.绿松石块（M42：2）

标本 M42：1，夹砂橙黄陶，手制。直口，微侈，圆唇，筒状腹，下腹微鼓，下腹近底部内收，平底，最大腹径位于下腹。口腹之间有一耳，耳部高于口沿，残。口径 5.4、底径 5.2、高 8.1、厚 0.3~0.7 厘米（图五〇，1；彩版四一，3）。

填土中出土绿松石块 1 件。

绿松石块 1 件。

标本 M42：2，形制不规整。长 1、宽 0.7、厚 0.3 厘米（图五〇，2）。

四三 M43

M43 位于 TG4 西北部，开口于③a 层下，打破 M53，开口距地表 65 厘米。东侧为 M35、M48，南侧为 M34、M52。北部和西部叠压在北壁、西壁下，未清理。

竖穴土坑墓，墓向不明。平面为圆角长方形。墓口残长约 104、宽约 60 厘米，墓底残长约 87、宽约 50 厘米，深约 77 厘米（图五一）。填土为灰褐色沙土，土质疏松，夹杂细沙和砂砾石。填土中出土单耳带流壶 1 件。

扰乱葬，未见葬具痕迹。人骨保存状况差，骨骼散乱不全，头骨

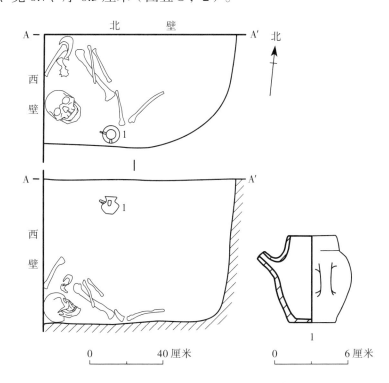

图五一 M43 平、剖面图及出土陶器

1.单耳带流壶（M43：1）

置于墓室西部，股骨与胫骨、腓骨叠压放置。经鉴定，墓主女性，年龄为 40 岁左右。

填土上部出土单耳带流陶壶 1 件。

单耳带流壶　1 件。

标本 M43：1，夹砂橙黄陶，手制，烧制不匀，器表有烟炱。敛口，圆唇，短斜领，圆肩，鼓腹，下腹斜收，平底，最大腹径位于上腹。肩腹之间有一桥形耳，上腹有一长流，流斜直向上，耳与流呈 90° 分布。口径 3.8、腹径 6.2、底径 3.7、高 6.9、厚 0.2~0.7 厘米（图五一，1；彩版四一，4）。

四四　M44

M44 位于 TG5 东南部，开口于③c 层下，西部被 M39 打破，东部被 M38 打破，开口距地表 138 厘米。东邻 M49，北邻 M33。墓道叠压在南壁下，已全部清理。

竖穴偏洞室墓，由竖穴墓道和偏洞室组成，墓室位于墓道北侧，洞室口未发现封门痕迹。东—西向，墓向 87°。墓道平面呈圆角长方形。长约 247、宽 43、深 56~71 厘米；墓室平面呈圆角长方形，墓口长约 251、宽约 81 厘米，墓底长约 240、宽约 77 厘米，高约 36 厘米（图五二；彩版四二，1）。填土为黄褐色沙土，土质疏松，夹杂有砂石。

双人合葬墓，皆为仰身直肢葬，未见葬具痕迹。人骨保存完整。成年人在南侧，儿童在北侧，成人左上肢骨置于腹部。头均向东，面向上，向南微侧。经鉴定，成年墓主男性，年龄为 40 岁左右，未成年墓主性别不明，年龄为 7~8 岁（彩版四二，2）。

M44 随葬陶器 5 件、骨器 11 件、浅色石珠串饰 3 组。陶器均置于儿童头骨东侧，陶杯置于陶罐内。骨器有骨柄石刀 1 件、动物骨骼 3 件，均置于成人下肢骨南侧；骨笄 1 件，置于儿童头骨北侧；骨针 1 件，置于成人头骨东侧；骨锥 3 件，分别置于成人下肢骨南侧、儿童股骨中间及儿童下肢骨南侧；骨臂饰（钏）1 件，套于成人右尺骨和桡骨上。2 组浅色石珠串饰分别散置于墓主颈部附近，1 组散于成人左肱骨南侧。墓中还随葬有狗下颌骨 1 件，置于成人肱骨南侧（彩版四二，3~5；彩版四三，1）。

单耳彩陶壶　1 件。

标本 M44：13，泥质橙黄陶，手制，器表打磨光滑。侈口，圆唇，高直领，圆肩，扁圆腹，下腹内收，小平底微内凹，最大腹径位于上腹。领肩之间有一耳，下腹有双乳突。底部饰席纹，器表及口沿内侧饰黑彩。口沿饰宽带纹一周，颈部以竖向宽带纹夹细线纹将其分为四个图案单元，分饰网格纹和菱格纹。肩部从上到下依次饰宽带纹一周、细线纹两周和宽带纹一周。腹部饰宽带纹两周，宽带间以竖向宽带纹夹细线纹将腹部整体分为八个图案单元，以耳为界，对称分布，分饰网格纹及菱格纹。耳面饰斜宽带纹和细线纹。口沿及领部内侧从上到下依次饰垂弧纹两周和菱格纹一周。口径 13.3、腹径 22.7、底径 8.6、高 21、厚 0.3~0.8 厘米（图五三，1；彩版四四）。

双腹耳彩陶罐　1 件。

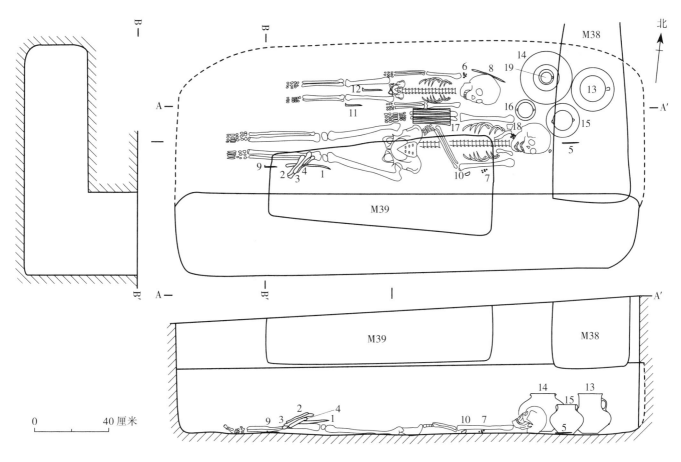

图五二　M44 平、剖面图

1. 骨柄石刀　2~4. 动物骨骼　5. 骨针　6、7、18. 串饰　8. 骨笄　9、11、12. 骨锥　10. 狗下颌骨　13. 单耳彩陶壶
14. 双腹耳彩陶罐　15、16. 双耳陶罐　17. 骨臂饰　19. 单耳彩陶杯

　　标本 M44：14，泥质橙黄陶，手制，器表打磨光滑。侈口，尖唇，短束颈，圆肩，圆鼓腹，下腹内收，小平底，最大腹径位于腹中偏上。口沿外有双乳突，下腹有双耳。器表及口沿内侧饰红黑复彩。口沿至肩部从上到下依次饰黑彩 "<" 形纹、红彩宽带纹和黑彩锯齿纹各一周，腹部饰四组连续大旋涡纹，旋涡外圈饰红黑复彩宽带纹各一道，两者之间饰细线状锯齿纹，圆圈之间以红黑复彩锯齿纹相连接，圆圈内饰黑彩菱形网格纹和圆点纹，下腹饰黑彩宽带纹一周。口沿内由上到下依次饰锯齿纹一周、红彩宽带纹一周和黑彩垂弧纹一周。口径 13.4、腹径 26.8、底径 9.5、高 20.3、厚 0.2~1 厘米（图五三，2；彩版四五）。

　　双耳陶罐　2 件。手制，器表有烟炱。侈口，窄折沿，方唇，束颈，圆肩，鼓腹，下腹弧收，平底，口肩部有双耳，耳部与口沿平齐，两侧对称有鸡冠錾，錾上饰戳印纹。

　　标本 M44：15，夹砂灰陶。最大腹径位于腹中偏上。一錾残。口径 10.3、腹径 17.7、底径 7.2、高 15.3、厚 0.4~1.0 厘米（图五三，3；彩版四三，3）。

　　标本 M44：16，夹砂红陶，器表用细泥抹光。最大腹径位于腹中。耳上各有一穿孔，腹中有

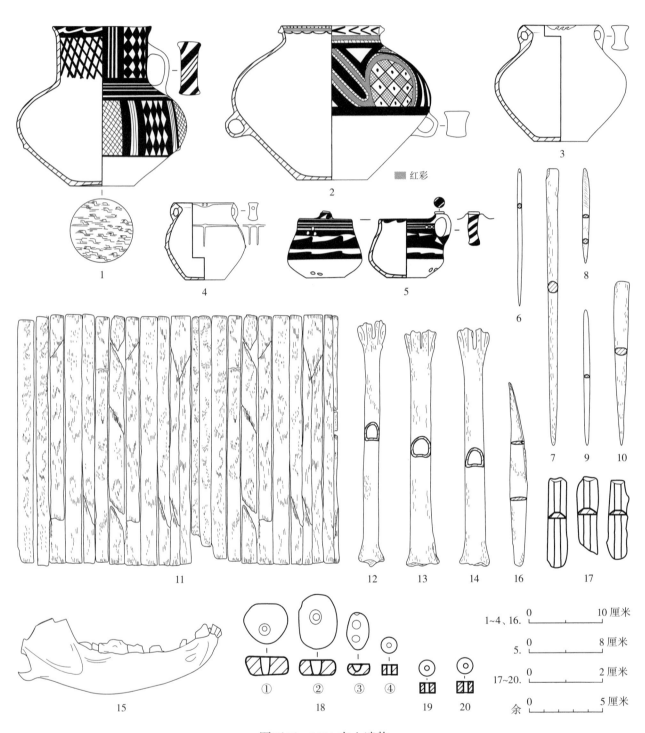

图五三　M44 出土遗物

1. 单耳彩陶壶（M44：13）　2. 双腹耳彩陶罐（M44：14）　3、4. 双耳陶罐（M44：15、16）　5. 单耳彩陶杯（M44：19）
6. 骨针（M44：5）　7. 骨笄（M44：8）　8~10. 骨锥（M44：9、11、12）　11. 骨臂饰（M44：17）　12~14. 动物骨骼
（M44：2~4）　15. 狗下颌骨（M44：10）　16、17. 骨柄石刀（M44：1）　18~20. 串饰（M44：6-1~4、M44：7-1、
M44：18-1）

对称乳突。肩部饰横向凸棱一周，耳及錾下饰纵向凸棱六道，其中耳下为两道，錾下为一道，延伸至腹中，横向凸棱与纵向凸棱相接处有小圆窝，共六个。口径 8.2、腹径 11、底径 5.4、高 10.1、厚 0.2~0.6 厘米（图五三，4；彩版四三，2）。

单耳彩陶杯 1 件。

标本 M44：19，泥质橙黄陶，手制。近直口，微侈，圆唇，垂腹，下腹内收，小平底，最大腹径位于下腹。口腹之间有一耳，耳部高于口沿，耳部顶端粘贴一圆形泥饼。器表及口沿内侧饰黑彩。器表由上到下依次饰宽带纹一周、细线纹两周、宽带纹一周和宽带锯齿纹两周。口沿内侧饰宽带锯齿纹一周。耳面饰斜带纹。器表有对称的钻孔四组。口径 5.8、腹径 8、底径 4.2、高 6.2、厚 0.2~0.4 厘米（图五三，5；彩版四六）。

骨针 1 件。

标本 M44：5，系用动物肢骨骨片磨制而成。器身细长，截面呈圆形，近针孔一侧扁平，尖部残。残长约 9.1、直径约 0.3、孔径约 0.1 厘米（图五三，6；彩版四七，1）。

骨笄 1 件。

标本 M44：8，系用动物肢骨骨片磨制而成，通体磨光。器身呈细长条形，略弯曲，柄部截面略呈长方形，涂有黑色胶状物，另一端打磨成尖状。长 18.3、直径 0.1~0.88 厘米（图五三，7；彩版四七，2）。

骨锥 3 件。系用动物肢骨骨片磨制而成。器身扁平，呈长条形，断面呈椭圆形。

标本 M44：9，两端磨成锋尖。长 6.3、宽 0.1~0.49、厚 0.1~0.3 厘米（图五三，8；彩版四七，3）。

标本 M44：11，一端磨成锋尖。长约 9、宽 0.1~0.48、厚 0.2 厘米（图五三，9；彩版四七，4）。

标本 M44：12，一端扁平，一端磨成锋尖。长 10.8、宽 0.1~1、厚 0.2~0.4 厘米（图五三，10；彩版四七，5）。

骨臂饰 1 件。用小薄骨片黏附在一种胶状物上，呈环形的装饰品。

标本 M44：17，共 24 片。从残迹看，将骨料切磨成大小相当、厚薄较均匀的长条形小骨片，然后用黑色胶状物将其粘缀，骨片并列竖排，粘缀紧密整齐。骨片长约 14.4~16.5、宽 0.3~1.1、厚 0.1 厘米（图五三，11）。永昌鸳鸯池墓地中亦发现几例。

动物骨骼 3 件。局部磨光，可能作为加工骨器的骨料。

标本 M44：2，为羚亚科动物距骨。长约 16.2、宽 1.2~2、厚约 1.2 厘米（图五三，12；彩版四七，6）。

标本 M44：3，为羚亚科动物掌骨。长约 15.7、宽 1.3~2.3、厚约 1.4 厘米（图五三，13；彩版四七，7）。

标本 M44：4，为羚亚科动物掌骨，一端有切割痕迹。长约 15.7、宽 1.2~2.1、厚约 1.3 厘米（图五三，14；彩版四七，8）。

狗下颌骨　1件。

标本 M44：10，长约 13.7、宽约 4.8 厘米（图五三，15；彩版四八，1）。

骨柄石刀　1件。

标本 M44：1，系用动物肢骨磨制加工而成。整体呈片状长条形，器身扁平，柄部较直，刃部微弧，背部较直，刀尖残，刃部有截面呈"V"形的凹槽。刃部镶嵌有细石叶 3 片，玛瑙质。骨柄长约 24.3、宽 0.3~2.3、厚 0.3 厘米；细石叶长 2~2.4、宽 0.5~0.6、厚 0.1~0.3 厘米（图五三，16、17；彩版四七，9）。

串饰　3组。有绿松石珠、骨珠和浅白色石珠三种。浅色石珠为黄白色和白色，圆柱状，中有一孔，大小相近。

标本 M44：6，共 353 颗。其中有 2 颗绿松石珠、1 颗骨珠、若干浅白色石珠，共同串联成项饰。M44：6-1，绿松石珠，边缘有切割痕迹，形制不甚规整，单面钻孔，长约 1.2、宽 0.4~1.3、厚约 0.4 厘米；M44：6-2，绿松石珠，形制规整，椭圆形，单面钻孔，长约 1.5、宽约 1.2、厚约 0.3 厘米。M44：6-3，骨珠，中间内凹，两侧面各有一穿孔，长约 0.9、宽 0.2~0.7、厚约 0.2 厘米。M44：6-4，浅白色石珠，直径约 0.4、孔径约 0.2、厚约 0.2 厘米（图五三，18；彩版四八，2、3）。

标本 M44：7，共 228 颗。均为浅色石珠。M44：7-1，直径约 0.4、孔径约 0.2、厚约 0.2 厘米（图五三，19；彩版四八，4）。

标本 M44：18，共 160 颗。均为浅色石珠。M44：18-1，直径约 0.4、孔径约 0.2、厚约 0.3 厘米（图五三，20；彩版四八，5）。

四五　M45

M45 位于 TG4 中部偏南，开口于③b 层下，南部被 M36 打破，开口距地表 76 厘米。东邻 M41，西南侧为 M46。

竖穴偏洞室墓，由竖穴墓道和偏洞室组成，墓室位于墓道南侧。东—西向，墓向 87°。墓道平面呈圆角长方形，墓道口长约 200、宽约 59 厘米，墓道底长约 193、宽约 50 厘米，深 97~105 厘米；偏洞室长约 190、宽约 32、高约 46 厘米（图五四；彩版四九，1）。偏室洞口处未发现封门痕迹。填土为灰褐色沙土，土质疏松，夹杂细沙和砂砾石。

双人合葬墓，未见葬具痕迹。成人葬于洞室内，骨骼保存相对完整，仰身直肢葬；小孩在成人北侧，骨骼保存相对完好，头骨破碎，仰身直肢葬。头皆向东，成人面向南，小孩面向不明。骨骼上有赭石粉。经鉴定，成年墓主女性，年龄为 35 岁左右，未成年墓主性别不明，年龄为 2 岁左右。

M45 随葬陶器 5 件、浅色石珠串饰 2 组。陶器均置于墓主头骨东侧，浅色石珠散置于小孩和成人颈部附近（彩版四九，2）。

双耳彩陶罐　1件。

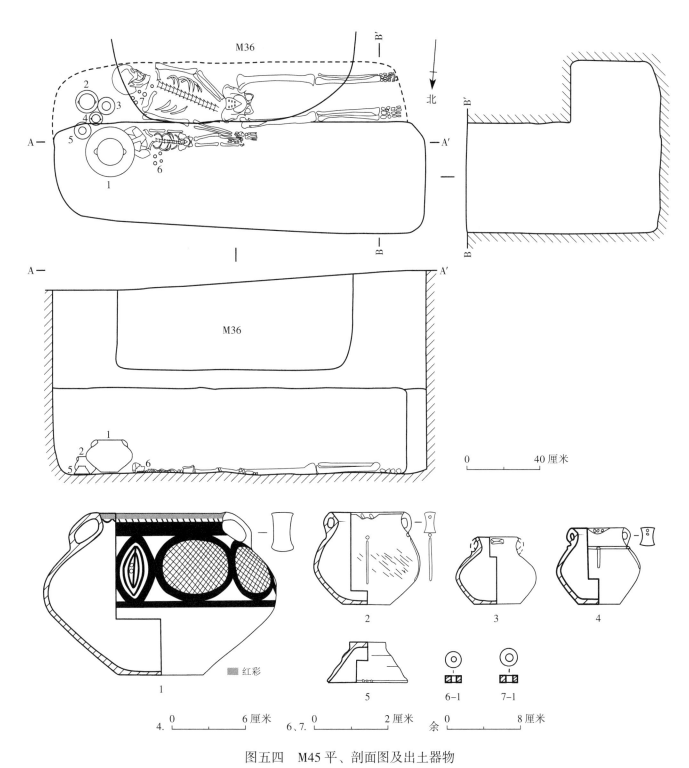

图五四　M45 平、剖面图及出土器物

1. 双耳彩陶罐（M45：1）　2~4. 双耳陶罐（M45：2~4）　5. 陶器盖（M45：5）　6、7. 石珠串饰（M45：6、7）

标本 M45：1，泥质橙黄陶，手制，轮修，器表磨光。侈口，尖唇，束颈，圆肩，扁圆腹，下腹内收，小平底，最大腹径位于上腹。口肩之间有双耳，耳部略高于口沿。器表及口沿内侧饰红黑复彩。口沿至肩部从上到下依次饰红彩宽带纹、黑彩锯齿纹及宽带纹各一周，腹部饰黑彩圆圈纹一周，共七个，贝纹一个，内填弧线和竖线纹，其余圆圈内填黑彩网格纹，下腹饰黑彩宽带纹一周。口沿内自上而下依次饰红彩细带纹和黑彩垂弧纹各一周。器表有钻孔五对，应为修补穿孔。罐内有动物骨骼。口径13.6、腹径25、底径9.1、高17.2、厚0.2~0.9厘米（图五四，1；彩版四九，3）。

双耳陶罐　3件。手制，侈口，圆唇，束颈，圆肩，鼓腹，下腹弧收，平底，最大腹径位于腹中。口肩之间有双耳，耳部与口沿平齐，耳面饰戳印纹，两侧有对称鸡冠錾，上饰戳印纹。

标本 M45：2，夹砂橙黄陶，器表有烟炱。窄斜沿。耳及錾下饰戳印纹四个，戳印纹下施纵向凸棱，延伸至下腹。口径7.9、腹径11.4、底径5、高9.8、厚0.4~0.6厘米（图五四，2；彩版五〇，1）。

标本 M45：3，夹砂红陶，器表有烟炱。耳残。口径4.4、腹径8.8、底径4.9、高7、厚0.2~0.5厘米（图五四，3；彩版五〇，2）。

标本 M45：4，夹砂灰陶。窄斜沿。肩部施横向凸棱一周，耳及錾下施纵向凸棱四道，延伸至腹中，横向凸棱与纵向凸棱相接处饰戳印凹窝。口径4.2、腹径6.8、底径3.3、高6、厚0.2~0.4厘米（图五四，4；彩版五〇，3）。

陶器盖　1件。

标本 M45：5，夹砂灰陶，手制，器表有烟炱。器形似斗笠状，盖面圆弧，顶部有圆形捉纽，盖沿处有戳印纹。盖径8.6、纽径3.9、高4.2、厚0.2~0.8厘米（图五四，5；彩版五〇，4）。

石珠串饰　2组。黄白色，圆柱状，中有穿孔，大小相近。

标本 M45：6，共88颗。散置于小孩颈部两侧。M45：6-1，直径0.4、孔径0.1、厚0.2厘米（图五四，6；彩版五〇，5）。

标本 M45：7，共75颗。散置于成人颈部两侧。M45：7-1，直径0.4、孔径0.2、厚0.2厘米（图五四，7；彩版五〇，6）。

四六　M46

M46位于TG4西南角，开口于③a层下，开口距地表58厘米。北邻M34，东邻M36、M45。西部叠压在西壁下，未清理。

竖穴偏洞室墓，由竖穴墓道和偏洞室组成，墓室位于墓道北侧。东—西向，墓向87°。墓道平面呈圆角长方形。墓道口残长110、宽约53厘米，墓道底残长约105、宽约42厘米，深约98厘米；墓室残长约108、宽约31、高约60厘米（图五五）。填土为灰褐色沙土，土质疏松，夹杂砂砾石。

单人仰身直肢葬，未见葬具痕迹。已清理部分骨骼保存完整。头向东，面向北。经鉴定，墓

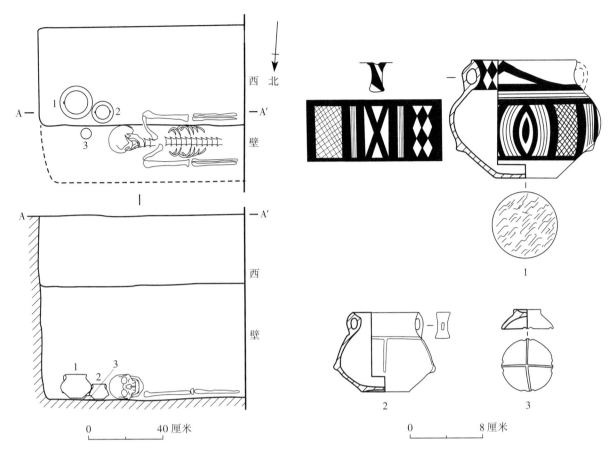

图五五　M46 平、剖面图及出土陶器

1. 双耳彩陶罐（M46：1）　　2. 双耳罐（M46：2）　　3. 器盖（M46：3）

主女性，年龄为 20~25 岁。

M46 随葬陶器 3 件。均置于墓主头骨东南侧，墓室填土中发现有少量骨骼（彩版五一，1）。

双耳彩陶罐　1 件。

标本 M46：1，泥质橙黄陶，手制，轮修。侈口，圆唇，束颈，圆肩，扁圆腹，下腹内收，小平底，最大腹径位于上腹，口沿残。口肩之间有双耳，耳部略低于口沿，口耳相接处饰凹槽，下腹有双乳突，底部饰席纹。器表及口沿内侧饰黑彩，局部脱落。口沿至肩部从上到下依次为细带纹一周、折带纹一周、宽带纹一周和细线纹两周。腹部饰宽带纹两周，宽带间以竖向宽带纹夹细线纹将腹部整体分为四个图案单元，以耳为界，对称分布。耳下两单元饰竖向宽带纹及弧线纹，两侧单元饰弧线纹、菱格纹和网格纹。口沿内以宽带纹夹细线纹作为间隔，内填菱格纹、网格纹。耳面饰折带纹。口径 11.4、腹径 16.4、底径 6.6、高 12.5、厚 0.3~0.5 厘米（图五五，1；彩版五一，2）。

双耳罐　1 件。

标本 M46：2，夹砂红陶，手制，器表有烟炱。侈口，窄斜沿，圆唇，束颈，圆肩，扁圆腹，略下垂，下腹弧收，小平底略内凹，最大腹径位于下腹。口沿残。口肩之间有双耳，耳部与口沿平齐，耳面饰戳印纹,下腹有双乳突。肩部饰横向凸棱一周,腹部饰纵向凸棱四道,延伸至下腹。口径7.1、腹径11、底径5.2、高8.4、厚0.3~0.8厘米(图五五,2;彩版五一,3)。

器盖 1件。

标本M46:3,夹砂红褐陶,手制。斗笠状,盖面圆弧,顶部有圆形捉纽,中部内凹。盖沿有戳印纹,盖内有"十"字形刻划纹。盖径5.6、纽径2.8、高2、厚0.4~0.8厘米(图五五,3;彩版五一,4)。

四七 M47

M47位于TG5东南部,开口于③c层下,打破M49,开口距地表109厘米。西北侧与M42相邻。南部叠压在南壁下,已全部清理。

竖穴偏洞室墓,由竖穴墓道和偏洞室组成,墓室位于墓道西侧。南—北向,墓向177°。墓道及墓室平面均为圆角长方形。墓道口长137~163、宽54厘米,墓道底长140~155、宽约50厘米,深约99厘米;墓室口长约218、宽约62厘米,墓室底长约210、宽约60厘米,高约61厘米(图五六;彩版五二,1)。填土为黄褐色沙土,土质疏松,夹杂有砂石。填土中出土有骨骼残片及马厂时期彩陶片。

单人仰身直肢葬,未见葬具痕迹。人骨保存相对完整。头向南,面向上。经鉴定,墓主男性,年龄为25~30岁。

M47随葬陶器5件、石器1件。陶器4件置于墓主头骨南侧,1件置于墓主脚骨北侧,石器置于墓主右掌骨北侧(彩版五二,2、3)。

双耳陶罐 2件。夹砂红陶,手制,器表有烟炱。侈口,外侈,圆唇,束颈,鼓腹,下腹内收,平底,口肩之间有双耳。口沿外饰花边附加堆纹一周。

标本M47:1,圆肩,最大腹径位于上腹。耳部与口沿平齐。耳面上饰"V"形刻划纹。口径7.4、腹径11.6、底径5.5、高11.4、厚0.2~0.8厘米(图五六,1;彩版五二,4)。

标本M47:5,溜肩,腹部较深。耳部略低于口沿。肩部施波折状凸棱一周,部分脱落,器底饰席纹。口径10、腹径17.6、底径7.5、高21、厚0.4~0.7厘米(图五六,5;彩版五二,5)。

双耳彩陶罐 2件。夹细砂橙黄陶,手制,器表用细泥抹光。侈口,圆唇,束颈,溜肩,圆鼓腹,下腹内收,平底,最大腹径位于下腹。口肩之间有双耳,耳部略低于口沿。肩部戳印凹窝一周。

标本M47:2,腹部略下垂。腹部对称有乳突。器表及口沿内侧饰黑彩。口沿至颈部从上到下依次饰细带纹两周、对三角纹和细带纹一周。肩部从上到下依次饰细带纹两周、不连续短线纹一周和细带纹一周。腹部以竖向宽带纹将腹部整体分为四个图案单元,分饰菱形网格纹和折带网格纹,相间分布。口沿内侧饰宽带纹两周。口径5.6、腹径13.2、底径4.7、高11.7、厚0.3~0.8厘米(图五六,2;彩版五三,1)。

标本M47:4,最大腹径位于腹中略偏下。器表及口沿内侧饰黑彩。口沿外至肩部从上到下

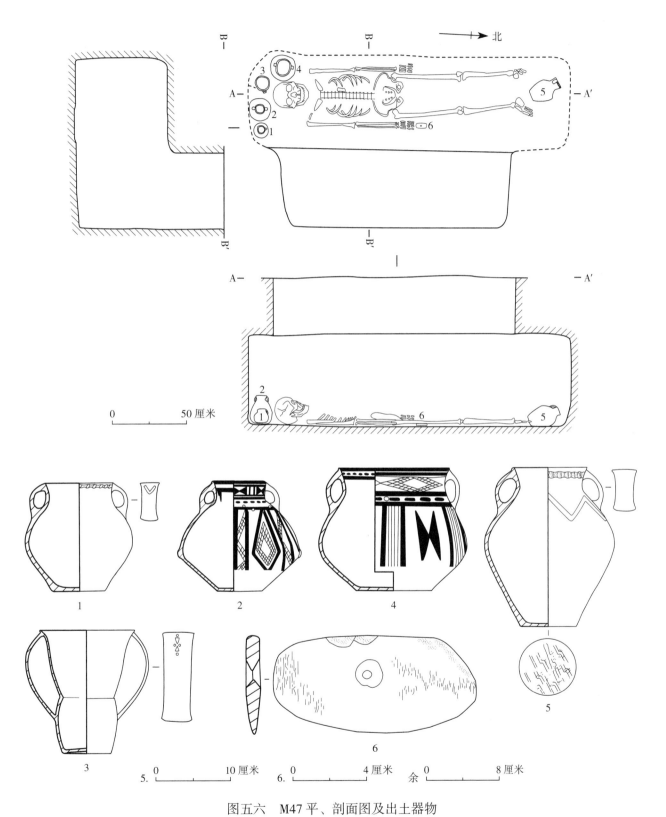

图五六　M47 平、剖面图及出土器物

1、5. 双耳陶罐（M47：1、5）　2、4. 双耳彩陶罐（M47：2、4）　3. 双大耳陶罐（M47：3）　6. 单孔石刀（M47：6）

依次饰细带纹两周，细线纹、菱形网格纹、细带纹、不连续短线纹和宽带纹各一周，腹部以宽带纹夹细线纹将腹部整体分为四个图案单元，内填蝶形纹。口沿内从上到下依次饰细带纹、圆点纹和细带纹各一周。口径 12、腹径 16、底径 8、高 13、厚 0.3~0.8 厘米（图五六，4；彩版五三，2）。

双大耳陶罐 1 件。

标本 M47：3，泥质红陶，手制，器表磨光。大敞口，尖唇，高领，领腹之间有明显分界，筒状腹，微鼓，底微凹。口腹之间有宽大桥形双耳，耳面戳印对三角形和小圆点。内盛有动物骨骼。口径 10.3、腹径 6.8、底径 5.2、高 13、厚 0.15~0.4 厘米（图五六，3；彩版五四，1）。

单孔石刀 1 件，

标本 M47：6，系用天然石块加工而成，深灰色。磨制，器形呈椭圆状，中部有一双面钻孔，双面刃，刃部呈弧形，较锋利。长约 11、宽约 5、厚 0.2~0.9、孔径约 1.5 厘米（图五六，6；彩版五四，2）。

四八 M48

M48 位于 TG4 北部偏西，开口于③a 层下，南部被现代管线打破，西侧被 M35 打破，开口距地表 55 厘米。西邻 M43、M53，东邻 M50，南邻 M36、M45。北部叠压在北壁下，已全部清理。

竖穴双偏洞室墓，墓道居中，南北各有一偏洞室。东—西向，方向 91°。墓道平面呈圆角长方形，墓道长 200~214、宽 32~37 厘米，深约 96 厘米；北偏室平面呈圆角长方形，墓顶为平顶略拱，北偏室长约 197、宽 46~54、高约 45 厘米；南偏室被现代管道破坏严重，残存平面呈三角形，墓室残长约 204、残宽 40、高约 45 厘米（图五七）。填土为黄褐色沙土，土质疏松，夹杂少量砂砾石。

三人合葬，北侧墓室墓主皆为仰身直肢葬，南侧墓室破坏严重，仅存胫骨、腓骨和脚骨，保存相对完好，结合北侧墓主推测应为仰身直肢葬，均未见葬具痕迹。北侧墓室人骨保存完整，为成年女性与小孩合葬，成年女性在南，小孩在北，头均向东，成人面向北，身体向右微侧，右臂置于小孩盆骨之下，作搂抱状；小孩头骨破碎，面向不详，可能为母子合葬。南偏室墓主头向东。经鉴定，北偏室内为一成年个体和一未成年个体，成年墓主女性，年龄为 17~20 岁左右，未成年墓主性别不明，年龄为 1 岁左右。南偏室内墓主男性，为成年。

M48 随葬陶器 4 件、骨器 2 件、石器 1 件、浅色石珠串饰 1 组。陶器均置于北偏室东南角，3 件叠压放置，由上到下依次为器盖、双耳罐和单耳彩陶罐。骨锥置于小孩上肢骨北侧，骨片饰置于成人头骨东侧。石器置于成人下肢骨南侧。石珠串饰散落于成人颈部附近（彩版五五，1、2）。

双耳陶罐 2 件。夹砂橙黄陶，手制，器表有烟炱。侈口，窄折沿，圆唇，束颈，圆肩，鼓腹，下腹弧收。口肩之间有小双耳，耳部与口沿平齐，两侧有双錾，錾上饰戳印纹。

标本 M48：1，平底，最大腹径位于腹中偏下。下腹有双乳突。肩部饰横向凸棱一周，耳及錾下饰竖向凸棱四道，延伸至下腹。耳面饰压印纹。口径 6.3、腹径 10.2、底径 4、高 8.3、厚 0.2~1 厘米（图五七，1；彩版五五，3）。

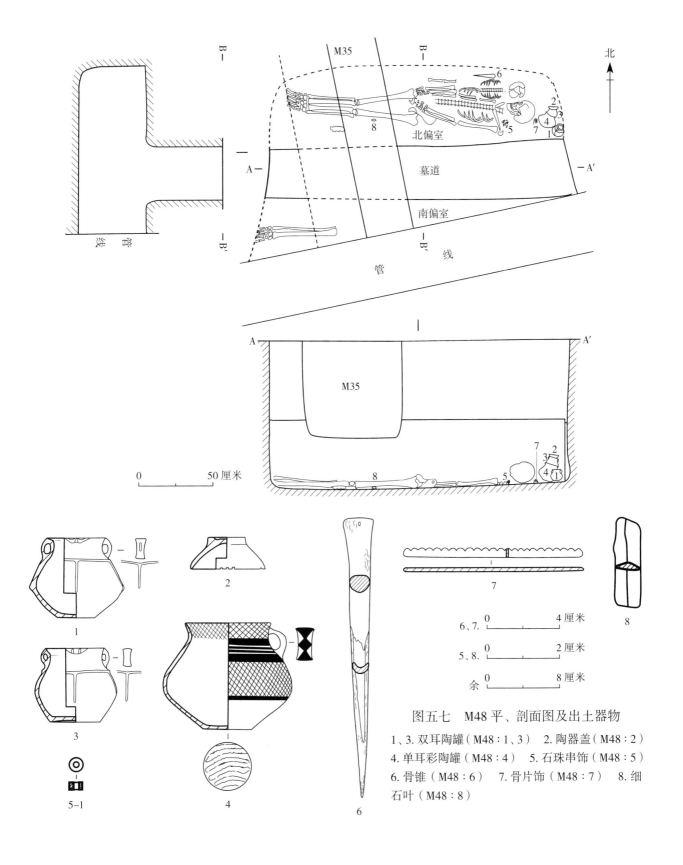

图五七　M48 平、剖面图及出土器物

1、3. 双耳陶罐（M48：1、3）　2. 陶器盖（M48：2）
4. 单耳彩陶罐（M48：4）　5. 石珠串饰（M48：5）
6. 骨锥（M48：6）　7. 骨片饰（M48：7）　8. 细
石叶（M48：8）

标本 M48：3，平底略内凹，最大腹径位于腹中。肩部饰横向凸棱一周，耳及錾下饰竖向凸棱四道，延伸至下腹。口径 6.2、腹径 8.9、底径 5.3、高 7.8、厚 0.4~0.8 厘米（图五七，3；彩版五五，4）。

单耳彩陶罐　1件。

标本 M48：4，泥质橙黄陶，手制，器表磨光。侈口，圆唇，束颈，圆肩，扁圆腹，略下垂，下腹内收，小平底，最大腹径位于下腹。口肩之间有一耳，耳部低于口沿。器底饰席纹，器表及口沿内侧饰黑彩。口沿至肩部从上到下依次为网格纹一周、宽带纹一周和细线纹两周。腹部饰宽带纹两周，宽带间饰网格纹。耳面饰首尾相连的三角形纹及菱形纹。口沿内饰网格纹一周。口径 9、腹径 13.8、底径 5.1、高 11.3、厚 0.2~0.4 厘米（图五七，4；彩版五六，1）。

陶器盖　1件。

标本 M48：2，泥质灰陶，手制。呈斗笠状，盖面圆弧，顶部有圆形捉纽，纽顶内凹。盖沿施刻槽，纽上饰有圆形及"十"字刻划纹。盖径 8、纽径 3.9、高 3.4、厚 0.3~0.8 厘米（图五七，2；彩版五六，2）。

骨锥　1件。

标本 M48：6，系用动物肢骨加工打磨而成。一端保留关节，一端磨成锋尖。长 14.8、宽 0.1~1.6、厚 0.3~0.9 厘米（图五七，6；彩版五七，1）。

骨片饰　1件。

标本 M48：7，整体呈扁平长条形，一侧平直，一侧呈锯齿状，断为三段。残长 9.7、宽 0.5、厚 0.1 厘米（图五七，7；彩版五七，2）。

细石叶　1件。

标本 M48：8，玛瑙质，打制而成。呈片状，较薄，腹面打击点可见，其他特征不清晰，背面有脊。长 2.4、宽 0.7、厚 0.2 厘米（图五七，8；彩版五七，3）。

石珠串饰　1组。

标本 M48：5，共61颗。黄白色，圆柱状，中有穿孔。M48：5-1，直径 0.4、孔径 0.1、厚 0.2 厘米（图五七，5；彩版五七，4）。

四九　M49

M49 位于 TG5 东南部，开口于③c层下，被 M47 打破，开口距地表 119 厘米。北侧为 M42，西侧为 M38 和 M44。南部叠压在南壁下，已全部清理。

竖穴土坑墓，东—西向，墓向92°。平面呈圆角长方形，西侧略窄。残长约 134、宽约 50~65、深 85 厘米（图五八）。填土为黄褐色沙土，土质疏松，夹杂有石块。

单人仰身直肢葬，未见葬具痕迹。头骨及部分上肢骨被破坏，盆骨及下肢骨保存较好。头向东。经鉴定，墓主男性，年龄为 30~35 岁。

五〇　M50

M50 位于 TG4 北部偏东，开口于③b 层下，南部被管线打破，开口距地表约 109 厘米。西侧为 M35、M48，南侧为 M41，东南侧为 M37。

竖穴土坑墓，东—西向，墓向 95°。墓室平面呈圆角长方形。墓口残长约 148、残宽 45 厘米，墓底残长约 136、残宽 41 厘米，深约 56 厘米（图五九；彩版五七，5）。填土为黄褐色沙土，土质疏松，夹杂少量砂砾石。

单人仰身直肢葬，未见葬具痕迹。墓室一侧被管线打破，头骨、椎骨、肋骨及一侧上肢骨被破坏，其余骨骼保存完好，骨骼上有赭石粉。头向东。经鉴定，墓主女性（？），年龄为 20~25 岁。

五一　M51

M51 位于 TG5 北部，开口于③c 层下，开口距地表 170 厘米。东南侧为 M33、M42。北部叠压在北壁下，未清理。

竖穴土坑墓，墓向不明。平面呈圆角长方形，中部略宽。墓口长约 150、残宽约 72 厘米，墓底长约 146、残宽约 68 厘米，墓深约 43 厘米（图六〇）。填土为黄褐色沙土，土质疏松，夹杂有大量砂石和少量大石块。

扰乱葬，未见葬具痕迹。人骨散乱无序，残缺不全，骨骼间混杂有大石块及陶片。经鉴定，墓主女性，年龄为 25~40 岁。

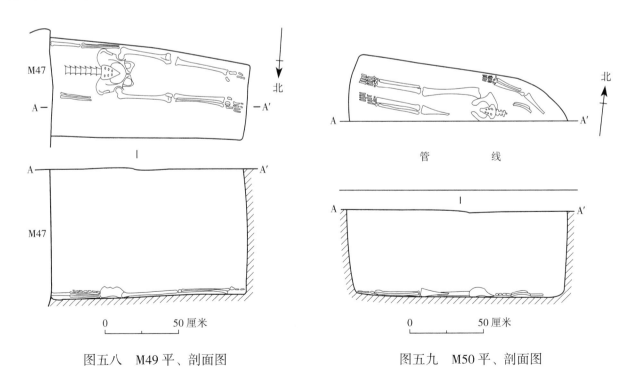

图五八　M49 平、剖面图　　　　　　　　　图五九　M50 平、剖面图

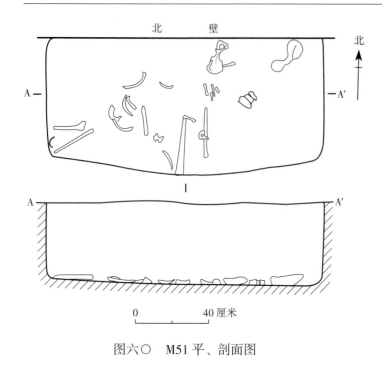

图六〇　M51平、剖面图

五二　M52

M52位于TG4西部，开口于③a层下，北部被管线打破，南部被M34打破，开口距地表约60厘米。北邻M43、M53，南邻M46。西部压在西壁下，未清理。

竖穴土坑墓，墓向87°。平面呈圆角长方形，东侧略宽。残长约160、残宽63~77、深约110厘米（图六一；彩版五八，1）。填土为黄褐色沙土，土质疏松，夹杂少量砾石。

单人葬，葬式不明，未见葬具痕迹。人骨保存状况较差，仅剩一侧肱骨、肩胛骨和部分下肢骨，肱骨附近有赭石粉。从人骨位置判断，头向东。经鉴定，墓主性别不明，为成年。

M52随葬陶器2件。均置于墓室东南角（彩版五八，2）。

单耳杯　1件。

标本M52：1，泥质橙黄陶，手制。近直口，微侈，圆唇，矮束颈，溜肩，垂腹，下腹内收，小平底内凹，最大腹径位于下腹。口肩之间有一耳，耳部高于口部，耳上部下凹。口径6.5、腹径9.1、底径4.6、高9、厚0.4~0.7厘米（图六一，1；彩版五八，3）。

双耳罐　1件。

标本M52：2，泥质灰陶，手制，器表有烟炱。侈口，窄折沿，尖唇，束颈，溜肩，鼓腹，下腹斜收，平底内凹，最大腹径位于腹中。口颈之间有双小耳，两侧有鸡冠鋬，耳面及鋬上饰戳印纹，腹部对称有乳突。肩部饰横向凸棱一周。口径6.8、腹径10.8、底径5.4、高9.7、厚0.3~0.8厘米（图六一，2；彩版五八，4）。

五三　M53

M53位于TG4西北部，开口于③a层下，被M43打破，开口距地表69厘米。东邻M35、M48，南邻M34、M52。西部叠压在西壁下，未清理。

竖穴土坑墓，东—西向，墓向93°。平面呈圆角长方形。残长约88、宽46~55、深约106厘米（图六二；彩版五九，1）。填土为黄褐色沙土，土质较疏松，夹杂大量砂砾石。填土中出土骨珠1组。

单人仰身直肢葬，未见葬具痕迹。上身及头骨保存完整，盆骨及其以下未清理，人骨及其附

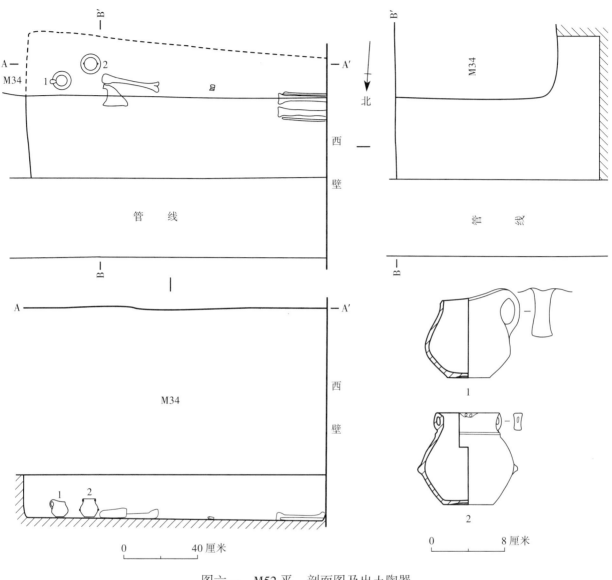

图六一　M52 平、剖面图及出土陶器
1. 单耳杯（M52：1）　　2. 双耳罐（M52：2）

近有赭石粉。头向东，面向南。经鉴定，墓主男性，年龄为 25~30 岁。

　　M53 随葬陶器 4 件、骨器 2 件。陶器置于墓主头骨北侧；骨器位于墓主颈部，骨针置于骨管内（彩版五九，2、3）。

单耳彩陶罐　1 件。

　　标本 M53：1，夹细砂红陶，手制，器表用细泥抹光。侈口，圆唇，束颈，溜肩，鼓腹，下腹斜收，平底，器底内凹，最大腹径位于腹中。口肩之间有一耳，残。器表及口沿内侧饰黑彩，局部脱落。口沿外饰宽带纹一周，肩腹部饰宽带纹两周，宽带间以竖向宽带纹将腹部分为六个图案单元，均饰网格纹。口沿内饰三角纹。口径 5.7、腹径 8、底径 5.2、高 7.9、厚 0.3~0.7 厘米（图六二，1；彩版六〇，1）。

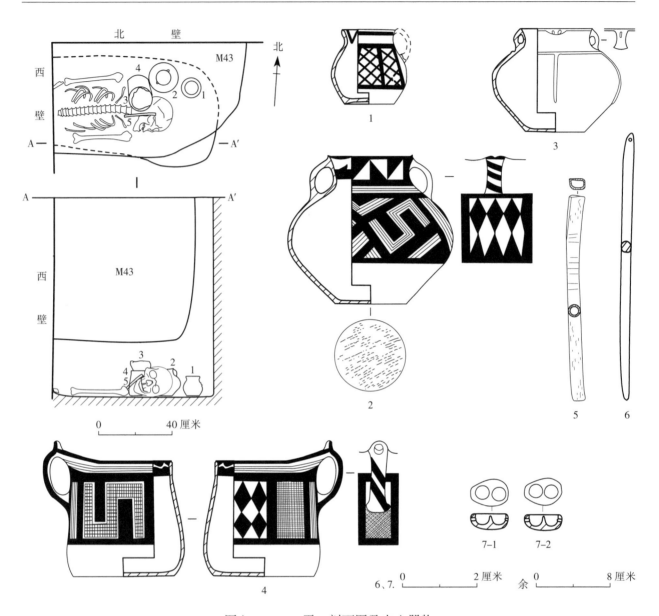

图六二　M53 平、剖面图及出土器物

1. 单耳彩陶罐（M53：1）　2. 双耳彩陶罐（M53：2）　3. 双耳陶罐（M53：3）　4. 单耳彩陶杯（M53：4）　5. 骨管（M53：5）
6. 骨针（M53：6）　7. 骨珠（M53：7）

双耳彩陶罐　1件。

标本 M53：2，泥质橙黄陶，手制，轮修。侈口，圆唇，束颈，圆肩，圆鼓腹，下腹弧收，小平底，最大腹径位于腹中。口肩之间有双耳，口耳相接处口沿略高，耳部略低于口沿。器表及口沿内侧饰黑彩。口沿至肩部从上到下依次饰细线纹一周、首尾相连的三角纹一周、宽带纹一周和细线纹两周。腹部饰宽带纹两周，宽带间以竖向宽带纹夹细线纹将腹部整体分为四个图案单元，以耳为界，对称分布，耳下两单元饰竖向连续菱格纹，两侧单元以宽折带和细折线构成"S"形纹及三角纹。耳面上饰短斜带纹。口沿内饰宽带锯齿纹两周。口径 9、腹径 17.8、底径 7.6、高 15.6、厚 0.3~1.0

厘米（图六二，2；彩版六〇，3）。

双耳陶罐　1件。

标本 M53∶3，泥质橙黄陶，手制，器表有烟炱。侈口，圆唇，束颈，圆肩，圆鼓腹，下腹内收，平底，最大腹径位于腹中略偏上。口肩之间有双耳，耳部与口沿平齐，两侧有对称鸡冠錾，耳面和錾上饰戳印纹。肩部施横向凸棱一周，耳及錾下施纵向凸棱四道，延伸至下腹。口径 7.7、腹径 14、底径 6.3、高 10.9、厚 0.4~0.7 厘米（图六二，3；彩版六〇，2）。

单耳彩陶杯　1件。

标本 M53∶4，泥质橙黄陶，手制。近直口，微侈，圆唇，筒状腹，下腹略大，下腹近底部内收，平底，最大腹径位于下腹。口腹之间有单耳，耳部高于口沿，耳上有一拱形孔。器表及口沿内侧施紫红色陶衣，饰黑彩，局部脱落。沿外至腹部从上到下依次为细带纹一周和细线纹三周，腹部饰宽带纹两周，宽带间以竖向宽带纹夹细线纹将腹部分为四个图案单元，耳下单元为细线网格纹，内填小圆点，耳对面单元饰菱格纹，两侧两单元分饰"S"形网格纹和宽带纹。耳面饰斜向条带纹。口沿内饰宽带锯齿纹两周。口径 11.7、腹径 12.7、底径 10.8、高 13.2、厚 0.3~0.5 厘米（图六二，4；彩版六一，1）。

骨管　1件。

标本 M53∶5，系用大型鸟类肢骨切割打磨而成，两端切割平整，通体磨光。一端截面呈圆角方形，一端截面呈椭圆形。管面有九道切割痕。长 21.6、宽 1.3~1.6、厚 0.1~0.18 厘米（图六二，5；彩版六一，2）。

骨针　1件。

标本 M53∶6，器身细长，略弧，截面呈圆形，顶端有一钻孔，针孔处打磨扁平，尖残。残长 7、直径约 0.2、孔径 0.1 厘米（图六二，6；彩版六一，3）。

墓葬填土中出土骨珠 1 组。

骨珠　1组。

标本 M53∶7，共 3 颗。中间内凹，两侧面各有一穿孔。M53∶7-1，长约 1、宽 0.2~0.8、厚约 0.5 厘米；M53∶7-2，长约 1、宽 0.2~0.7、厚约 0.5 厘米（图六二，7）。

第四章 墓地分期、时代与布局

以陶器类型学为基础，根据陶器组合和演变规律，结合墓葬形制，并参考甘青地区该时期墓地分期与时代，认识该墓地的相对年代和绝对年代。在共时性分析的基础上认识该墓地的历时性，结合空间分布，更深刻地揭示墓地的布局和结构。

第一节 分期

一 层位关系

墓葬开口层位、墓葬方向与组合、打破关系是分期的主要依据，出土陶器组合关系和发展演变规律是分期的重要依据。表一是五坝墓地墓向组合关系和打破关系表（"→"表示打破关系）。从墓葬开口层位看，墓葬均开口于③层垫土层下，因此墓葬开口对分期没有任何意义。13

表一　五坝墓地墓向组合关系与打破关系

探沟	TG1（7座墓）	TG2（7座墓）	TG3（18座墓）	TG4（13座墓）	TG5（8座墓）
墓向	东—西向：M10、M13、M20、M27 南—北向：M14、M18、M19	东—西向：M2、M8 西北—东南向：M3 墓向不明：M11、M15、M22、M23	东—西向：M1、M5、M6、M7、M9、M16、M17、M25、M30 西北—东南向：M28、M32 南—北向：M26 墓向不明：M4、M12、M21、M24、M29、M31	东—西向：M34、M36、M40、M41、M45、M46、M48、M50、M52、M53 南—北向：M35、M37 墓向不明：M43	东—西向：M33、M39、M42、M44、M49 南—北向：M38、M47 墓向不明：M51
打破关系	M19 → M20	M2 → M3 → M23	M9 → M29 M17 → M28 M24 → M28 M26 → M25 → M32	M34 → M52 M36 → M45 M35 → M48 M43 → M53	M38 → M44 M39 → M44 M47 → M49

组打破关系是判断墓葬早晚和分期的关键，M39 → M44、M19 → M20、M2 → M3、M17 → M28、M24 → M28、M34 → M52、M26 → M25 这 7 组打破关系中，典型陶器共存，是我们确立分期的关键依据。同时参考周边地区已有的半山—马厂—西城驿 / 齐家文化的分期成果进行对比分析，认识整个墓地的分期和时代。

二　陶器的分型定式

墓葬出土陶器共83件，该墓地陶器类型主要包括双耳彩陶罐、双耳罐、单耳罐、彩陶盆、单耳杯、彩陶壶等。我们选择出土数量较多、组合关系明确、演变特征明显的器物作为标型器，认识陶器的演变规律。以双耳彩陶罐、双耳罐、单耳彩陶罐、彩陶壶、陶壶、彩陶盆、陶盆、单耳杯等进行型式分析。

双耳罐　共 49 件。绝大部分为泥质橙黄陶、夹砂红陶，少量为夹砂橙黄陶和灰陶，手制，彩陶器表磨制光滑，素面陶大部分器表抹光。侈口或直口，束颈或直颈，圆肩或溜肩，鼓腹或圆鼓腹，小平底。绝大部分口肩之间有双耳，仅个别为腹耳，素面陶口部有对称的鸡冠鋬或腹部施有横向双鋬。泥质橙黄陶大部分为彩陶，部分施紫红色陶衣后饰彩，个别饰红黑复彩，大部分通体饰黑彩。素面夹砂红陶或夹砂橙黄陶部分饰凸棱、戳印纹或刻划纹。据整体器形和纹饰特征可以分六型。

A 型　共 2 件。双耳或腹耳鼓腹罐。泥质橙黄陶，手制，器表磨光。侈口，束颈，圆肩，鼓腹，略扁，小平底。最大腹径位于腹中偏上，口肩耳或腹耳。饰红黑复彩，腹部饰旋涡纹或圆圈纹。标本 M44：14（图六三，1；彩版六二，1）、标本 M45：1（图六三，2；彩版六二，2）。

B 型　共 16 件。双耳彩陶罐。绝大部分为泥质橙黄陶，少量为泥制红陶，均为彩陶，器表磨光。侈口或近直口，束颈，圆肩，圆鼓腹，小平底。口肩部有双耳。根据口部、颈部、耳部、腹部及彩绘纹饰变化特征可分为三式。

Ⅰ式　共 2 件。近直口，微侈，高束颈，圆肩，鼓腹，略下垂。最大腹径位于腹中偏下，耳与口沿平齐。颈部饰折带纹，肩腹部饰宽带纹，腹部多为网格纹等。标本 M39：1（图六三，3；彩版六二，3）。

Ⅱ式　共 9 件。侈口，束颈，圆肩，鼓腹。耳与口沿平齐或略低于口沿，最大腹径位于腹中。颈部饰首尾相接的三角纹，个别饰交错折带纹，肩腹部饰宽带纹，宽带间饰回形网格纹等。标本 M17：2（图六三，4；彩版六二，4）。

Ⅲ式　共 5 件。侈口，束颈，溜肩，鼓腹。最大腹径位于下腹，腹部有乳突，耳部略低于口沿。颈部饰菱形网格纹或对三角纹，肩腹部饰宽带纹，腹部饰菱形网格纹、网格折带纹或蝶形纹等。标本 M47：2（图六三，5；彩版六二，5）。

C 型　共 13 件。双耳折沿素面罐，器表均有烟炱痕迹。夹砂红陶、橙黄陶和灰陶，大部分器表磨光或抹光。侈口，窄折沿，束颈，溜肩，鼓腹，平底。大部分口部对称饰鸡冠鋬，肩腹部

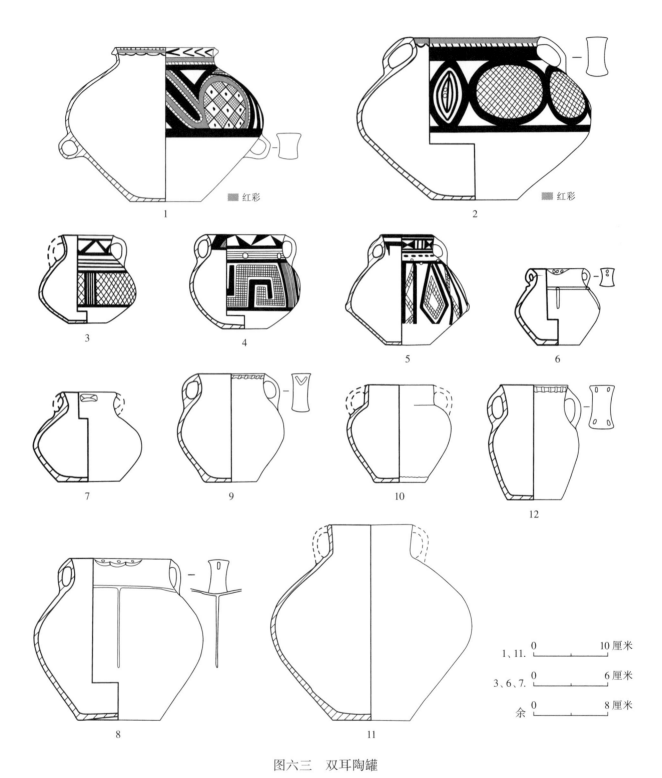

图六三　双耳陶罐

1、2. A 型（M44：14、M45：1）　3. B 型 I 式（M39：1）　4. B 型 II 式（M17：2）　5. B 型 III 式（M47：2）　6. C 型（M45：4）
7. D 型 I 式（M45：3）　8. D 型 II 式（M24：1）　9. D 型 III 式（M47：1）　10. E 型 I 式（M3：2）　11. E 型 II 式（M27：1）
12. F 型（M38：4）

饰泥条凸棱，个别腹部有乳突。标本 M34：1、标本 M44：15、标本 M45：4（图六三，6；彩版六二，6）、标本 M46：2。

D 型　共 11 件。无沿双耳素面罐。夹砂红陶，器表均有烟炱。侈口，束颈，圆肩，鼓腹，平底。大部分口沿饰鸡冠鋬，个别口部饰花边附加堆纹一周，肩腹部饰泥条凸棱。根据口部、腹部特征可分三式。

Ⅰ式　共 3 件。圆肩，圆鼓腹。最大腹径位于腹中或腹中偏上，口沿饰鸡冠鋬，肩腹部大多饰泥条凸棱。标本 M45：3（图六三，7；彩版六三，1）。

Ⅱ式　共 7 件。圆肩，鼓腹，最大腹径位于腹中偏上。口沿饰鸡冠鋬，肩腹部大多饰泥条凸棱。标本 M24：1（图六三，8；彩版六三，2）。

Ⅲ式　共 1 件。圆肩，鼓腹，最大腹径位于上腹。口沿饰花边附加堆纹一周。标本 M47：1（图六三，9；彩版六三，3）。

E 型　共 5 件。直口双耳罐。夹砂橙红陶和红陶，大多数器表有烟炱。直口或微侈口，直颈或束颈，圆肩，鼓腹，平底。根据口部、腹部特征可分二式。

Ⅰ式　共 3 件。直口，矮直颈，鼓腹，最大腹径位于上腹。标本 M3：2（图六三，10；彩版六三，4）。

Ⅱ式　共 2 件。直口，微侈，束颈，鼓腹，最大腹径位于腹中偏上。标本 M27：1（图六三，11；彩版六三，5）。

F 型　共 2 件。双耳深腹罐。夹砂红陶，器表有烟炱。侈口，束颈，溜肩，鼓腹，腹部较深，最大腹径位于上腹，下腹弧收或斜收，平底。口沿饰花边状附加堆纹一周，肩部饰折线泥条凸棱。标本 M38：4（图六三，12；彩版六三，6）。

单耳罐　共 4 件。泥质红陶或泥质橙黄陶，器表磨光。侈口，束颈，溜肩或圆肩，鼓腹或圆鼓腹，平底。饰黑彩。根据肩部、腹部、耳部特征分二型。

A 型　共 2 件。圆肩，圆鼓腹，耳与口沿平齐或略低，最大腹径位于腹中。器表饰条带纹或菱形网格纹。标本 M39：3（图六四，1；彩版六四，1）。

B 型　共 2 件。溜肩，鼓腹，耳略高于口沿，最大腹径位于腹中或腹中偏下。器表饰竖条带纹、回纹或网格纹。标本 M53：1（图六四，2；彩版六四，2）。

壶　共 6 件。泥质橙黄陶或泥质红陶，个别为夹砂红陶，大部分为彩陶，个别为素面陶。直口或侈口，高领或矮领，圆肩，鼓腹，平底，口肩部、领肩部或腹部有耳。根据整

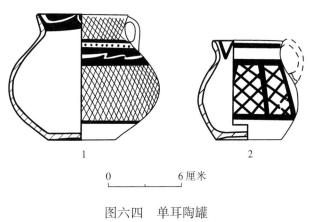

0 ————— 6 厘米

图六四　单耳陶罐

1. A 型（M39：3）　2. B 型（M53：1）

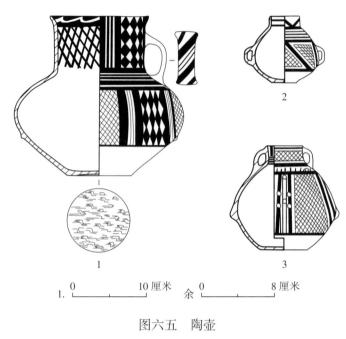

图六五　陶壶

1. A 型（M44：13）　2. B 型（M17：1）　3. C 型（M38：1）

体器形特征可分三型。

　　A 型　共 1 件。侈口，高直领，扁圆腹，领肩之间有一耳，下腹有双乳突。标本 M44：13（图六五，1；彩版六五，1）。

　　B 型　共 3 件。直口，矮领，圆鼓腹，腹部有双耳。标本 M14：1、标本 M17：1（图六五，2；彩版六五，2）。

　　C 型　共 2 件。直口，矮领，圆鼓腹，口肩之间有双耳，腹部有双乳突。标本 M38：1（图六五，3；彩版六五，3）。

　　杯　共 9 件。泥质红陶或泥质橙黄陶，大部分为彩陶，个别素面。直口或近直口，鼓腹或筒状腹，平底。口腹之间有一耳，耳部高于口沿。根据腹部特征可分三式。

　　Ⅰ式　共 2 件。鼓腹，下垂，器形整体矮胖，最大腹径位于腹中偏下。标本 M44：19（图六六，1；彩版六五，4）。

　　Ⅱ式　共 2 件。筒状腹，下腹微鼓，器形相对矮胖，最大腹径位于下腹，近底。标本 M53：4（图六六，2；彩版六五，5）。

　　Ⅲ式　共 5 件。筒状腹，器形瘦高，最大腹径位于下腹，近底。标本 M5：2（图六六，3；彩版六五，6）。

　　盆　共 6 件。泥质橙黄陶或泥质红陶，器表磨光。直口、侈口或敞口，高领或束颈，鼓腹或圆鼓腹，平底。大部分施紫红色陶衣，个别施橙黄色陶衣，饰黑彩。根据整体器形特征分三型。

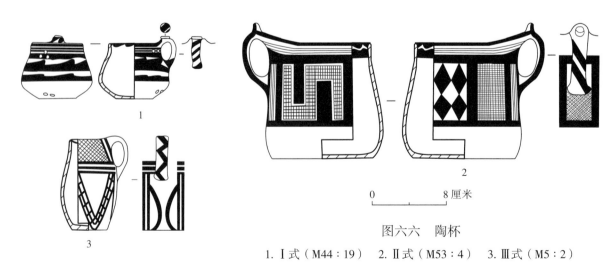

图六六　陶杯

1. Ⅰ式（M44：19）　2. Ⅱ式（M53：4）　3. Ⅲ式（M5：2）

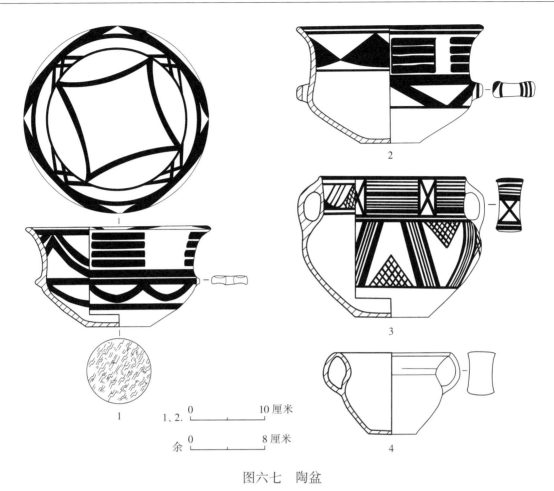

图六七 陶盆

1. A 型 I 式（M28：1） 2. A 型 II 式（M19：6） 3. B 型（M26：2） 4. C 型（M38：3）

A 型 共 4 件。敞口无耳盆。敞口，高领，微束，鼓腹，下腹内收，最大腹径处有双錾或横耳。根据腹部特征和彩绘纹饰可分二式。

I 式 共 1 件。最大腹径位于腹中偏上。口沿内侧饰交错垂弧纹，腹部饰垂弧纹。标本 M28：1（图六七，1；彩版六四，3）。

II 式 共 3 件。最大腹径位于腹中或腹中偏下。口沿内侧饰弧边三角纹，腹部饰折带纹。标本 M19：6（图六七，2；彩版六四，4）。

B 型 共 1 件。直口，矮领，圆鼓腹，下腹弧收，最大腹径位于上腹，口肩之间有双桥形耳。标本 M26：2（图六七，3；彩版六四，5）。

C 型 共 1 件。敞口，束颈，圆鼓腹，下腹弧收，最大腹径位于上腹，口肩之间有双环形耳。标本 M38：3（图六七，4；彩版六四，6）。

三 文化分期

随葬陶器主要为罐、壶、杯、盆等，下面以典型陶器型式演变特征为基础，根据器物组合及型式变化将陶器分为四组，陶器分组与墓葬分组相对应，同时也是该墓地的分期（表二、表三）。

　　第一组　1座（M44）。腹耳彩陶罐、带沿双耳罐、单耳彩陶壶、单耳彩陶杯共存。器型组合包括 A 型双耳罐、C 型双耳罐、A 型壶及 I 式杯。该时期罐、壶、杯类器器腹相对扁鼓，器形整体矮胖，彩陶流行条带纹、网格纹、菱格纹和锯齿纹，其中腹耳彩陶罐饰红黑复彩旋涡纹，腹中以下不饰彩，锯齿纹也演变为斜向小锯齿或短斜线。与该组对应的墓葬形制为竖穴偏洞室墓。

表二　五坝墓地典型器物演变

分期	分组	双耳罐						单耳罐
		A 型	B 型	C 型	D 型	E 型	F 型	A 型
晚期（西城驿 / 齐家）	第四组		III式（M47：2）	M46：2	III式（M47：1）	II式（M27：1）	M38：4	
中期（马厂）	第三组（晚段）		II式（M17：2）	M34：1	II式（M24：1）			
	第二组（早段）	M45：1	I式（M39：1）	M45：4	I式（M45：3）	I式（M3：2）		M39：3
早期（半山）	第一组	M44：14	M44：15					

第二组　7座（M3、M20、M28、M39、M45、M48、M52）。双耳彩陶罐、带沿双耳罐、无沿双耳罐、直领双耳罐、单耳彩陶罐、单耳杯、彩陶盆、器盖共存。器型组合包括 A 型双耳罐、B 型 I 式双耳罐、C 型双耳罐、D 型 I 式双耳罐、E 型 I 式双耳罐、A 型单耳罐、I 式杯、II 式杯、A 型 I 式盆等。该时期 A 型双耳罐，鼓腹，最大腹径位于上腹，饰红黑复彩，腹部饰圆圈纹，不见锯齿纹，为第一组时期孑遗。带耳彩陶罐数量少，彩绘简单，继承了第一组的纹饰特征，流行条带纹、圆圈纹或菱形网格纹等。有沿双耳罐延续，无沿及直口双耳罐出现，新出现了单耳彩陶

与墓葬分期对照表

单耳罐	壶			杯	盆		
B 型	A 型	B 型	C 型		A 型	B 型	C 型
		M14:1	M38:1			M26:2	M38:3
M53:1		M17:1		III式（M5:2）	II式（M19:6）		
				II式（M53:4）	I式（M28:1）		
M44:13				I式（M44:19）			

表三 五坝墓地出土典型陶器型式统计与墓葬分期表

分期	分组	墓号	双耳罐						单耳罐		壶			杯	盆			备注
			A型	B型	C型	D型	E型	F型	A型	B型	A型	B型	C型		A型	B型	C型	
晚期	第四组	M4					Ⅱ											
		M14										1						
		M26											1			1		
		M27					Ⅱ											
		M33		Ⅲ	1							1						
		M36																绳纹侈口罐1
		M38						1					1				1	双耳罐1
		M41		Ⅲ	1													
		M46		Ⅲ	1													器盖1
		M47		Ⅲ 2		Ⅲ		1										双大耳罐1
中期	晚段	M2				Ⅱ												
		M5											Ⅲ					无耳彩陶罐1
		M6		Ⅱ		Ⅱ												
		M7											Ⅲ					
		M9			1													
		M12											Ⅲ 2					
		M13		Ⅱ		Ⅱ									Ⅱ			
	第三组	M16		Ⅱ														
		M17		Ⅱ							1							
		M19		Ⅱ 2		Ⅱ									Ⅱ 2			
		M22				Ⅱ												
		M24		Ⅱ		Ⅱ												
		M25				Ⅱ												双耳彩陶罐1
		M34		Ⅱ	2					1								
		M42											Ⅲ					
		M53		Ⅱ		Ⅰ				1					Ⅱ			

续表三

分期		分组	墓号	双耳罐						单耳罐		壶			杯	盆			备注
				A型	B型	C型	D型	E型	F型	A型	B型	A型	B型	C型		A型	B型	C型	
中期	早段	第二组	M3		I			I							II				
			M20					I 2											
			M28				I									I			
			M39		I					1									小杯1
			M45	1		2	I												器盖1
			M48			2				1									器盖1
			M52			1									I				
早期		第一组	M44	1		2						1			I				

注：罗马数字为"式"，阿拉伯数字为件数。

罐和彩陶盆。双耳彩陶罐和单耳彩陶罐最大腹径位于腹中偏下，颈部明显且高，单耳杯腹部略收，变为筒状腹，相对矮胖，有向瘦高发展的趋势。素面双耳罐大都圆鼓腹，最大腹径位于腹中或腹中偏上。与该组对应的墓葬形制为竖穴土坑墓和竖穴偏洞室墓。

第三组　16座（M2、M5、M6、M7、M9、M12、M13、M16、M17、M19、M22、M24、M25、M34、M42、M53）。双耳彩陶罐、带沿双耳罐、无沿双耳罐、单耳彩陶罐、彩陶壶、单耳彩陶杯、单耳杯、彩陶盆共存。器型组合包括 B 型 II 式双耳彩陶罐、C 型双耳罐、D 型 I 式双耳罐、D 型 II 式双耳罐、B 型单耳彩陶罐、B 型壶、II 式杯、III 式杯、A 型 II 式彩陶盆等。该时期 A 型双耳彩陶罐不见，带耳彩陶罐数量大增，统一性加强，流行回纹、"S"形纹等几何形纹饰，有沿、无沿双耳罐延续，其中无沿双耳罐最大腹径上移至上腹，彩陶壶为双腹耳，单耳杯瘦高，筒状腹继续下垂至近底部，彩陶盆腹部变深，最大腹径下移。B 型 II 式双耳彩陶罐，多为侈口，束颈，耳部与口沿平齐或略低于口沿，腹部圆鼓，最大腹径位于腹中。D 型 II 式双耳罐最大腹径上移至上腹。B 型单耳彩陶罐，耳部略高于口沿，鼓腹，腹部变瘦，最大腹径位于下腹或腹中。新出现 B 型壶，侈口或直口，矮领，圆鼓腹，下腹有双耳。III 式杯与 I 式杯相比较，最大腹径下移至下腹近底。A 型 II 式彩陶盆与 A 型 I 式彩陶盆相比较，最大腹径略下移，位于腹中或腹中偏下，口沿内侧饰弧边三角纹，腹部饰折带纹。与该组对应的墓葬形制为竖穴土坑墓和竖穴偏洞室墓。

第四组　10座（M4、M14、M26、M27、M33、M36、M38、M41、M46、M47）。双耳彩陶罐、带沿双耳罐、无沿双耳罐、直口双耳罐、双耳深腹罐、双耳彩陶壶、双耳彩陶盆、敞口双耳盆、侈口罐、双大耳罐、器盖共存。器型组合包括 B 型 III 式双耳彩陶罐、C 型双耳罐、D 型 III 式双耳罐、E 型 II

式双耳罐、F 型双耳罐、B 型壶、C 型壶、B 型彩陶盆、C 型盆、绳纹侈口罐和双大耳罐等。该时期不见第二、三组流行的单耳杯和 A 型盆,新出现了双大耳罐、侈口罐、F 型深腹罐、B 型和 C 型盆。该时期双耳彩陶罐口变侈,耳部整体有低于口沿的趋势,腹部流行乳突,纹饰流行菱形网格纹、网格折带纹和蝶形纹等,不见三组复杂的回形纹或 "S" 形纹。有沿、无沿、直口双耳罐仍然流行,其中无沿双耳罐口沿外饰花边状附加堆纹一周,直口双耳罐口变微侈,深腹双耳罐开始出现,单耳罐不见,新出现彩陶壶为口肩耳,饰网格三角纹、几何纹等。D 型 III 式双耳罐口沿外不见鸡冠鋬,新出现花边状附加堆纹,最大腹径上移,位于上腹。E 型 II 式双耳罐口部由直变为微侈或侈口,最大腹径位于腹中或腹中略偏上。B 型壶继续流行,C 型壶,直口,矮领,圆鼓腹,口肩之间有双耳,腹部有双乳突。B 型彩陶盆,近直口,矮领,最大腹径位于上腹,口肩之间有双耳。C 形盆,大敞口,口腹之间有双大耳。与该组对应的墓葬形制为竖穴土坑墓和竖穴偏洞室墓。

上述典型器物组合和型式演变特征可以分为四组,据此墓地大致可以分为三期四段,各阶段墓葬特征与上述各组相对应。

第二节　时代

一　墓地各期相对年代

根据墓葬形制、出土器物组合及特征,结合河西走廊及周边地区同时期遗址分期的相关研究成果,对比探讨各期的时代。

五坝墓地早期墓葬仅 M44,为半山类型晚期。判断理由如下:

其一,甘青地区最早的偏洞室墓出现在半山类型时期[1],甘肃焦家庄、土谷台发现 "凸" 字形土洞墓,青海苏呼撒为土坑偏洞墓[2],宁夏海原菜园遗址群中的切刀把墓地也发现竖穴侧龛墓[3],目前上述墓地研究显示,该类洞室墓出现于半山晚期。该阶段仅有的 M44 为竖穴偏洞室墓,与上述半山时期墓葬形制略有差别,但是洞室墓特征是一致的,因此五坝墓地该阶段出现土洞墓的时代与甘青地区应当相当。从葬式看,甘宁地区半山类型时期流行屈肢葬[4],青海多为仰身直

---

[1] 韩建业:《中国先秦洞室墓谱系初探》,《中国历史文物》2007 年第 4 期,第 16~25 页;谢端琚:《试论我国早期土洞墓》,《考古》1987 年第 12 期,第 1097~1104 页。

[2] 甘肃省博物馆文物工作队:《甘肃兰州焦家庄和十里店的半山陶器》,《考古》1980 年第 1 期,第 7~10 页;甘肃省博物馆、兰州市文化馆:《兰州土谷台半山—马厂文化墓地》,《考古学报》1983 年第 2 期,第 191~222 页。

[3] 宁夏文物考古研究所、中国历史博物馆考古部:《宁夏菜园——新石器时代遗址、墓葬发掘报告》,科学出版社,2003 年。

[4] 甘肃省博物馆文物工作队:《甘肃兰州焦家庄和十里店的半山陶器》,《考古》1980 年第 1 期,第 7~10 页;甘肃省博物馆、兰州市文化馆:《兰州土谷台半山—马厂文化墓地》,《考古学报》1983 年第 2 期,第 191~222 页;甘肃省博物馆:《甘肃景泰张家台新石器时代的墓葬》,《考古》1976 年第 3 期,第 180~186 页。

肢葬，部分为屈肢葬[1]，河西走廊地区的鸳鸯池墓地流行仰身直肢葬[2]，五坝墓地 M44 双人合葬墓，头向东，仰身直肢葬，与青海东北部和河西走廊地区仰身直肢葬基本保持一致，特别是与邻近的鸳鸯池半山时期墓葬在葬式、随葬品位置等方面基本一致，说明二者时代更为接近，大部分学者认为鸳鸯池早期墓葬为半山晚期遗存，进一步证实 M44 为半山晚期遗存。

其二，五坝墓地 M44 器物组合为腹耳彩陶罐、带沿双耳罐、单耳彩陶壶和单耳彩陶杯。与邻近甘肃兰州附近半山时期土谷台早期墓葬典型器物及组合相似，五坝墓地出土的 A 型罐与土谷台早期 A 型 I 式瓮（M26∶6）器形及纹饰相似，A 型壶与土谷台早期Ⅲ式单耳瓶（M57∶6）相似，腹部饰网格纹也相近[3]。亦与兰州焦家庄和十里店出土器物及组合相近，五坝墓地 A 型彩陶壶与焦家庄 I 式壶相似，主要纹饰为网格纹也一致，五坝墓地 A 型罐与焦家庄 I 式罐器形相似，颈部及腹部纹饰也相似，五坝墓地 C 型罐与十里店夹砂陶罐也相似[4]。与邻近永昌鸳鸯池墓地半山时期 M72、M188 出土器物组合基本一致，五坝墓地 A 型彩陶壶与鸳鸯池 I 式彩陶瓶（M72∶2）相似，A 型罐与鸳鸯池 I 式彩陶罐（M188∶1）器形及纹饰一致，C 型双耳罐与鸳鸯池 I 式红陶小罐（M72∶4）一致[5]。综上，五坝墓地 M44 与邻近河西走廊地区和兰州附近同时期遗存比较来看，不论器物组合还是典型器物，都具有相似性。目前学者研究认为上述墓地半山遗存属半山类型晚期[6]，说明五坝墓地 M44 应该为半山晚期遗存。另外，五坝墓地 M44 出土的 A 型彩陶罐、A 型彩陶壶和 C 型双耳罐在柳湾半山晚期和民和阳山早期有相近或相似器物，纹饰也相近[7]，说明五坝墓地 M44 与柳湾半山晚期和阳山一、二组墓葬时代相当。

综上，五坝墓地半山时期墓葬与鸳鸯池早期、土谷台早期、焦家庄和十里店、民和阳山一二组、乐都柳湾半山晚期墓葬时代相当。

五坝墓地中期早段墓葬包括 M3、M20、M28、M39、M45、M48、M52，为马厂中期。判断理由如下：

［1］青海省文物考古研究所：《民和阳山》，文物出版社，1990 年；青海省文物管理处考古队、中国社会科学院考古研究所：《青海柳湾——乐都柳湾原始社会墓地》，文物出版社，1984 年；青海省考古研究所：《青海循化苏呼撒墓地》，《考古学报》1994 年第 4 期，第 425~469 页。

［2］甘肃省博物馆文物工作队、武威地区文物普查队：《永昌鸳鸯池新石器时代墓地的发掘》，《考古》1974 年第 5 期，第 299~308 页；甘肃省博物馆文物工作队、武威地区文物普查队：《甘肃永昌鸳鸯池新石器时代墓地》，《考古学报》1982 年第 2 期，第 199~228 页。

［3］甘肃省博物馆、兰州市文化馆：《兰州土谷台半山—马厂文化墓地》，《考古学报》1983 年第 2 期，第 191~222 页。

［4］甘肃省博物馆文物工作队：《甘肃兰州焦家庄和十里店的半山陶器》，《考古》1980 年第 1 期，第 7~10 页。

［5］甘肃省博物馆文物工作队、武威地区文物普查队：《甘肃永昌鸳鸯池新石器时代墓地》，《考古学报》1982 年第 2 期，第 199~228 页。

［6］李水城：《半山与马厂彩陶研究》，北京大学出版社，1998 年；张弛：《半山式文化遗存分析》，《考古学研究（二）》，北京大学出版社，1994 年，第 33~77 页。

［7］青海省文物考古研究所：《民和阳山》，文物出版社，1990 年；青海省文物管理处考古队、中国社会科学院考古研究所：《青海柳湾——乐都柳湾原始社会墓地》，文物出版社，1984 年。

其一，五坝墓地该时期以竖穴土坑墓居多，其中 M3、M20 带龛，M45、M48 为竖穴偏洞室墓，竖穴土坑墓多为单人葬，竖穴偏洞室墓为双人、三人合葬，均为仰身直肢葬，M3、M28 为西北—东南向，余为东—西向，随葬品位于墓主头骨、脚骨附近。与兰州附近及湟水中下游地区马厂早期的土谷台、柳湾、马牌墓地比较来看，柳湾、土谷台、马牌为土洞墓和竖穴土坑墓并存，五坝墓地该阶段与上述几个墓地墓葬形制一致，但是兰州及湟水中下游地区流行屈肢葬，河西走廊地区该阶段流行仰身直肢葬，与五坝墓地存在差异。五坝墓地土洞墓和竖穴土坑墓并存可能是马厂文化西进影响的产物，说明五坝墓地可能晚于上述马厂早期墓地的时代。与河西走廊属马厂中期的鸳鸯池墓地中期比较来看[1]，五坝墓地流行竖穴土坑墓、仰身直肢葬及单人、双人（成人与儿童）、多人合葬与鸳鸯池中期一致，器物一般置于墓主头骨、脚骨附近也一致。目前学者认为鸳鸯池马厂遗存可以早到马厂中期，因此五坝墓地中期早段可以早到马厂中期。

其二，该时期五坝墓地墓葬器物组合为双耳彩陶罐、带沿双耳罐、无沿双耳罐、直领双耳罐、单耳彩陶罐、单耳杯、彩陶盆。与邻近鸳鸯池墓地中期墓葬器物组合和典型器物最为接近，五坝墓地 B 型 I 式双耳彩陶罐、A 型 I 式彩陶盆与鸳鸯池中期 II 式双耳罐（M132）、II 式彩陶盆（M29）形制一致，主体纹饰也一致，五坝墓地 C 型双耳罐和 D 型 I 式双耳罐与鸳鸯池马厂中期器物 M44：5 和 M77：1 相似，折沿、口沿部錾和肩腹部的泥条凸棱均一致，说明五坝墓地该阶段与鸳鸯池中期时代最为接近。与兰州附近及湟水中下游地区墓地器物组合和典型器物比较来看，五坝墓地不见上述地区墓地常见的大型小口壶、小口瓮；五坝墓地 B 型 I 式双耳彩陶罐、A 型 I 式彩陶盆与兰州及湟水中下游地区同类器物相似，五坝墓地 B 型 I 式双耳彩陶罐与土谷台 IV 式双耳罐、下海石 B 型 II 式双耳罐及柳湾马厂早期 I 型 2 式双耳彩陶罐（M1060：31）、阳山二组 Ab 型 I 式双耳彩陶罐（M73：9）相似，主体纹饰流行条带纹和网格纹[2]。五坝墓地 A 型 I 式彩陶盆与柳湾早中期 II 式彩陶盆、马牌 II 式彩陶盆一致，流行成组条带纹和垂弧纹[3]。五坝墓地该阶段 A 型双耳罐与白道沟坪同类器物相似[4]，与土谷台早期、鸳鸯池早期的半山向马厂过渡的同类器物相似，还保留了半山晚期器形特征和红黑复彩，但锯齿纹消失[5]。通过与上述墓地典型器

[1] 甘肃省博物馆文物工作队、武威地区文物普查队：《永昌鸳鸯池新石器时代墓地的发掘》，《考古》1974 年第 5 期，第 299~308 页；甘肃省博物馆文物工作队、武威地区文物普查队：《甘肃永昌鸳鸯池新石器时代墓地》，《考古学报》1982 年第 2 期，第 199~228 页。

[2] 甘肃省文物考古研究所：《兰州红古下海石——新石器时代遗址发掘报告》，科学出版社，2008 年；青海省文物考古研究所：《民和阳山》，文物出版社，1990 年；青海省文物管理处考古队、中国社会科学院考古研究所：《青海柳湾——乐都柳湾原始社会墓地》，文物出版社，1984 年；甘肃省博物馆、兰州市文化馆：《兰州土谷台半山—马厂文化墓地》，《考古学报》1983 年第 2 期，第 191~222 页。

[3] 青海省文物管理处考古队、中国社会科学院考古研究所：《青海柳湾——乐都柳湾原始社会墓地》，文物出版社，1984 年；青海省文物管理处：《青海民和马牌马厂墓葬发掘简报》，《史前研究》1990-1991 年，第 298~308 页。

[4] 甘肃省文物管理委员会：《兰州新石器时代的文化遗存》，《考古学报》1957 年第 1 期，第 1~8 页。

[5] 李水城：《半山与马厂彩陶研究》，北京大学出版社，1998 年。

物比较可知，五坝墓地该阶段器物以马厂中期为主，个别器物可能早到马厂早期。

综上，五坝墓地该阶段与鸳鸯池中期、土谷台中晚期、柳湾马厂早中期时代相当。

五坝墓地中期晚段墓葬包括 M2、M5、M6、M7、M9、M12、M13、M16、M17、M19、M22、M24、M25、M34、M42、M53，为马厂晚期。判断理由如下：

其一，五坝墓地该时期竖穴土坑墓占绝大多数，个别墓葬带龛，仅 M34 一座竖穴偏洞室墓，均为单人葬，仰身直肢葬占绝大多数，少量俯身葬、侧身葬等。该阶段河西走廊发现了大量马厂晚期遗存，五坝墓地与永昌鸳鸯池、老城、磨咀子等墓地葬俗、葬制基本一致，特别是与鸳鸯池晚期墓葬比较来看，不论墓葬形制还是墓向、葬式和随葬品位置都一致，陶器多置于墓主头骨附近，少量置于脚骨附近，骨器、石器多置于墓主旁侧，由小骨片制成的骨臂饰置于墓主腕骨附近，串珠饰置于墓主头骨附近，因此五坝墓地该阶段应属马厂晚期遗存。

其二，该时期五坝墓地墓葬器物组合为双耳彩陶罐、带沿双耳罐、无沿双耳罐、单耳彩陶罐、彩陶壶、单耳彩陶杯、单耳杯、彩陶盆。从河西走廊墓葬随葬器物组合及典型器物来看，永昌鸳鸯池墓地以双耳圆腹彩陶罐和小口鼓腹彩陶壶为主，单耳彩陶杯、碗、器盖等小型器物常见[1]，罐和杯上流行繁缛的回纹、"S"形纹等几何形图案，与五坝墓地该阶段典型器物及纹饰一致。五坝墓地 B 型腹耳彩陶壶与鸳鸯池墓地彩陶小壶（M171：1）在形制和纹饰方面完全一致，五坝墓地 B 型 Ⅱ 式双耳彩陶罐与鸳鸯池墓地 Ⅲ 式双耳彩陶罐（M37：1）及 Ⅳ 式双耳彩陶罐（M92：1）在形制和纹饰方面也完全一致，五坝墓地 Ⅲ 式单耳彩陶杯与鸳鸯池墓地 Ⅲ 式单耳彩陶杯（M25：5、M44：4）在形制和纹饰方面一致，五坝墓地 M34：4 人面形錾单耳彩陶罐与鸳鸯池墓地晚期单耳带流罐（M140：1）相似，五坝墓地 D 型 Ⅱ 式双耳罐与鸳鸯池 Ⅱ 式罐相近，因此五坝墓地该阶段与鸳鸯池墓地晚期时代相当。与河西走廊东部的磨咀子、老城和高家滩遗址出土同类器物也一致[2]。五坝墓地 B 型 Ⅱ 式双耳彩陶罐与老城彩陶罐（M1：1）形制及纹饰一致，五坝墓地 Ⅲ 式杯与老城采集单耳彩陶杯一致，同时与高家滩遗址彩陶杯（H4：4）也一致，与磨咀子彩陶杯（M78：1）也一致[3]，五坝墓地 C 型、D 型 Ⅱ 式双耳罐与磨咀子、老城等墓葬同类器物也一致，表明五坝墓地该阶段与河西走廊东部马厂晚期遗存时代相当。另外，与湟水流域属马厂晚期的柳湾墓地晚期、马牌墓地晚期同类器物一致[4]。五坝墓地 A 型 Ⅱ 式彩陶盆与柳湾 Ⅱ 型 3 式彩陶盆（M46：15）一致，五坝墓地 Ⅲ 式杯与柳湾 Ⅰ 型 1 式单耳杯（M1338：9）存在较强一致性，五坝墓地 B 型 Ⅱ 式

[1] 甘肃省博物馆文物工作队、武威地区文物普查队：《永昌鸳鸯池新石器时代墓地的发掘》，《考古》1974 年第 5 期，第 299~308 页；甘肃省博物馆文物工作队、武威地区文物普查队：《甘肃永昌鸳鸯池新石器时代墓地》，《考古学报》1982 年第 2 期，第 199~228 页。

[2] 宁笃学：《古浪县高家滩新石器时代遗址试掘简报》，《考古与文物》1983 年第 3 期，第 5~7 页；武威地区博物馆：《甘肃古浪县老城新石器时代遗址试掘简报》，《考古与文物》1983 年第 3 期，第 1~4 页。

[3] 甘肃省文物考古研究所：《甘肃重要考古发现（2000~2019）》，文物出版社，2020 年。

[4] 青海省文物管理处考古队、中国社会科学院考古研究所：《青海柳湾——乐都柳湾原始社会墓地》，文物出版社，1984 年；青海省文物管理处：《青海民和马牌马厂墓葬发掘简报》，《史前研究》1990~1991 年，第 298~308 页。

双耳罐与柳湾侈口双耳彩陶罐（M281：1、M281：2）在器形和纹饰方面基本一致，均饰回形几何纹，时代应为马厂晚期。五坝墓地 A 型 Ⅱ 式彩陶盆与马牌墓地 Ⅱ 式盆（M5：3）在器形和纹饰方面基本一致，五坝墓地 B 型 Ⅱ 式双耳罐与马牌墓地 Ⅵ 式双耳罐（M36：23）在器形和纹饰方面有一定相似性，时代可能相当，属马厂晚期。

综上，五坝墓地该阶段与河西走廊中东部属马厂晚期的鸳鸯池和老城等墓葬时代一致，亦与湟水中下游地区柳湾晚期和马牌晚期遗存时代相当。

五坝墓地晚期墓葬包括 M4、M14、M26、M27、M33、M36、M38、M41、M46、M47，为西城驿 / 齐家文化时期，其中 M36 为齐家文化墓葬，M38、M47 为西城驿文化和齐家文化遗存共存墓葬，其余为西城驿文化墓葬。判断理由如下：

其一，五坝墓地典型齐家文化墓葬 M36 为竖穴土坑墓，二次扰乱葬，陶器位于脚部附近；西城驿文化和齐家文化器物共存墓葬有 M38 和 M47，其中 M38 为竖穴土坑墓，仰身直肢葬，器物位于头骨附近，M47 为竖穴偏洞室墓，仰身直肢葬，随葬陶器置于墓主头骨、脚骨附近。与河西走廊同时期遗存墓葬形制、葬俗、葬制比较来看，五坝墓地典型齐家文化墓葬与河西走廊典型齐家文化遗址武威海藏、皇娘娘台墓葬一致[1]，竖穴土坑墓，随葬陶器位于脚部附近，同时也与西城驿遗址二期部分墓葬一致，竖穴土坑墓带龛，随葬器物位于龛内。五坝墓地西城驿文化墓葬与潘家庄墓葬也一致[2]，流行竖穴土坑墓，仰身直肢葬，随葬陶器位于头骨和脚骨附近。目前学者认为武威皇娘娘台墓葬属齐家文化中晚期[3]，潘家庄墓葬时代为西城驿文化时期，结合遗存共存墓葬判断，五坝墓地该时期墓葬时代为齐家文化中期或西城驿文化时期。

其二，该时期五坝墓地墓葬器物组合为双耳彩陶罐、带沿双耳罐、无沿双耳罐、直口双耳罐、双耳深腹罐、双耳彩陶壶、双耳彩陶盆、敞口双耳盆、侈口罐、双大耳罐、器盖。与河西走廊同时期墓葬随葬器物组合及典型器物比较来看，五坝墓地典型齐家文化侈口罐（M36：1）与皇娘娘台 Ⅰ 式侈口罐（M67：4）形制一致，与海藏遗址早期侈口罐（T0403⑮：3）一致，腹部通体饰绳纹也一致[4]。五坝墓地典型双大耳罐（M47：3）与皇娘娘台 Ⅰ 式双大耳罐（M38：12）一致，与海藏遗址早期 B 型 Ⅰ 式双大耳罐（T0304⑪：25）一致。五坝墓地 F 型深腹双耳罐与皇娘娘台遗址 Ⅱ 式双耳罐（M37：3）、海藏遗址早期 B 型双耳罐一致。综上，五坝墓地典型齐家文化墓葬与河西走廊东部齐家文化早中期时代相当。另外，五坝墓地 B 型盆与西城驿遗址二期 A 组双

［1］甘肃省博物馆：《武威皇娘娘台遗址第四次发掘》，《考古学报》1978 年第 4 期，第 421~448 页；海藏遗址报告待出版。

［2］西北大学考古专业、甘肃省文物考古研究所、安西县博物馆：《甘肃安西潘家庄遗址调查试掘》，《文物》2003 年第 1 期，第 65~72 页。

［3］任瑞波、陈苇：《关于齐家文化的几个基本问题》，《四川文物》2017 年第 5 期，第 72~82 页。

［4］甘肃省博物馆：《武威皇娘娘台遗址第四次发掘》，《考古学报》1978 年第 4 期，第 421~448 页；海藏遗址报告待出版。

耳盆形制和纹饰一致，与缸缸洼、二道梁、榆树井同类器物形制及纹饰也一致[1]；五坝墓地 B 型Ⅲ式双耳罐与西城驿遗址二期 C 组、皇娘娘台、西土沟、潘家庄双耳彩陶罐形制与纹饰完全相同[2]，表明五坝墓地该阶段墓葬为典型西城驿文化遗存。

综上，五坝墓地该阶段与河西走廊皇娘娘台、海藏齐家中期时代相当，亦与河西走廊西城驿二期早段、潘家庄、缸缸洼、二道梁、西土沟西城驿文化时期遗存时代相当。

由于 M1、M8、M10、M11、M15、M21、M29、M30、M31、M40、M49、M50、M51 无随葬器物出土，M18、M23、M32、M35、M37 仅出土少量随葬品，仅在 M43 填土中发现陶壶 1 件，且为异形器，因此无法断定墓葬年代。

二 墓地各期绝对年代

前面五坝墓地分期与同时期周边地区墓葬比较可知，五坝墓地早期时代为半山晚期，中期为马厂中晚期，晚期为西城驿 / 齐家文化时期。刘歆益采集五坝墓地四座墓葬人骨进行测年，年代校正频率累计显示（所选用的树轮校正曲线为 IntCal 20[3]，所用的校正程序为 OxCal 4.4[4]），五坝墓地年代为 4409BP~3840BP，拟合结果为 4400BP~3800BP。由于文章未确切注明测年墓号，对各期墓葬的年代无法进行准确对应。从测年结果看，五坝墓地绝对年代上限可早到半山类型晚期，下限可晚到西城驿文化中期，这与陶器类型学建立的相对年代相对应。下面我们结合周边地区同时期遗存的绝对年代，进一步认识五坝墓地各期的绝对年代。从测年数据大致推测，五坝墓地半山类型时期墓葬年代为 4400BP~4250BP，马厂类型时期墓葬年代为 4200BP~4000BP，西城驿 / 齐家文化时期墓葬年代为 4000BP~3800BP（表四）。

五坝墓地一期典型器物与河西走廊及周边地区半山类型遗存同类器物比较可知，五坝墓地半山时期遗存与鸳鸯池早期、土谷台早中期等半山遗存时代相当。目前半山类型测年数据非常少，夏鼐先生根据青岗岔的两个测年数据，推定半山类型年代为 2500BC~2300BC[5]，谢端琚先生根据青岗岔、柳湾半山墓葬、师赵村六期遗存测年数据，推定半山类型年代为 2500BC~2300BC[6]。

［1］甘肃省文物考古研究所：《甘肃重要考古发现（2000~2019）》，文物出版社，2020 年；甘肃省文物考古研究所、北京大学考古文博学院、中国国家博物馆综合考古部等：《早期丝绸之路暨早期秦文化国际学术研讨会论文集》，文物出版社，2014 年。

［2］西北大学考古系、甘肃省文物考古研究所、敦煌市博物馆：《甘肃敦煌西土沟遗址调查试掘简报》，《考古与文物》2004 年第 3 期，第 3~7 页；甘肃省文物考古研究所：《甘肃重要考古发现（2000~2019）》，文物出版社，2020 年；甘肃省文物考古研究所、北京大学考古文博学院、中国国家博物馆综合考古部等：《早期丝绸之路暨早期秦文化国际学术研讨会论文集》，文物出版社，2014 年。

［3］Reimer P J, Austin W E N, Bard E, et al., "The IntCal 20 Northern Hemisphere radiocarbon age calibration curve (0–55 cal kBP)," *Radiocarbon*, 2020, 62(4): 725-757.

［4］Bronk Ramsey C O C.v4.4.4. (Online) https://c14.arch.ox.ac.uk/oxcal/OxCal.html, 2021.

［5］夏鼐：《碳–14 测定年代和中国史前考古学》，《考古》1977 年第 4 期，第 217~232 页。

［6］谢端琚：《甘青地区史前考古》，文物出版社，2002 年。

表四　五坝墓地碳 –14 年代表[1]

测年编号	测年材料	方法	¹⁴C 年代	校正年代（Cal.）	
				BP	BC
MW1	人骨骨胶原	AMS	3885 ± 20	4409~4245	2459~2295
MW11	人骨骨胶原	AMS	3740 ± 30	4226~3984	2276~2034
MW12	人骨骨胶原	AMS	3685 ± 30	4145~3910	2195~1960
MW6	人骨骨胶原	AMS	3620 ± 30	4072~3840	2122~1890

五坝墓地测年结果上限可早到 4400BP，与早年认识的半山类型绝对年代有重合，与典型陶器类型学推定的半山晚期相对年代一致。

目前马厂时期遗址系统测年的较少，早年夏鼐先生根据乐都柳湾和蒋家坪测年数据，并结合半山类型与马厂类型相对早晚关系，推定马厂类型年代为 2300BC~2000BC[2]。谢端琚先生根据乐都柳湾马厂时期 6 个、永登蒋家坪 2 个和马家湾遗址 1 个测年数据，校正后推定西部马厂类型年代为 2300BC~2000BC[3]。早年测年数据采用棺木和木炭测年，受到"老木效应"影响，且误差较大[4]，对马厂类型的年代认识可能偏早。近年对部分马厂遗存重新测年，武威磨咀子遗址马厂时期 4 座墓葬人骨测年校正结果为 4294BP~3981BP[5]，红古下海石马厂时期墓葬（M12、M25）测年校正结果为 4138BP~3974BP[6]，进一步证实马厂类型年代为 4300BP~4000BP。杨谊时对河西走廊部分马厂遗址遗存测年并对已有的马厂类型年代数据进行拟合，推定河西走廊马厂类型年代为 4200BP~4000BP[7]。结合五坝墓地的分期，五坝墓地中期为马厂中晚期遗存，因此，五坝墓地马厂时期绝对年代为 4200BP~4000BP，与陶器类型学推定的马厂中晚期年代对应。

---

[1] 此表改自：Liu X Y, Lightfoot E, O'Connell, et al., "From necessity to choice: dietary revolutions in west China in the second millennium BC," *World Archaeology*, 2014, 46(5): 661-680.

[2] 夏鼐：《碳 –14 测定年代和中国史前考古学》，《考古》1977 年第 4 期，第 217~232 页。

[3] 谢端琚：《甘青地区史前考古》，文物出版社，2002 年。

[4] Yang Y S, Zhang S J, Oldknow C, et al., "Refined chronology of prehistoric cultures and its implication for re-evaluating human-environment relations in the Hexi Corridor, northwest China," *Science China Earth Sciences*, 2019, 62(10): 1578-1590; Long T, Wagner M, Tarasov P E, "A Bayesian analysis of radiocarbon dates from prehistoric sites in the Haidai Region, East China, for evaluation of the archaeological chronology," *Journal of Archaeological Science: Reports*, 2017 (12): 81-90.

[5] Liu X Y, Lightfoot E, O'Connell, et al., "From necessity to choice: dietary revolutions in west China in the second millennium BC," *World Archaeology*, 2014, 46(5): 661-680.

[6] 马敏敏：《公元前两千纪河湟及其毗邻地区的食谱变化与农业发展—稳定同位素证据》，兰州大学博士学位论文，2013 年。

[7] 杨谊时、张山佳、Chris Oldknow 等：《河西走廊史前文化年代的完善及其对重新评估人与环境关系的启示》，《中国科学：地球科学》2019 年第 12 期，第 2037~2050 页。

对河西走廊西城驿和齐家文化遗存共存的西城驿遗址二期、缸缸洼遗址晚期、火石梁遗址进行了系统测年，其中西城驿遗址二期遗存测年校正拟合结果为 4000BP~3700BP[1]，火石梁遗址测年校正拟合结果为 3900BP~3700BP，缸缸洼遗址晚期地层测年校正拟合结果为 3900BP~3700BP[2]。上述遗址测年结果表明，河西走廊齐家文化和西城驿文化共存遗址的年代为 4000BP~3700BP，进一步表明五坝墓地三期西城驿和齐家文化共存的墓葬年代为 4000BP~3700BP 合适。对河西走廊齐家文化皇娘娘台遗址剖面进行了系统测年，测年结果校正年代为 4075BP~3641BP[3]，对海藏遗址剖面也进行了系统测年，测年结果校正为 3900BP~3600BP[4]，与五坝墓地齐家文化时期墓葬年代重合，绝对年代应该相当。对邻近青海东北部齐家文化喇家遗址和金禅口遗址进行了系统测年，金禅口 10 个当年生炭化麦类和粟、黍测年结果校正拟合年代为 4100BP~3800BP[5]；对喇家遗址不同区域进行了测年，各区域测年结果有差别，张雪莲对喇家遗址测年结果拟合显示，其年代主要集中在 2300BC~1900BC，喇家遗址 F3、F4 人骨测年结果显示年代为 1950BC~1885BC[6]，说明遗址地层中木炭测年受"老木效应"的影响，可能偏老，近年围绕喇家地震、洪水等的研究课题对人骨和动物骨骼进行了大规模测年，测年结果为 1900BC~1800BC[7]，综合判断喇家遗址绝对年代为 4100BP~3700BP。五坝墓地齐家文化遗存年代与青海省东北部典型齐家文化遗存年代重合。结合齐家文化分期，五坝墓地齐家文化遗存为齐家文化中期，绝对年代为 4000BP~3700BP 较合适。

第三节　墓地布局

五坝墓地未经大面积揭露发掘，发掘区沿居民居住区内的东西向道路呈带状分布。受限于发

[1] 甘肃省文物考古研究所、北京科技大学冶金与材料史研究所、中国社会科学院考古研究所等：《甘肃张掖市西城驿遗址》，《考古》2014 年第 7 期，第 3~17 页；中国社会科学院考古研究所考古科技实验研究中心碳十四实验室、中国科学院地球环境研究所西安加速器质谱中心：《放射性碳素测定年代报告（四一）》，《考古》2015 年第 7 期，第 107~109 页。
[2] Ren L L, Yang Y S, Qiu M H,et al., "Direct dating of the earliest domesticated cattle and caprines in northwestern China reveals the history of pastoralism in the Gansu-Qinghai region," *Journal of Archaeological Science*, 2022, DOI: 10.1016/j.jas.2022.105627; Qiu M H, Li H R, Lu M X, et al., "Diversification in Feeding Pattern of Livestock in Early Bronze Age Northwestern China," *Frontiers in Ecology and Evolution*, 2022, DOI: 10.3389/fevo.2022.908131.
[3] Zhou X Y, Li X Q, Dodson J, et al., "Land degradation during the Bronze Age in Hexi Corridor (Gansu, China)," *Quaternary International*, 2012, 254 (1): 42-48.
[4] 海藏遗址报告待出版。
[5] 杨颖：《河湟地区金禅口和李家坪齐家文化遗址植物大遗存分析》，兰州大学硕士学位论文，2014 年。
[6] 张雪莲、叶茂林、仇士华：《民和喇家遗址碳十四测年及初步分析》，《考古》2014 年第 11 期，第 91~104 页。
[7] 董广辉、张帆宇、刘峰文等：《喇家遗址史前灾害与黄河大洪水无关》，《中国科学：地球科学》2018 年第 4 期，第 467~475 页。

掘面积和空间，各期墓葬发现不多，特别是早期墓葬仅发现一座，对墓地整体布局的认识有较大的局限性。下面根据上面已有的分期结果并结合周边同时期墓地的布局，简要探讨五坝墓地的布局结构和埋葬过程。

所谓墓地布局，是指墓地内各时期墓葬的分布规律。如果一个墓地的形成遵循一定的埋葬规划的话，我们则可以通过对各时期墓葬间相互关系的分析予以确认。一个墓地的形成，有两个必要条件：一定的时间和一定的人群，即一群有着内在联系的人群在一段延续的时间内，将其死亡者埋葬在一定的区域内，从而留下了一个墓地。至于墓地中的某一位死者为什么埋在此处而非其他位置，则是由该死者死亡的时间及其在人群中的关系决定的，即死亡时间和社会关系决定了墓地的布局。我们面对的是已经形成了相当长时间的一片墓地，要了解其布局，需要确认的是某一位死者的死亡时间处于该墓地形成过程中的哪一阶段，以及与其他死者之间的相互关系。

五坝墓地 53 座墓葬可分为竖穴土坑墓和竖穴偏洞室墓。竖穴土坑墓 46 座，除去葬式不明者 4 座、扰乱葬 9 座，葬式明确的墓葬均为单人葬，仰身直肢葬占绝大多数，少量俯身葬、侧身葬，流行于中晚期。竖穴偏洞室墓 7 座，包括单人葬、双人葬和三人葬，均为仰身直肢葬。另外，竖穴土坑墓中带龛的有 6 座，均为仰身直肢葬，见于中晚期，中期早段数量较少，中期晚段数量增多，较流行，晚期数量减少。因此，竖穴土坑墓与竖穴土坑带龛墓在中晚期均有发现，竖穴偏洞室墓各期均有。

从墓向明确的墓葬判断，早期仅 1 座墓葬，东—西向，头向东。中期早段 7 座墓葬，其中 M3 与 M28 为西北—东南向，头向东南，其余均为东—西向，头向东，西北—东南向与东—西向角度相差不大，总体上还是同一趋势。中期晚段 16 座墓葬，仅 M19 南—北向，头向南，其余均为东—西向，仅 M2 头向西。晚期 10 座墓葬，M14、M26、M38、M47 为南—北向，头向南，其余为东—西向，头向东。总的来说，早、中期墓葬有东西向埋葬的大趋势，头向东，晚期发生变化，出现部分南—北向墓葬，头向南（图六八）。

参照前述墓地的分期，可以看到其时间布局特点。早期半山类型时期墓葬数量少，仅 1 座，分布于 TG5 东南部。中期早段马厂中期墓葬数量开始增加，TG1 西南角有 1 座，TG2 西部和 TG3 东部各有 1 座，集中分布于 TG4 西部和 TG5 东南部。中期晚段马厂晚期墓葬数量大幅增多，TG1 中部与西南角各有 1 座，TG2 西半部有 2 座，TG4 西端有 2 座，TG5 东部有 1 座，集中分布并遍及整个 TG3。晚期西城驿/齐家文化墓葬数量减少，TG1 东端和中南部各 1 座，TG2 未见该时期墓葬，TG3 中北部和西南部各 1 座，集中分布于 TG4 和 TG5 南部，其中 TG4、TG5 各 3 座。从总体趋势上看，从早到晚在数量上有一个由少及多，进而减少的变化过程，在分布上有一个由西向东，进而向西的渐移过程，虽有部分墓葬因无随葬品等原因未纳入分期，但总体趋势大体不变。

结合周边地区同时期墓地布局来看，乐都柳湾墓地经历了不同文化发展阶段，不同文化类型的墓葬有主要的分布区域，基本不混杂在一起。与五坝墓地邻近且时代相当的鸳鸯池墓地，墓葬大都东南向，且只有两组打破关系，说明鸳鸯池墓地经历了长时间的埋葬过程且规划有序。五坝

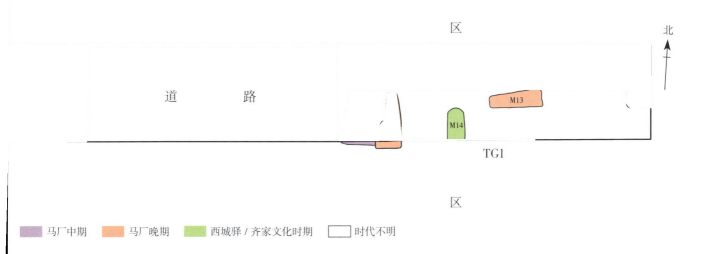

区

北

道　　　路

M13

M14

TG1

区

马厂中期　　　马厂晚期　　　西城驿 / 齐家文化时期　　□时代不明

墓地邻近且时代稍晚的东灰山墓地，绝大部分墓葬方向一致，说明该墓地埋葬过程遵循一定的布局规律。就五坝墓地而言，从 13 组打破关系及各期段混杂分布的现象来看，墓地历时较长。从各期墓向及分布情况来看，中期晚段马厂晚期墓葬方向基本一致，TG3 集中分布该时期墓葬 9 座，除 M2 向西、M19 向南外，其余东—西向墓葬为 84°~93°，说明该时期墓葬分布经过规划，同时期墓葬方向有共性，表明各时期墓葬分布应都经过规划。从各时期墓葬分布看，各时期从早到晚经历了由西向东，进而向西的渐移过程，从这个层面看，各期墓葬应该有一定的分布范围和埋葬规律。从各期墓葬形制、葬式、葬俗来看，五坝墓地流行竖穴土坑墓，各期都存在少量竖穴偏洞室墓，主要流行单人仰身直肢葬，个别俯身、侧身、扰乱葬，少量合葬墓，同时出土器物组合和演变有延续性，说明不同时期墓葬之间人群有密切的关系。

参照前述墓地的分期，可以看到其空间布局特点。五坝墓地有竖穴土坑墓和竖穴偏洞室墓两大类，均未见葬具痕迹，竖穴土坑墓仅有龛的差异，其中带龛的有 6 座墓葬，均为仰身直肢葬，仅 M24 未见人骨，无法确定葬式，分布于 TG1、TG2、TG3，见于墓地的中、晚期，中期早段可能开始出现，中期晚段数量增多，晚期数量减少，即带龛竖穴土坑墓出现并流行于马厂时期，西城驿 / 齐家时期衰落。竖穴偏洞室墓偏室的方向有北、南、西几种情况。

五坝墓地绝大多数竖穴土坑墓分布于东部的 TG1、TG2、TG3，竖穴偏洞室墓分布于西部的 TG4、TG5，在葬式方面同样也有差异，东部的 TG1、TG2、TG3 葬式多样，为单人葬，其单人仰身直肢葬占绝大多数，还存在少量的扰乱葬、俯身葬和侧身葬。西部的 TG4、TG5 因偏洞室墓的出现，墓室空间扩大，合葬形式也相伴出现，有单人葬、双人合葬和三人合葬的形式。在头向方面，东部的 TG1、TG2、TG3 东—西向墓葬占绝大多数，头向东，极个别南—北向墓葬，头向南，仅 M2 一座头向西。西部的 TG4、TG5 南—北向墓葬较东部的 TG1、TG2、TG3 数量多，头向南，东—西向墓葬数量少，头向东。从随葬品方面来看，西部的 TG4、TG5 随葬品数量略多于东部的 TG1、TG2、TG3，但随葬品数量总体相差不大，都主要随葬陶器、骨器、石器等。

东部的 TG1、TG2、TG3 东部主要为马厂时期墓葬，西部的 TG3 西部、TG4、TG5 主要为西城驿 / 齐家文化墓葬，可将该墓地分为东、西两区。从时间延续性上来说，西区从半山类型延续至西城驿 / 齐家文化时期，西城驿 / 齐家文化墓葬主要集中在西区，东区从马厂中期早段延续至西城驿 / 齐家文化时期，且马厂晚期墓葬主要集中在东区。总之，从墓地整体空间布局可以明显地看出东西两区墓葬既有区别，同时又有着密切的联系，而这些差异和联系主要是由时间上的阶段性和连续性造成的，即主要体现了时间布局的特点。

以上仅是从时间布局和空间布局的角度对五坝墓地的分布规律试作探讨，同时也应考虑到，该墓地存在总体范围不清，发掘面积又极为有限，未能完全揭露，各时期墓葬数量差异较大，部分墓葬形制不完整且无法纳入分期等问题，对墓地整体空间分布规律的认识还存在较大的局限性。

第五章　相关问题讨论

本章通过五坝墓地出土典型器物及分期结果与周边区域同时期墓地进行比较研究，以观察五坝墓地在河西走廊乃至整个甘青宁地区史前考古学文化中所具有的文化属性和时代特征。然后结合相关科技检测结果和周边区域同时期已有的相关研究成果，探讨不同文化发展阶段的技术与生业。最后结合相关墓地文化特征探讨不同地区文化之间的交流与互动。

第一节　墓地文化归属与特征

前面的第二、四章对五坝墓地的墓葬形制、器物类型及组合进行分析，并依据地层关系和典型器物的演变特征进行了分期研究，对该墓地的分期和时代有了准确的认识。作为一个墓地，要认识其在区域范围内整体的考古学文化特征与属性，需要与周边区域相关墓地进行比较研究。下面通过五坝墓地与河西走廊及其周边同时期遗址对比分析，观察五坝墓地不同文化发展阶段在河西走廊乃至甘青地区史前考古学文化中所具有的文化属性和时代特征。

一　半山类型

目前考古发现和研究表明，半山类型集中分布于兰州附近—洮河中下游—湟水下游，西至青海同德，东界止于六盘山下的宁夏南部和天水，北界到黄河沿线的白银地区，南下渭源、陇西。五坝墓地的发现将半山类型的分布西北界从河西地区的永昌推进至民乐一线。根据目前的分期研究成果，李水城和张弛将其分为五期，一期尚见马家窑类型小坪子组遗风，五期已开马厂类型先河[1]。下面从墓地整体特征和典型器物与周边地区对比研究，认识五坝墓地半山遗存的文化特征。

---

[1] 李水城：《半山与马厂彩陶研究》，北京大学出版社，1998年；张弛：《半山式文化遗存分析》，《考古学研究（二）》，北京大学出版社，1994年，第33~77页。

（一）与河西走廊半山遗存比较

河西走廊半山遗存是以兰州为中心的甘肃中部和青海东部半山遗存不断向西扩展的产物。目前河西走廊半山类型遗存分布较少，主要分布在河西走廊中东部。河西地区的半山类型遗物以出自墓葬为主。经正式发掘的有永昌鸳鸯池和民乐五坝墓地，零星发现于武威古浪朵家梁、半截墩滩、塔儿湾等遗址。

鸳鸯池墓地于1973、1974年先后进行了两次发掘，共清理墓葬189座。发掘者将墓地分为三期，早期属半山类型晚期，中、晚期属马厂类型中期和晚期，早期半山墓葬共17座[1]。不同学者对半山类型分期认识不一[2]。

鸳鸯池半山时期墓葬为竖穴土坑墓，平面呈圆角长方形，墓室空间狭小，仅能容一人，单人葬居多，合葬墓少，仰身直肢葬。随葬品的数量、种类一般都较少，有陶器、骨器、角器、石器等遗存，以陶器为主，组合以单耳彩陶瓶和双耳彩陶罐居多，个别墓葬随葬素面陶单耳杯和彩陶盆，红黑复彩，饰锯齿纹，锯齿纹变得更加细密，有的甚至简化为短线纹。以M72为例，典型器物组合包括单耳彩陶壶、彩陶罐和夹砂双耳罐等，还随葬有骨器与骨饰品、石器与石饰品及角器，陶器置于墓主头骨附近、下肢骨旁侧，骨器、角器、石器置于墓主头骨附近，骨臂饰置于墓主腕骨附近，绿松石饰、骨串饰置于墓主颈肩部附近。

五坝墓地早期与鸳鸯池墓地半山墓葬比较来看，墓葬形制方面有差别，五坝墓地M44为偏洞室墓，鸳鸯池为竖穴土坑墓。葬俗、葬制方面，两者具有一致性，都流行仰身直肢葬，随葬品组合、位置基本一致，略有差别的是，五坝墓地为成人与儿童双人合葬，鸳鸯池为成人单人葬。典型器物方面，五坝A型彩陶壶与鸳鸯池I式彩陶瓶在器形与纹饰上存在一致性，腹部均饰网格纹、菱格纹；五坝A型双耳罐与鸳鸯池I式双耳彩陶罐器形与纹饰一致，腹部饰四组连续网格大旋涡纹，连接红黑宽带的锯齿纹也都有退化为短线纹的趋势；五坝C型双耳罐与鸳鸯池I式红陶小罐形制一致，口沿外均有錾。

五坝墓地与河西走廊东部零星发现的半山典型器物比较来看，五坝墓地A型双耳罐与半截墩滩采集双耳彩陶罐器形相似，与朵家梁采集的腹耳彩陶瓮纹饰相似。但五坝墓地不见走廊东部的大型彩陶瓮，该类瓮多见于兰州、湟水下游地区半山晚期墓葬，表明五坝墓地可能略晚于走廊东部朵家梁遗址。

[1] 甘肃省博物馆文物工作队、武威地区文物普查队：《永昌鸳鸯池新石器时代墓地的发掘》，《考古》1974年第5期，第299~308页；甘肃省博物馆文物工作队、武威地区文物普查队：《甘肃永昌鸳鸯池新石器时代墓地》，《考古学报》1982年第2期，第199~228页。

[2] 李水城：《半山与马厂彩陶研究》，北京大学出版社，1998年；张弛：《半山式文化遗存分析》，《考古学研究（二）》，北京大学出版社，1994年，第33~77页；李伊萍：《半山、马厂文化研究》，《考古学文化论集（三）》，文物出版社，1993年，第32~67页；任瑞波：《西北地区彩陶文化研究》，吉林大学博士学位论文，2016年。

综上，五坝墓地半山时期墓葬与鸳鸯池早期墓葬时代相当，与半截墩滩采集器物时代也大体一致，略晚于走廊东部武威朵家梁半山时期遗存，河西走廊地区半山时期遗存都应属半山晚期遗存。

（二）与甘肃中部半山遗存比较

甘肃中部是半山类型分布的核心区域之一，也是半山类型发展序列最为完备的区域。目前大规模发掘的半山类型遗存有土谷台、青岗岔、花寨子、地巴坪、边家林、张家台等，另外焦家庄、十里店征集有半山类型陶器。目前研究显示，花寨子、边家林为半山早期遗存，地巴坪、青岗岔、张家台为半山中期遗存，土谷台、焦家庄为半山晚期遗存。早期流行竖穴土坑墓，多为二次葬、扰乱葬，部分为屈肢葬，出土陶器组合主要为壶、瓶、盆、罐、瓮类。中期流行竖穴土坑墓，个别石棺葬，单人仰身直肢葬和屈肢葬，出土陶器组合主要为壶、瓮、罐、瓶、盆、钵等，其中壶最常见。与五坝墓地比较来看，五坝墓地早期半山类型竖穴偏洞室墓 M44 在上述半山早中期墓地不见，随葬品组合具有相似性，但五坝墓地不见小口长颈瓶、大口矮领瓮、高低耳罐、盆等上述墓地典型半山早中期器物。五坝墓地 A 型双耳罐（M44：14）与上述墓地矮领瓮器形相似，但该器半山类型典型锯齿纹有退化为短线纹的趋势，纹饰明显偏晚；五坝墓地 A 型壶与上述墓地器形相似，但不见典型红黑复彩锯齿纹，纹饰明显偏晚。因此，五坝墓地明显晚于上述半山类型早中期遗存。

下面通过土谷台、焦家庄半山晚期墓葬与五坝半山墓葬进行对比研究，进一步认识五坝墓地半山遗存的文化特征。

土谷台墓地于 1977、1978 年先后进行过两次发掘，共清理半山、马厂墓葬 84 座[1]。墓葬形制有土洞墓、土坑墓和木棺墓三种，葬式以侧身屈肢为主，其次为二次葬和瓮棺葬，包括成人墓、儿童墓和合葬墓。共出土随葬陶器 574 件，彩陶占陶器总量的 56%。陶器组合有壶、瓮、罐、瓶、钵、盆、杯、盂等。发掘者根据地层关系、器形、花纹变化和墓葬的空间分布将墓地分作三期，早期属半山类型，中期属半山类型向马厂类型过渡，这一阶段半山、马厂陶器往往共存于一墓，晚期属马厂类型。土谷台早中期墓葬主要为土洞墓，屈肢葬。

从葬俗、葬制比较来看，五坝半山时期墓葬与土谷台早中期墓葬形制相差较大，两者洞室墓可能存在联系。从葬式比较来看，五坝半山墓葬为仰身直肢葬，与土谷台早中期墓葬侧身屈肢葬和二次葬有别，两者合葬墓均为成人与儿童，具有相似性。从器物组合来看，彩陶均占比较大，腹耳彩陶罐、双耳彩陶罐、双耳素面罐等器物两者均有，但土谷台墓地的高低耳罐、盆、瓮等在五坝半山墓葬不见。从典型器物比较来看，五坝墓地 A 型双耳罐与土谷台墓地早期 I 式瓮器形和纹饰相似，如五坝墓地 M44：14 与土谷台 M26：6 均为双腹耳，颈部的 "<" 纹、腹部的旋涡纹及口沿内的锯齿纹、带纹和垂弧纹的组合纹饰相似，仅 M26：6 下腹有垂弧纹等微小的差别；五坝

---

[1] 甘肃省博物馆、兰州市文化馆：《兰州土谷台半山—马厂文化墓地》，《考古学报》1983 年第 2 期，第 191~222 页。

墓地 A 型壶与土谷台墓地早期Ⅲ式壶形制相似，肩腹部饰网格纹也相似。综上，五坝半山墓葬与土谷台早期年代大体相当，个别器物可晚到土谷台中期。

　　焦家庄、十里店墓地在 1976 年平山造田与植树造林时相继被发现，征集到半山类型陶器 35 件[1]。从典型器物比较来看，五坝墓地 A 型双耳罐与焦家庄Ⅰ式双腹耳彩陶罐在器形和部分纹饰方面基本一致，但焦家庄该类器物腹部不见旋涡纹；五坝 A 型壶与焦家庄Ⅰ式壶器形相似，颈部网格纹一致，肩腹部纹饰差别明显，五坝为黑彩菱格纹和网格纹，而焦家庄为典型半山时期红黑复彩锯齿纹带；与十里店Ⅰ式壶器形和纹饰基本一致，颈部和腹部均饰网格纹。综上，五坝半山墓葬与焦家庄、十里店征集器物时代相当或略晚。

　　综上所述，五坝墓地与甘肃中部半山遗存从墓葬形制、葬俗、葬制和随葬器物等多方面特征相比较，五坝墓地与土谷台早中期时代相当，更接近于土谷台中期遗存，与焦家庄采集器物时代相当或略晚，时代均属半山晚期。

（三）与青海东部半山遗存比较

　　青海东部湟水下游是半山类型分布的核心区域之一，同甘肃中部一样，是半山类型发展序列最为完备的地区。目前经大规模发掘的半山类型遗存有柳湾、苏呼撒、西滩一号墓、宗日、朱家寨等，半山早期遗存见于柳湾、宗日，半山中期遗存见于柳湾、苏呼撒、西滩一号墓，半山晚期遗存见于柳湾、朱家寨、阳山等。下面重点通过柳湾半山墓葬与五坝半山墓葬比较，进一步认识五坝墓地半山墓葬的文化特征。

　　柳湾墓地于 1974~1978 年进行过四个年度的发掘，共发掘墓葬 1500 座，其中半山类型墓葬 257 座[2]。墓葬形制均为竖穴土坑墓，平面呈圆角长方形，普遍使用木质葬具。葬式分单人葬、合葬两种，单人葬以二次葬比例最高，次为仰身直肢葬、侧身直肢葬。共出土陶器 266 件，彩陶约占陶器总量的三分之二。发掘者将该墓地半山遗存分为早晚两期，早期以 M599 为代表，陶器组合多为壶、盆、钵，彩陶花纹以黑色单彩较常见。晚期以 M596 为代表，除壶、盆、钵外，新增单耳罐、双耳罐等，花纹主要以黑红复彩相间的锯齿纹为主。

　　五坝半山墓葬与柳湾半山墓葬比较来看，墓葬形制方面，两者差别较大，柳湾均为竖穴土坑墓，五坝墓地为偏洞室墓。葬式方面，两者在仰身直肢葬和合葬方面有一定的相似性。随葬品方面，两者都随葬有陶器、石器、骨器和串珠饰，陶器组合中，五坝不见柳湾常见的小口长颈壶。器物随葬位置方面，五坝半山墓葬陶器均置于墓主头骨附近，骨器置于下肢骨旁侧和头骨附近，骨臂饰套于墓主尺骨和桡骨上，串珠饰置于墓主颈部、肱骨附近，柳湾半山墓葬陶器多置于墓主头部、

---

[1] 甘肃省博物馆文物工作队：《甘肃兰州焦家庄和十里店的半山陶器》，《考古》1980 年第 1 期，第 7~10 页。

[2] 青海省文物管理处考古队、中国社会科学院考古研究所：《青海柳湾——乐都柳湾原始社会墓地》，文物出版社，1984 年。

脚部附近，还有少量置于墓底一端的小坑内，石器置于墓主腰部或手臂处，串珠与绿松石饰等装饰品多置于墓主颈部或胸前，少数置于腰部，石臂饰套于手臂上，两者基本一致。典型陶器方面，五坝 A 型双耳罐与柳湾 I 型彩陶罐器形相似，旋涡纹与锯齿纹一致，但五坝该型器锯齿纹已退化为短线纹；五坝 A 型壶与柳湾 I 型单耳壶（M528：3）形制相似，纹饰有差别，柳湾为红黑复彩锯齿条带纹。因此，五坝半山墓葬与柳湾半山晚期墓葬年代大体相当或略晚。

综上所述，五坝半山墓葬与青海柳湾半山墓葬在葬俗、葬制和随葬器物等多方面具有相似性，但河西走廊半山遗存有一定的地方特征，与甘肃中部和青海东部核心区存在一定差异。五坝半山墓葬与柳湾半山晚期墓葬时代大体相当或略晚，属半山晚期遗存。

（四）与甘肃东部、宁夏南部半山遗存比较

1985~1988 年，宁夏文物考古研究所和中国历史博物馆考古部联合对宁夏海原菜园遗址群进行发掘，发掘者将该类遗存命名为"菜园文化"[1]。半山遗存在宁夏海原一带的发现表明其影响北界已扩张至宁夏南部。宁夏海原菜园遗址群中发现半山遗存的包括切刀把、瓦罐嘴墓地和林子梁遗址。下面通过五坝墓地半山墓葬与切刀把、瓦罐嘴墓地在墓葬形制、葬俗、葬制和典型器物方面的比较研究，进一步认识五坝墓地半山墓葬的文化特征。

切刀把墓地与五坝半山墓葬比较来看，墓葬形制方面，切刀把墓地竖穴侧龛墓与五坝半山竖穴偏洞室墓可能有联系。葬式方面，切刀把多为侧身屈肢葬，五坝为仰身直肢。随葬品方面，切刀把墓地竖穴土坑墓陶器或集中置于墓主头端、脚端，或排列于墓主腹部两侧，或置于墓主身体旁侧，竖穴侧龛墓陶器集中置于墓穴内，五坝半山墓葬陶器置于头部附近。切刀把墓地彩陶数量极少，有盆、双耳瓮、双耳壶、单耳壶和双耳罐，黑彩为主，次为红黑复彩，与五坝半山墓葬彩陶相似。典型器物方面，切刀把 B 型 I 式双耳彩陶罐与五坝 A 型罐器形相似，纹饰差别较大，切刀把不见半山类型典型的锯齿纹；切刀把墓地单耳彩陶壶与五坝 A 型壶形制和纹饰相似。

瓦罐嘴墓地与五坝半山墓葬比较来看，墓葬形制方面，两者差别较大。葬式方面，二者差别也较大。随葬品方面，瓦罐嘴墓地陶器多置于头部、脚部附近及靠近墓道口的身体一侧和墓道口，置于头部附近这一点与五坝半山墓葬相似。器物方面，瓦罐嘴墓地器物组合为小口罐、单耳罐、双耳罐、双耳壶、小口高颈瓮、大口瓮、单耳小罐等，彩陶少见，五坝仅见罐、壶、杯。典型器物方面，瓦罐嘴墓地 A 型 II 式双耳彩陶罐与五坝 A 型双耳罐器形相似，纹饰差别较大，不见半山类型典型的锯齿纹。

综上，五坝墓地半山墓葬与切刀把、瓦罐嘴墓地代表的宁夏海原菜园遗址群在墓葬形制、葬俗、葬制和随葬器物组合方面差别较大，典型彩陶器形具有一定的相似性，因此，二者时代相当，

[1] 宁夏文物考古研究所、中国历史博物馆考古部：《宁夏菜园——新石器时代遗址、墓葬发掘报告》，科学出版社，2003 年。

为半山晚期遗存。

通过五坝墓地与甘青宁不同地区半山类型遗存和典型器物的比较，五坝墓地半山墓葬与河西走廊鸳鸯池早期墓葬及走廊东部武威地区半山遗存时代相当，与甘肃中部兰州附近土谷台早中期和焦家庄、十里店采集器物时代也相近，与湟水下游柳湾半山晚期墓葬时代相当或略晚，与切刀把、瓦罐嘴墓地代表的宁夏海原菜园遗址群菜园文化较早时期时代大体相当。总之，以鸳鸯池早期墓葬和五坝早期墓葬为代表的河西走廊半山晚期遗存整体晚于以兰州—湟水下游为代表的半山早中期遗存，与半山晚期或半山向马厂过渡时期遗存时代相当，应该是东部半山类型不断西渐的结果。

二　马厂类型

目前考古发现和研究表明，马厂类型分布的中心区在兰州—湟水中下游—大通河一带。向东止于渭河上游，向南到达洮河、大夏河流域，向北影响到六盘山附近的宁夏南部和北部黄河沿线的白银地区，向西进抵走廊西端的酒泉地区。李水城将马厂类型分为四期[1]。早期以阳山、土谷台、柳湾、朱家寨遗址为代表，保留了半山晚期的传统，部分器形和纹样与半山晚期接近。中期以柳湾、土谷台、蒋家坪、白道沟坪、马家湾、磨咀子、鸳鸯池为代表，马厂自身特征形成。晚期以柳湾、鸳鸯池、马牌、下海石、老城、高家滩为代表。末期在兰州湟水下游地区不多见，仅柳湾、下海石有发现，主要分布于河西走廊地区，以缸缸洼、西城驿一期、西河滩为代表。

下面从整体特征和典型器物方面将五坝墓地中期遗存与周边地区进行比较研究，以更清晰地认识五坝墓地马厂类型遗存的文化特征。

（一）与河西走廊马厂遗存比较

河西走廊马厂类型是以兰州附近—湟水中下游为中心的马厂类型遗存不断"西渐"的产物，且马厂类型中晚期在河西走廊有了空前的发展，分布广泛。目前河西走廊马厂遗存，经正式发掘的有鸳鸯池、磨咀子、老城和高家滩，调查发现有干骨崖、照壁滩、高苜蓿地、四坝滩、缸缸洼、砖沙窝、三个锅庄滩等多处遗址。下面将五坝马厂时期墓葬与鸳鸯池马厂中晚期墓葬及河西走廊部分调查遗物进行对比，进一步认识五坝墓地马厂遗存的文化特征。

鸳鸯池墓地共清理墓葬189座[2]。发掘者将鸳鸯池墓地分为早、中、晚三期，中、晚期为马厂类型遗存。目前学者关于鸳鸯池马厂时期墓葬分期争议较大[3]。五坝墓地中期早段与鸳鸯池

[1] 李水城：《半山与马厂彩陶研究》，北京大学出版社，1998年。

[2] 甘肃省博物馆文物工作队、武威地区文物普查队：《永昌鸳鸯池新石器时代墓地的发掘》，《考古》1974年第5期，第299~308页；甘肃省博物馆文物工作队、武威地区文物普查队：《甘肃永昌鸳鸯池新石器时代墓地》，《考古学报》1982年第2期，第199~228页。

[3] 李水城：《半山与马厂彩陶研究》，北京大学出版社，1998年；李伊萍：《半山、马厂文化研究》，《考古学文化论集（三）》，文物出版社，1993年，第32~67页；任瑞波：《西北地区彩陶文化研究》，吉林大学博士学位论文，2016年。

早、中期墓葬比较来看，墓葬形制方面，鸳鸯池马厂早期墓葬为竖穴土坑墓，平面呈圆角长方形，与五坝中期早段墓葬竖穴土坑墓一致，略有不同的是五坝该期继承了早期的竖穴偏洞室墓，且部分竖穴土坑墓有龛，用于放置随葬品。葬式方面，鸳鸯池流行单人及双人、多人合葬，仰身直肢葬，个别为二次葬，与五坝马厂早段一致。随葬器物及位置方面，鸳鸯池随葬陶器、骨器和串珠饰等，陶器组合有彩陶壶、双耳彩陶罐、彩陶杯、小罐等，五坝随葬陶器、骨器、石器和串珠饰等，两者有较强的一致性，略有差别的是，五坝该时期不见鸳鸯池流行的小口壶、瓶；鸳鸯池陶器置于墓主头骨附近和下肢骨旁侧，骨器置于墓主头骨附近，骨臂饰置于墓主腕部，串珠饰置于墓主颈部附近，与五坝有较强的一致性。典型器物方面，鸳鸯池早期Ⅰ式罐（M64）与五坝A型双耳罐形制和红黑复彩一致，纹饰略有差别；鸳鸯池中期Ⅱ式彩陶罐（M132）与五坝B型Ⅰ式彩陶罐器形和纹饰一致；鸳鸯池中期Ⅱ式彩陶盆（M29）与五坝A型Ⅰ式彩陶盆器形和纹饰完全一致。综上，五坝墓地中期早段与鸳鸯池墓地中期时代相当，个别器物可早到鸳鸯池墓地早期。

五坝墓地中期晚段与鸳鸯池中、晚期墓葬比较来看，葬俗、葬制方面，鸳鸯池马厂晚期与其早、中期一脉相承，墓葬形制、葬式、随葬器物组合及位置一致，与五坝墓地中期晚段在葬俗葬制以及随葬陶器组合方面具有较强的一致性，差别主要表现在五坝该时期仍存在竖穴偏洞室墓、部分竖穴土坑墓有龛，鸳鸯池上肢扰乱葬的葬俗特征在五坝不见。典型器物方面，五坝B型Ⅱ式双耳罐（M17：2）与鸳鸯池中期Ⅳ式双耳彩陶罐（M92：1）、五坝B型Ⅱ式双耳罐（M34：3）与鸳鸯池中期Ⅲ式双耳彩陶罐（M141）、五坝B型Ⅱ式双耳罐（M16：1）与鸳鸯池中期Ⅲ式双耳彩陶罐（M37：1）器形与纹饰完全一致；五坝Ⅱ式单耳彩陶杯（M53：4）与鸳鸯池中期Ⅱ式彩陶杯（M147）器形一致；五坝B型单耳罐（M34：4）与鸳鸯池中期Ⅲ式彩陶罐（M99）纹饰与人面鋬彩绘都有相似性；五坝Ⅲ式杯（M5：2）与鸳鸯池中晚期Ⅲ式彩陶杯（M15、M25：5、M44：4）形制与纹饰一致；五坝B型壶（M17：1）与鸳鸯池中期彩陶小壶（M171：1）形制与纹饰一致；五坝D型Ⅱ式双耳罐（M24：1）与鸳鸯池中期Ⅱ式罐（M44：5）形制与纹饰一致。综上，五坝墓地中期晚段与鸳鸯池晚期墓葬时代相当，部分器物可早到鸳鸯池中期。

五坝墓地典型器物与河西走廊东部的磨咀子、老城墓葬和高家滩遗址出土同类器物也一致[1]，其中五坝B型Ⅱ式双耳彩陶罐与老城彩陶罐（M1：1）纹饰一致；五坝Ⅲ式杯（M5：2）与老城采集单把彩陶杯（86GL-002）形制和纹饰一致，同时与高家滩遗址彩陶杯（H4：4）、磨咀子彩陶杯（M78：1）也一致；五坝C型、D型Ⅱ式双耳罐与磨咀子和老城等墓地同类器物也一致。河西走廊天祝小沟、古浪老城、丰泉村砖厂、周家山遗址，永昌下安门遗址，高台直沟沿遗址等都发现马厂文化遗存[2]。永昌下安门遗址也见到与五坝Ⅲ式杯相似器物。五坝B型Ⅱ式双耳彩

[1] 甘肃省文物考古研究所：《甘肃重要考古发现（2000~2019）》，文物出版社，2020年；武威地区博物馆：《甘肃古浪县老城新石器时代遗址试掘简报》，《考古与文物》1983年第3期，第1~4页；宁笃学：《古浪县高家滩新石器时代遗址试掘简报》，《考古与文物》1983年第3期，第5~7页。

[2] 甘肃省文物考古研究所、北京大学考古文博学院：《河西走廊史前考古调查报告》，文物出版社，2011年。

陶罐（M19：2）与高台直沟沿遗址双耳彩陶罐（GZ–01）形制和纹饰一致。

综上所述，通过五坝墓地中期马厂墓葬与鸳鸯池及河西走廊相关遗址所见马厂遗存在墓葬形制、葬俗、葬制和随葬器物等多方面特征的比较，五坝墓地中期早段与鸳鸯池墓地中期时代相当，个别器物可早到鸳鸯池早期，为马厂中期遗存。五坝墓地中期晚段与鸳鸯池墓地晚期、古浪老城、高家滩及河西走廊调查发现马厂遗存的部分遗址时代相当，为马厂晚期遗存。

（二）与兰州附近马厂遗存比较

甘青交界的兰州附近是马厂类型分布的中心区。目前兰州附近经正式发掘的马厂类型遗存见于白道沟坪、土谷台、蒋家坪、下海石等，乐山坪、长阳洼、团庄等地也发现有马厂类型遗存。下面通过五坝墓地中期遗存与白道沟坪、土谷台、蒋家坪、下海石等墓地及出土典型陶器进行对比研究，进一步认识五坝墓地马厂类型遗存的文化特征。

甘肃省文物管理委员会于 1955 年在白道沟坪遗址发掘了马厂时期墓葬 60 余座[1]。现将白道沟坪西部的刘家坪公布的几座墓葬与五坝墓地中期墓葬进行对比。从墓葬形制比较来看，刘家坪为边缘不甚规整的长方形、近方形竖穴土坑墓，与五坝墓地基本一致。从葬式比较来看，刘家坪均为单人侧身屈肢葬，墓主身上多覆盖厚 10 厘米左右的树枝类朽痕（或许为当时的葬具），与五坝墓地有差别。从陶器组合比较来看，刘家坪有双耳彩陶罐、喇叭口瓮、腹耳壶、盆、钵、盂等，五坝墓地不见喇叭口瓮、腹耳壶。从器物随葬位置比较来看，刘家坪陶器主要置于墓主面向一侧，串珠饰置于墓主胸部和颈部附近，与五坝墓地一致。从典型器物比较来看，刘家坪双耳彩陶罐与五坝墓地同类器物器形及纹饰差别较大，部分器物形制与纹饰延续半山晚期风格，仅双肩耳罐与五坝墓地 A 型双耳罐（M45：1）纹饰有相似性，表明刘家坪马厂类型遗存整体早于五坝墓地中期马厂遗存。

土谷台墓地共清理墓葬 84 座，发掘者将土谷台墓地分为三期，中期兼有半山、马厂两个类型的特征，属过渡阶段，晚期属马厂类型[2]。目前学者对土谷台中晚期墓葬的分期存在很大的争议[3]。从葬俗、葬制比较来看，土谷台中晚期墓葬与其早期一脉相承，墓葬形制、葬式、随葬陶器组合及位置一致。典型陶器组合及随葬位置与五坝墓地中期墓葬具有相似性，土谷台墓地马厂墓葬器类有单把杯、双耳罐等，与五坝墓地中期早段同类器具有相似性，流行四大圆圈纹、菱格纹、方块几何纹等。在墓葬形制、葬式方面二者差别较大，差别表现在五坝墓地该时期竖穴偏洞室墓

---

[1] 甘肃省文物管理委员会：《兰州新石器时代的文化遗存》，《考古学报》1957 年第 1 期，第 1~8 页；甘肃省博物馆：《甘肃古文化遗存》，《考古学报》1960 年第 2 期，第 11~52 页。

[2] 甘肃省博物馆、兰州市文化馆：《兰州土谷台半山—马厂文化墓地》，《考古学报》1983 年第 2 期，第 191~222 页。

[3] 李水城：《半山与马厂彩陶研究》，北京大学出版社，1998 年；李伊萍：《半山、马厂文化研究》，《考古学文化论集（三）》，文物出版社，1993 年，第 32~67 页；任瑞波：《西北地区彩陶文化研究》，吉林大学博士学位论文，2016 年。

在土谷台不见，土谷台常见的"凸"字形土洞墓在五坝墓地不见，五坝主要为仰身直肢葬，土谷台为侧身屈肢葬。从典型器物比较来看，土谷台中晚期墓葬典型器物与五坝中期典型器物器形、纹饰差别较大，特别是土谷台中期墓葬延续了半山晚期器物形制与纹饰，整体早于五坝中期典型器物，仅五坝墓地中期早段个别器物与土谷台晚期相似。五坝 A 型双耳罐（M45：1）与土谷台 I 式双耳罐器形一致，但纹饰差别较大；五坝 B 型 I 式双耳罐、A 型单耳罐与土谷台同类器物器形、纹饰相似，但五坝墓地不见红黑复彩锯齿纹；五坝 B 型 II 式双耳彩陶罐与土谷台晚期 76M1 所见双肩耳罐纹饰一致，饰回纹及网格几何纹，但五坝墓地不见红黑复彩。综上，五坝墓地中期遗存整体晚于土谷台中晚期，仅个别器物可能早到土谷台晚期。

20 世纪 70 年代，甘肃省博物馆文物工作队对蒋家坪遗址进行发掘[1]。该遗址发现有马厂时期的居址和墓地。特别是这里发现一座属马厂中期阶段的大型墓，随葬陶器 30 余件。墓室底部挖有长方形深坑，坑内分别埋入猪、狗、一位老年女性和被打碎的幼儿头颅。从典型器物比较来看，蒋家坪大部分壶、罐多饰红黑复彩，且单耳壶、小口壶在五坝墓地中期不见，仅个别通体饰黑彩的盆、罐与五坝墓地中期相似，其中蒋家坪马厂中期彩陶盆（M11）与五坝 A 型盆在器形和纹饰方面具有相似性，蒋家坪马厂中期双耳彩陶罐（M3）与五坝 B 型 I 式双耳罐器形相似，蒋家坪马厂晚期双耳彩陶罐（M1）与五坝 B 型 II 式双耳罐器形和纹饰一致。综上，五坝墓地中期整体晚于蒋家坪早期，仅个别器物与蒋家坪晚期时代相当。

2005 年甘肃省文物考古研究所在下海石发掘马厂类型墓葬 33 座[2]。发掘报告将整个下海石马厂类型墓地分为早、晚两段，并认为下海石墓地属于马厂类型中晚期遗存。从墓葬形制比较来看，下海石墓地马厂墓葬几乎都是长方形竖穴土坑墓道、椭圆形土洞墓室、弧拱形墓顶，与五坝墓地该时期流行的竖穴土坑墓有差别，竖穴偏洞室墓可能与土洞墓有联系。从葬式比较来看，下海石墓地除 M5、M8 较明显地看出为仰身直肢葬外，其余大部分为侧身屈肢葬或少量仰身屈肢葬，屈肢程度较甚。从随葬品比较来看，下海石墓地随葬有陶器、骨器及石珠、石片、海贝等，随葬陶器组合有彩陶壶、双耳彩陶罐、素面双耳罐、桶形罐、双耳盆等，与五坝墓地基本一致，五坝墓地不见下海石常见的小口壶。从器物随葬位置比较来看，下海石墓地陶器置于墓主头部、脚部或身侧，个别在墓室中部依次排列，串饰置于墓主颈部、腕部附近，与五坝墓地存在一致性。从典型器物比较来看，下海石 A 型 I 式素面罐与五坝 E 型 I 式双耳罐相近；下海石 B 型 II 式双耳罐与五坝 B 型 I 式双耳罐形制和纹饰相似；下海石 A 型 II 式双耳盆（M19：18）与五坝 B 型盆器形相似，但下海石该类盆纹饰与五坝 A 型盆纹饰一致。综上，下海石早、晚段墓葬与五坝墓地中期墓葬时代相当，部分器物略晚于五坝中期晚段遗存，可能为马厂末期遗存。

————————

[1] 中国考古学会：《中国考古学会第一次年会论文集》，文物出版社，1980 年。

[2] 甘肃省文物考古研究所：《甘肃海石湾下海石半山、马厂类型遗址调查简报》，《考古与文物》2004 年第 1 期，第 3~5 页；甘肃省文物考古研究所：《兰州红古下海石——新石器时代遗址发掘报告》，科学出版社，2008 年。

永登县文化馆藏大通河流域的团庄、长阳洼采集遗物 292 件，其中彩陶 139 件，约占 53%，器物类型有陶瓮、壶、瓶、罐、钵、盆、豆、碗等，其中单耳长颈瓶、双耳彩陶罐多见，不论陶质、陶色，还是器形、纹饰、制法等方面都与永登乐山坪、乐都柳湾的出土器物比较接近。资料整理者认为团庄、长阳洼采集遗物以马厂类型早中期器物为主，兼有半山晚期遗物[1]。从器物组合比较来看，五坝墓地中期不见团庄、长阳洼常见的红黑复彩小口彩陶壶、瓮、瓶等，二者仅部分器物形制、纹饰相近。团庄、长阳洼 3 式彩陶盆（YTC：58）与五坝墓地 A 型 I 式盆（M28：1）在器形和纹饰方面完全一致；团庄、长阳洼ⅣB 型 4 式、5 式双耳罐（YTC：120、YTC：125）与五坝墓地 B 型 I 式双耳罐器形相似，纹饰略有差别，团庄、长阳洼该类器物饰红黑复彩锯齿纹；团庄、长阳洼 II 型 1 式单耳罐（YTC：135）与五坝Ⅲ式杯（M7：1）器形与纹饰相似；团庄、长阳洼单耳罐（YTC：133）与五坝 A 型单耳罐器形、纹饰一致；团庄、长阳洼 II 型 4 式双耳罐（YJC：178）与五坝 D 型 I 式双耳罐一致。兰州市博物馆藏乐山坪马厂类型器物 380 余件[2]，陶器类型有壶、罐、盆、钵、盂、碗等。乐山坪出土的各型红黑复彩小口彩陶壶在五坝墓地不见，仅部分双耳彩陶罐、盆与五坝墓地中期墓葬器物相近。从典型器物比较来看，乐山坪 A 型 II 式钵（LYL：134）与五坝 A 型 I 式盆（M28：1）在形制和纹饰方面一致；乐山坪 A 型 I 式、II 式双耳罐（LYL：80、LYL：81）与五坝 B 型 II 式双耳罐（M34：3、M16：1）在形制与纹饰方面一致。综上，团庄、长阳洼、乐山坪器物整体早于五坝墓地中期器物，仅部分典型器物与五坝墓地中期遗存一致。

综上所述，五坝墓地中期墓葬整体晚于白道沟坪、土谷台中晚期、蒋家坪早期及乐山坪、团庄、长阳洼采集器物。五坝墓地中期早段与土谷台晚期、蒋家坪晚期、下海石早期及乐山坪、团庄、长阳洼部分采集器物时代相当，为马厂中期遗存；五坝墓地中期晚段与下海石晚段时代相当，为马厂晚期遗存。

（三）与青海东部马厂遗存比较

青海东部的湟水中下游是马厂类型分布的重心区之一。目前所见青海东部的马厂遗存中，经正式发掘的有柳湾、阳山、马牌、核桃庄、总寨等。下面通过五坝墓地中期墓葬与柳湾、阳山、马牌墓地进行对比研究，进一步认识五坝墓地马厂遗存的文化特征。

柳湾墓地共清理马厂墓葬 872 座，是迄今为止发掘规模最大的一处马厂时期墓地。发掘者根据叠压打破关系，将马厂墓葬分为早、中、晚三期[3]。乐都柳湾墓地完整揭示了马厂类型在河湟

[1] 苏裕民：《永登团庄、长阳洼出土的新石器时代遗物》，《考古与文物》1993 年第 2 期，第 14~25 页。
[2] 马德璞、曾爱、魏怀珩：《永登乐山坪出土一批新石器时代的陶器》，《史前研究》1988 年，第 201~211 页。
[3] 青海省文物管理处考古队、中国社会科学院考古研究所：《青海柳湾——乐都柳湾原始社会墓地》，文物出版社，1984 年。

地区的演进过程。关于柳湾马厂类型墓葬的分期，学界看法不同[1]。

从墓葬形制比较来看，柳湾马厂墓葬形制有长方形竖穴土坑墓、带墓道的土洞墓两种，两者几乎各占一半；木质葬具使用普遍，分长方形木棺、独木棺、吊头木棺和垫板四种。与五坝墓地在竖穴土坑墓方面相似，余者均有差别。从葬式比较来看，柳湾马厂墓葬葬式分单人葬、合葬，单人葬可辨认葬式的有仰身直肢葬、二次葬和屈肢葬三种，仰身直肢葬比例最高，其次为二次葬、屈肢葬，其中仰身直肢葬、二次葬特征与五坝墓地中期墓葬相似，但五坝不见柳湾所见的屈肢葬。从随葬品比较来看，柳湾随葬陶器类型有盆、碗、杯、罐、壶、瓮、豆等，与五坝中期墓葬存在一定相似性，但五坝不见碗、瓮、壶、豆等器形。从器物随葬位置比较来看，柳湾马厂墓葬陶器绝大多数置于木棺附近，除左右两侧外，少数位于棺前或棺后，也有置于棺内和棺盖上面的；石斧、锛、凿、刀等多置于腕骨旁，其次置于腰间和颈部附近，少数置于手臂、脚旁以及陶容器内或棺盖之上；纺轮多置于头部附近，其次置于手腕部和股骨旁以及陶容器内或其他部分；骨锥、镞等多置于手腕部或股骨旁，骨凿置于头部；绿松石饰和串珠等绝大多数置于墓主头、颈和胸部，极少例外者，石臂饰多套在墓主前臂或手腕部，以上与五坝中期墓葬存在一定的相似性。

从典型器物比较来看，五坝中期墓葬不见柳湾马厂早期红黑复彩双耳彩陶罐、小口彩陶壶、小口长颈壶、彩陶瓮，同时也不见其马厂早期典型的四大圆圈纹、锯齿纹和人蛙纹。五坝中期典型器物与柳湾中晚期典型器物相似，其中五坝A型Ⅱ式彩陶盆与柳湾马厂中期Ⅱ型3式彩陶盆（M46：15）在器形和纹饰方面基本一致；五坝Ⅲ式杯（M5：2）与柳湾马厂中期Ⅰ型1式单耳陶杯（M1338：9），五坝Ⅲ式单耳彩陶杯（M5：2）与柳湾马厂早期Ⅰ型2式单耳陶杯（M1250：6）在器形和纹饰方面一致；五坝B型Ⅰ式双耳罐与柳湾马厂早期Ⅰ型2式双耳彩陶罐（M1060：31）器形与纹饰一致；五坝B型Ⅱ式双耳罐与柳湾马厂中期Ⅰ型1式小口垂腹罐（M189：3）器形与纹饰一致，主体纹饰为回形纹。综上，五坝中期与柳湾早中期时代相当。

阳山遗址在1980~1981年先后两次进行发掘，共清理墓葬218座、祭祀坑12个，发掘者将墓地分为四段[2]。关于阳山墓地的文化性质，目前学界认识不一[3]。

从墓葬形制比较来看，阳山墓地均为圆角长方形竖穴土坑墓，无葬具，与五坝墓地一致。从葬式比较来看，葬式复杂，在156座出有人骨的墓中，一次葬94座，二次葬62座；分为单人葬、合葬两大类；葬式分俯身直肢、俯身屈肢、侧身屈肢、仰身屈肢、仰身直肢、二次葬数种，二次葬、

[1]李水城：《半山与马厂彩陶研究》，北京大学出版社，1998年；李伊萍：《半山、马厂文化研究》，《考古学文化论集（三）》，文物出版社，1993年，第32~67页；任瑞波：《西北地区彩陶文化研究》，吉林大学博士学位论文，2016年。

[2]青海省文物考古研究所：《民和阳山》，文物出版社，1990年。

[3]李水城：《半山与马厂彩陶研究》，北京大学出版社，1998年；张弛：《半山式文化遗存分析》，《考古学研究（二）》，北京大学出版社，1994年，第33~77页；李伊萍：《半山、马厂文化研究》，《考古学文化论集（三）》，文物出版社，1993年，第32~67页；任瑞波：《西北地区彩陶文化研究》，吉林大学博士学位论文，2016年。

俯身直肢葬数量最多。与五坝墓地单人葬、合葬，仰身直肢葬等特征一致，其他方面均有差别。从随葬品比较来看，阳山墓地随葬陶器类型有彩陶盆、彩陶壶、敞口彩陶罐、双耳彩陶罐、彩陶瓮、小口单耳彩陶罐及夹砂粗陶罐、壶、盂，五坝墓地不见彩陶壶、彩陶瓮、夹砂壶等。从器物随葬位置比较来看，阳山墓地随葬品位置呈现明显的规律性，一般来说，随葬品首先集中于头部，其次是脚部、身侧。从种类上来分，陶器一般置于头部、脚部和身侧，石斧、锛、凿、刀、磨石、纺轮和骨锥等多置于腰部或手臂旁，串珠多置于墓主颈部、胸部附近，石臂饰多套于手臂上，石球一般与陶器放在一起，与五坝墓地存在较多相似性。

从典型器物比较来看，五坝中期器物少见阳山一组、二组器物，与阳山三组、四组器物比较相似。五坝中期早段 A 型双耳罐（M45：1）与阳山四组 C 型双耳彩陶罐（M24：11）器形与纹饰相似，饰红黑复彩条带纹与圆圈纹；五坝中期晚段Ⅲ式杯（M5：2）与阳山三组单柄彩陶杯（M124：6）器形和纹饰相似；五坝中期晚段 B 型Ⅱ式双耳罐（M34：3）与阳山三组 C 型敞口彩陶罐（M60：29）在器形和纹饰方面存在相似性。综上，五坝中期墓葬与阳山三组、四组墓葬时代相当。

1979 年和 1987 年青海省文物管理处考古队两次对马牌遗址进行发掘，共清理马厂时期墓葬 62 座[1]。发掘者认为时代应属马厂类型中期。从墓葬形制比较来看，马牌墓地形制分为土洞墓、竖穴土坑墓两类，部分有木质葬具。五坝墓地长方形竖穴土坑墓与马牌墓地竖穴土坑墓相似，但不见马牌墓地所见的土洞墓。从葬式比较来看，马牌墓地以单人侧身屈肢葬为主，单人二次葬次之，合葬墓很少，五坝墓地单人仰身直肢及合葬与马牌墓地一致，其余两者均有差别。从随葬品比较来看，马牌墓地随葬品以陶器占绝大多数，多数为彩陶，彩陶主要器形有双耳壶、罐、盆、钵、豆等，与五坝墓地存在一定的相似性，但五坝墓地该时期不见壶、钵、豆类器物。从器物随葬位置比较来看，马牌墓地随葬品多置于墓主周围，有木棺者除木棺内器物外，绕木棺侧面与头脚两端也有放置，与五坝墓地有一定的相似性，串珠饰、牙饰等置于墓主颈部、胸部附近，与五坝墓地基本一致。

从典型器物比较来看，五坝 A 型Ⅰ式、Ⅱ式彩陶盆与马牌Ⅰ式、Ⅱ式盆（M5：3、M35：54）在器形和纹饰方面基本一致；五坝 B 型Ⅰ式、Ⅱ式双耳罐与马牌Ⅳ式（M14：13）、Ⅵ式（M36：23）双耳罐器形和纹饰相似。综上，五坝墓地中期墓葬与马牌墓地时代相当。

综上所述，柳湾早期、阳山一二组整体早于五坝中期墓葬，五坝中期早段仅个别器物与上述墓地早期器物相似。五坝墓地中期早段与柳湾中期、阳山三组、马牌墓地较早墓葬时代相当或接近；五坝墓地中期晚段与柳湾晚期、阳山四组、马牌墓地较晚墓葬时代相当或接近。

---

[1] 青海省文物管理处：《青海民和马牌马厂墓葬发掘简报》，《史前研究》1990–1991 年，第 298~308 页。

（四）与周围其他地区马厂遗存比较

以林子梁遗址、切刀把墓地为代表的宁夏海原菜园遗址群是受马厂类型影响的北界[1]。从典型器物比较来看，切刀把 B 型 Ⅱ 式双耳彩陶罐（QM40∶4）与五坝 B 型 Ⅰ 式双耳罐（M39∶1）所饰折线纹、细带纹和菱形网格纹一致，与五坝中期早段相近。在林子梁三期四段遗存都出土有部分马厂时期彩陶片，器类多为双耳罐和少量单把杯，纹饰有红黑复彩和黑色单彩两种。从典型器物比较来看，林子梁三期四段所见单耳彩陶杯（LF11 ④∶10）与五坝 Ⅲ 式杯（M5∶2）在器形和纹饰方面一致，与五坝中期晚段相近。整体上看，菜园马厂类型部分遗存与五坝墓地中期遗存时代相当。

通过五坝墓地与甘青宁不同地区马厂类型遗存和典型器物的比较，对五坝墓地的文化属性和时代特征有了更清楚的认识，对马厂类型在甘青宁地区的传播和影响过程有了进一步的认识。通过比较，五坝墓地中期早段与鸳鸯池中期、土谷台晚期、蒋家坪晚期、下海石早段、柳湾中期、阳山三组、马牌较早墓葬、切刀把墓地乙组及乐山坪、团庄、长阳洼部分采集器物时代相当。五坝墓地中期晚段与鸳鸯池晚期、老城、高家滩、下海石晚段、柳湾晚期、阳山四组、马牌较晚墓葬、林子梁三期四段以及河西走廊调查所见部分采集品时代相当。

三　西城驿文化与齐家文化

（一）齐家文化

目前，针对齐家文化的内涵界定、分期、类型和年代等基本问题，学界有不同的意见，且分歧甚至越来越大[2]。目前学者关于齐家文化的分布认识不一致。以齐家文化典型器物的分布看，齐家文化分布的主体东到六盘山，西北至河西走廊西端，西达黄河上游及青海湖的东部，北至甘肃内蒙古交界，南至甘肃南部的甘南地区。从行政区划来看，集中分布在甘肃、宁夏、青海三省。就齐家文化标志性器物双大耳罐的分布范围而言，向北影响到内蒙古南部，向东影响到陕西中东部，向西南影响到四川，但是上述区域很少见另一典型器物高领折肩罐。下面通过五坝墓地与河西走廊相关遗存进行比较研究，认识五坝晚期墓地墓葬的文化特征。

河西走廊齐家文化是不断"西渐"的产物[3]，是甘肃东部齐家文化不断向西扩张的结果，在河西走廊地区与马厂、西城驿、四坝文化共存，且互相影响。目前根据河西走廊地区遗址空间分布和数量来看，齐家文化遗存为主的遗址主要分布在河西走廊的东部，河西走廊西部齐家文化

[1] 宁夏文物考古研究所、中国历史博物馆考古部：《宁夏菜园——新石器时代遗址、墓葬发掘报告》，科学出版社，2003 年。

[2] 任瑞波、陈苇：《关于齐家文化的几个基本问题》，《四川文物》2017 年第 5 期，第 72~82 页。

[3] 李水城：《东风西渐——中国西北史前文化之进程》，文物出版社，2009 年。

与马厂、西城驿文化共存，部分四坝文化遗址也有共存，齐家文化最西已经扩张至酒泉的敦煌市[1]。考古调查显示河西走廊地区齐家文化早期遗址集中分布在武威地区，朵家梁、水口子和磨咀子遗址都发现了齐家文化时期遗存与马厂类型遗存共存现象，齐家文化遗存为主的遗址有李家坨塄、皇娘娘台和海藏遗址。西城驿遗址发掘显示，齐家文化与西城驿遗址一期至三期遗存共存[2]。河西走廊西部酒泉地区，齐家文化遗存主要发现在金塔县，考古试掘和调查显示，金塔火石梁遗址主体年代为西城驿文化时期，齐家文化遗存与之共存；缸缸洼遗址可以分为两期，早期为马厂晚期，晚期为西城驿文化时期，两期遗存都与齐家文化遗存共存[3]。敦煌旱峡玉矿遗址调查发现折肩罐腹部残片，腹部饰篮纹，表明西城驿文化与齐家文化遗存共存[4]。酒泉市干骨崖墓地发现了极少量的篮纹陶片，可能也与齐家文化相关[5]。总之，河西走廊地区齐家文化遗址主要分布于河西走廊的东部，部分遗址中齐家文化与马厂类型遗存共存，并发现少量西城驿文化时期遗存。河西走廊中西部地区齐家文化与马厂、西城驿、四坝文化共存，甚至火烧沟墓地个别陶器还保留有齐家文化双大耳罐的特征，是齐家文化影响的孑遗。

目前河西走廊地区发掘的齐家文化遗址仅有皇娘娘台遗址，发现典型齐家文化遗物的遗址有西城驿、西河滩、缸缸洼及火石梁。下面我们通过五坝墓地齐家文化遗存与上述几个遗址进行对比，认识五坝墓地齐家文化遗存的文化特征。

皇娘娘台遗址于1957、1959和1975年进行了四次发掘[6]，证实皇娘娘台遗址是一处大型聚落址，发掘墓葬88座。墓葬为长方形竖穴土坑墓，包括单人葬、双人或三人合葬，少量二次乱骨葬，合葬墓包括成人与小孩合葬、成人与成人合葬，流行仰身直肢葬和侧身屈肢葬。成人合葬墓中，一具人骨为仰身直肢，另外一具或两具人骨侧身屈肢。随葬陶器一般位于墓主脚骨附近，随葬白色石块或玉石块，通常位于脚骨附近，玉石璧一般位于人骨上身或头骨附近，部分玉石璧在人骨上身之上或上肢骨附近。猪下颌骨位于脚骨附近，与陶器堆放在一起。

五坝墓地齐家文化或包含齐家文化因素的墓葬仅3座，典型齐家文化墓葬M36为竖穴土坑墓，上身扰乱，下身直肢，陶器位于脚部附近；西城驿文化和齐家文化器物共存墓葬有M38和M47，其中M38为竖穴土坑墓，仰身直肢葬，器物位于墓主头部附近，M47为竖穴偏洞室墓，仰身直肢葬，器物位于墓主头部、脚部附近。五坝墓地典型齐家文化墓葬M36与皇娘娘台葬俗、葬制一致。

［1］西北大学考古系、甘肃省文物考古研究所、敦煌市博物馆：《甘肃敦煌西土沟遗址调查试掘简报》，《考古与文物》2004年第3期，第3~7页。

［2］甘肃省文物考古研究所、北京科技大学冶金与材料史研究所、中国社会科学院考古研究所等：《甘肃张掖市西城驿遗址》，《考古》2014年第7期，第3~17页。

［3］甘肃省文物考古研究所：《甘肃重要考古发现（2000~2019）》，文物出版社，2020年。

［4］甘肃省文物考古研究所：《敦煌旱峡玉矿遗址发掘简报》，《敦煌研究》2021年第5期，第74~84页。

［5］甘肃省文物考古研究所、北京大学考古文博学院：《酒泉干骨崖》，文物出版社，2016年。

［6］甘肃省博物馆：《甘肃武威皇娘娘台遗址发掘报告》，《考古学报》1960年第2期，第53~71页；甘肃省博物馆：《武威皇娘娘台遗址第四次发掘》，《考古学报》1978年第4期，第421~448页。

五坝墓地西城驿和齐家文化共存墓葬与皇娘娘台葬俗、葬制略有差异，五坝部分随葬品置于头部附近，而皇娘娘台均置于脚部附近，而且五坝墓地不见皇娘娘台多人合葬及侧身屈肢葬。皇娘娘台M31、M32、M47也见西城驿文化器物与齐家文化器物共存。皇娘娘台遗址随葬陶器类型主要为高领折肩罐、双大耳罐、双小耳罐、单耳罐、侈口罐、豆、尊、盆等，五坝墓地见有双大耳罐、双小耳罐、侈口绳纹罐，不见高领折肩罐、单耳罐、豆、尊、盆类器。

从典型器物比较来看，五坝B型Ⅲ式双耳罐与皇娘娘台彩陶罐（M9）及Ⅰ式双小耳罐（M32：5）器形和纹饰一致；五坝双大耳罐与皇娘娘台双大耳罐（M24）及Ⅰ式双大耳罐（M38：12）器形一致；五坝B型Ⅲ式双耳罐（M41：1）与皇娘娘台Ⅱ式双小耳罐（M30：2）器形基本一致；五坝侈口罐（M36：1）与皇娘娘台Ⅰ式侈口罐（M67：4）器形、纹饰一致；五坝F型双耳罐与皇娘娘台Ⅱ式双小耳罐（M37：3）一致；五坝D型Ⅲ式双耳罐与皇娘娘台双耳罐（M24）一致。综上，五坝墓地晚期与皇娘娘台墓地早期时代相当。

海藏遗址于2018、2019年先后进行了两次发掘，发现墓葬12座。海藏遗址齐家文化遗存可以分为早、晚两期[1]。从葬俗、葬制比较来看，五坝墓地典型齐家文化墓葬与武威海藏遗址墓葬一致，竖穴土坑墓，随葬陶器位于脚部附近。两者齐家文化与西城驿文化共存的墓葬则略有不同，墓葬形制、随葬品位置方面，两者具有一定的相似性，差别表现在海藏M5、M11随葬陶器置于脚骨附近，五坝西城驿和齐家文化共存墓葬M38、M47置于头、脚附近，另外，五坝墓地该时期不见海藏墓葬所见的侧身屈肢葬。

从典型器物比较来看，五坝B型Ⅲ式双耳彩陶罐与海藏早期C型Ⅰ式双耳彩陶罐相似，横条带纹、竖条带纹、三角纹和网格纹一致，但是海藏早期双耳彩陶罐器耳低于口沿，且纹饰偏晚，因此判断该类器物略晚于五坝墓地同类器物；五坝双大耳罐（M47：3）与海藏B型Ⅰ式双大耳罐形制一致；五坝侈口罐（M36：1）与海藏A型侈口罐一致，腹部饰绳纹；五坝E型Ⅱ式双耳罐与海藏D型双小耳罐器形一致；五坝F型双耳罐（M47：5）与海藏B型Ⅰ式双耳罐相似。从整体判断，五坝墓地晚期与海藏遗址早期时代相当或略早。

西城驿遗址于2010~2017年发掘5100平方米，是一处从马厂类型晚期延续至四坝文化早期的大型聚落遗址，齐家文化遗存与西城驿文化遗存共存[2]。墓葬多集中在西城驿二期晚段，多为竖穴土坑墓，个别有头龛、脚龛或侧龛，以单人儿童墓为主，随葬陶器一般位于龛内，部分墓葬发现有随葬玉石块和白色石块。

五坝中期墓葬与西城驿一期遗存器物组合比较来看，西城驿一期器类主要有彩陶盆、彩陶壶

---

[1] 海藏遗址报告待出版。

[2] 甘肃省文物考古研究所、北京科技大学冶金与材料史研究所、中国社会科学院考古研究所等：《甘肃张掖市西城驿遗址》，《考古》2014年第7期，第3~17页；甘肃省文物考古研究所、北京科技大学材料与冶金史研究所、中国社会科学院考古研究所等：《甘肃张掖市西城驿遗址2010年发掘简报》，《考古》2015年第10期，第66~84页；甘肃省文物考古研究所：《甘肃重要考古发现（2000~2019）》，文物出版社，2020年。

和各类罐等，五坝中期主要有双耳彩陶罐、双耳带沿罐、单耳罐、壶、杯、盆等，两者器形基本一致。从典型器物比较来看，部分器物具有相似性，五坝墓地 D 型 Ⅱ 式素面罐与西城驿一期同类器物相似，肩部饰泥条凸棱；五坝 D 型 Ⅱ 式双耳罐（M19：5）与西城驿一期折线凸棱双耳罐（H309④：4）器形、纹饰一致；五坝 B 型盆与西城驿一期典型施紫红色陶衣的双耳彩陶盆形制、纹饰一致，该类双耳盆也见于柳湾晚期、下海石马厂晚段，可早到马厂末期。

　　五坝晚期墓葬与西城驿二期遗存比较来看，葬俗、葬制方面，五坝墓地典型齐家文化墓葬、齐家文化与西城驿文化共存墓葬与西城驿二期墓葬特征一致。随葬器物方面，两者陶质、陶色、器形及组合、彩陶纹饰都有一定相似性，五坝晚期与西城驿二期早段 A 组及中段 B、C 组器物都有一定一致性。五坝墓地 B 型盆（M26：2）与西城驿二期早段 A 组器物（T0301⑧c：p1）双耳盆器形和纹饰一致；五坝墓地 E 型 Ⅱ 式双耳罐与西城驿双耳罐（H24①：p1）器形相似。五坝墓地晚期器物与西城驿二期中段 B 组器物组合和典型器物特征一致，都有双大耳罐、双耳罐、侈口罐、盆等。典型器物方面，五坝双大耳罐（M47：3）与西城驿双大耳罐（H23③：p1）形制相似；五坝侈口罐（M36：1）与西城驿侈口罐（H15④：p1）在器形和纹饰方面基本一致，均饰绳纹；五坝墓地 B 型 Ⅲ 式双耳罐（M47：4）与西城驿遗址二期中段最常见的 C 组双耳彩陶罐相似；五坝 D 型 Ⅲ 式双耳罐、F 型双耳罐与西城驿花边口罐（T0301⑥e：p1）、花边口深腹罐（T0301⑥d：p7）器形相似。综上，不论是典型器物还是器物组合，二者都具有相似性，说明五坝晚期与西城驿二期 A、B、C 组时代相当。

　　金塔县的火石梁、缸缸洼遗址于 2017 年试掘[1]。缸缸洼遗址试掘表明，该遗址可以分为早、晚两期，早期马厂晚期与齐家文化共存，晚期西城驿文化和齐家文化共存。西城驿文化时期器形主要包括双大耳罐、双小耳罐、侈口罐、高领折肩罐、盆等。缸缸洼遗址典型齐家文化陶器比例较高，大部分饰绳纹、篮纹、篦点纹和附加堆纹。五坝晚期与缸缸洼陶器比较来看，不论是陶质、陶色，还是器形、纹饰都具有一致性。五坝 B 型盆（M26：2）与缸缸洼调查所见彩陶罐（08JG：46）器形与纹饰相似，饰横条带纹、斜条带纹和三角纹等；五坝 E 型 Ⅱ 式双耳罐与缸缸洼调查所见双耳罐（08JG：107）器形相似。综上，五坝晚期与缸缸洼晚期时代相当。

　　火石梁遗址试掘表明，该遗址西城驿文化和齐家文化遗存共存。火石梁遗址发现墓葬两座，竖穴土坑墓，仰身直肢葬或侧身屈肢葬，无陶器随葬。从墓葬形制和葬俗看，五坝墓地晚期与火石梁遗址单人仰身直肢葬一致，但五坝墓地不见屈肢葬。从器形看，火石梁遗址与缸缸洼遗址晚期时代一致，五坝墓地第三期陶器与火石梁遗址同类器物比较，不论是陶质、陶色，还是器形、纹饰都具有相似性。五坝墓地 B 型 Ⅲ 式双耳罐、D 型 Ⅲ 式双耳罐、E 型 Ⅱ 式双耳罐和侈口罐都可在火石梁遗址找到同类器。综上，五坝墓地晚期与火石梁遗址时代基本相当。

　　西河滩遗址于 2003~2005 年发掘 11000 平方米，是一处包含马厂类型、齐家文化、四坝文化、

［1］甘肃省文物考古研究所：《甘肃重要考古发现（2000~2019）》，文物出版社，2020 年。

西河滩史前本土因素（西城驿文化）的大型聚落遗址，以西河滩本地因素为主[1]。从目前西河滩遗址公布的陶器来看，应该没有四坝文化时期遗存，主体为西城驿文化时期遗存，与齐家文化遗存共存[2]。西河滩遗址出土陶器主要为夹砂褐陶，其次为夹砂红陶和橙黄陶，有一定数量的彩陶，以鼓腹双耳罐最多，其次为双耳彩陶罐和器盖，还有部分单耳彩陶罐、彩陶盆。从器形、组合看，与五坝墓地晚期器形一致。西河滩双耳彩陶盆与五坝 B 型 II 式双耳盆器形一致，该类器物在马厂末期常见。综上，西河滩部分器物与五坝晚期时代相当或略早。

总之，五坝墓地与河西走廊典型齐家文化遗址和含有齐家文化陶器的遗址或墓葬比较来看，五坝墓地晚期与皇娘娘台早期、海藏早期、西城驿二期早中段、缸缸洼晚期、火石梁和西河滩西城驿时期遗存时代相当。

（二）西城驿文化

西城驿文化早年被称为"过渡类型"遗存，因西城驿遗址二期遗存的发现，学者提出了西城驿文化[3]。其分布核心区在河西走廊中西部，影响范围广泛，西至新疆哈密盆地，南达青海大通河流域，北抵内蒙古阿拉善，东到黄河沿线的兰州地区[4]。目前所知文化性质单一的西城驿文化遗址仅在酒泉和哈密有发现，如潘家庄墓地、西土沟乙地点及新疆哈密天山北路墓地等，河西走廊大部分遗址西城驿文化往往与齐家文化共存，部分典型齐家文化墓葬或遗址中出土有少量西城驿文化的彩陶，如武威皇娘娘台墓地、海藏遗址、长宁遗址、金禅口遗址等。

从目前的考古调查和发现来看，河西走廊西城驿文化的遗存见于甘肃敦煌西土沟、旱峡，酒泉干骨崖、西河滩、三奇堡，瓜州潘家庄、兔葫芦，金塔二道梁、缸缸洼、火石梁、榆树井、一个地窝南，张掖西城驿，民乐五坝、东灰山，山丹四坝滩，武威皇娘娘台、海藏等，在新疆哈密天山北路墓地，内蒙古阿拉善盟苏红图、西达布素图、必鲁图及青海大通长宁、金禅口等遗址也有发现[5]。

前文将五坝墓地的齐家文化墓葬、齐家文化与西城驿文化共存墓葬与甘青宁地区的相关遗存做了对比，本部分主要将五坝墓地的西城驿文化遗存与河西走廊及邻近地区西城驿文化遗存进行比较，认识五坝墓地西城驿遗存的文化特征。

———————

[1] 甘肃省文物考古研究所：《甘肃重要考古发现（2000~2019）》，文物出版社，2020 年。

[2] 笔者在甘肃省文物考古研究所库房见到这批资料得出的直观认识。

[3] 甘肃省文物考古研究所、北京大学考古文博学院、中国国家博物馆综合考古部等：《早期丝绸之路暨早期秦文化国际学术研讨会论文集》，文物出版社，2014 年。

[4] 兰州西果园大坪遗址发现有典型西城驿文化时期彩陶。

[5] 陈国科：《西城驿——齐家冶金共同体——河西走廊地区早期冶金人群及相关问题初探》，《考古与文物》2017 年第 5 期，第 37~44 页。

西北大学考古专业等于 2001 年对瓜州潘家庄遗址进行试掘，共清理墓葬 3 座[1]。从墓葬形制比较来看，潘家庄墓葬均为圆角长方形竖穴土坑墓，五坝墓地该时期竖穴土坑墓居多，平面均呈圆角长方形，两者基本一致。从葬式比较来看，潘家庄墓葬均为单人仰身直肢葬，不见葬具，五坝墓地除个别为扰乱葬外，均为单人仰身直肢葬，也不见葬具，两者基本一致。从随葬品比较来看，随葬陶器陶质、陶色、器物组合、纹饰完全一致，随葬品位于头骨和脚骨附近也一致。从典型器物比较来看，潘家庄双耳彩陶罐（M2：2、M3：2）与五坝 B 型 Ⅲ 式双耳罐（M47：2、M47：4）在器形和纹饰方面一致；潘家庄双耳罐（M3：1、M3：4、M2：3）分别与五坝 D 型 Ⅲ 式、C 型和 F 型双耳罐（M47：1、M41：2、M47：5）在器形和纹饰方面一致。综上，潘家庄墓葬与五坝墓地晚期时代相当。

2001 年西北大学考古专业等对西土沟遗址进行了调查和试掘[2]。从典型器物比较来看，西土沟乙地点出土的双耳彩陶罐（乙：1）与五坝 B 型 Ⅲ 式双耳罐（M47：2）器形相似；乙地点出土的彩陶罐（乙：3）与五坝 B 型 Ⅲ 式双耳罐（M47：4）器形与纹饰一致；乙地点出土的陶片（乙：2、乙：4）与五坝 B 型 Ⅲ 式双耳罐（M47：4）纹饰一致，均饰蝶形纹，为同类器物。因此，西土沟遗址乙地点与五坝墓地晚期时代相当。

1986 年调查时在金塔县文化馆、酒泉市博物馆见有西城驿文化彩陶[3]。从典型器物比较来看，采集于榆树井一带的 2 件双耳彩陶罐（JZH-A001、JZH-A002）与五坝 B 型 Ⅲ 式双耳罐（M47：4）器形和纹饰一致，颈部饰连续菱形网格纹，腹部饰粗细组合的斜线、竖线纹和网格折线纹等；榆树井出土的 1 件双耳彩陶罐（JZH-A003）与五坝 C 型壶（M38：1）器形和纹饰相似，腹部均饰竖列条带和网格条带，时代应该与五坝晚期相当。

1986 年调查时在山丹县文化馆见有西城驿文化陶器[4]。山丹县文化馆旧藏双耳罐（A-114）与五坝墓地 C 型双耳罐（M41：2）器形和纹饰相似，时代应该与五坝晚期相当。

1986 年甘肃省文物考古研究所与北京大学考古学系在干骨崖调查时采集到双耳彩陶罐口沿（87JG-002、003、010），颈部饰菱形网格纹[5]。1987 年酒泉干骨崖墓地正式发掘时，在填土中见有双耳彩陶罐口沿残片（M2：t1）[6]，颈部饰菱形网格纹，陶片纹饰与五坝 B 型 Ⅲ 式双耳罐（M47：4）颈部纹饰一致，为西城驿典型纹饰之一，时代应该与五坝晚期相当。

1988~1997 年新疆文物考古研究所在天山北路墓地发掘墓葬 700 余座，发掘者将墓地初步分

［1］西北大学考古专业、甘肃省文物考古研究所、安西县博物馆：《甘肃安西潘家庄遗址调查试掘》，《文物》2003 年第 1 期，第 65~72 页。

［2］西北大学考古系、甘肃省文物考古研究所、敦煌市博物馆：《甘肃敦煌西土沟遗址调查试掘简报》，《考古与文物》2004 年第 3 期，第 3~7 页。

［3］甘肃省文物考古研究所、北京大学考古文博学院：《河西走廊史前考古调查报告》，文物出版社，2011 年。

［4］甘肃省文物考古研究所、北京大学考古文博学院：《河西走廊史前考古调查报告》，文物出版社，2011 年。

［5］甘肃省文物考古研究所、北京大学考古文博学院：《河西走廊史前考古调查报告》，文物出版社，2011 年。

［6］甘肃省文物考古研究所、北京大学考古文博学院：《酒泉干骨崖》，文物出版社，2016 年。

为四期八段，每期两段[1]。天山北路一期与西城驿文化彩陶罐在形制与纹饰方面完全一致，与河西走廊彩陶关系密切。从墓葬形制比较来看，天山北路墓地均为长方形竖穴土坑墓和竖穴坯室墓，与五坝晚期墓葬圆角长方形竖穴土坑墓占绝大多数基本一致。从葬式比较来看，天山北路墓地以单人侧身屈肢葬为主，五坝晚期除个别为扰乱葬外，均为单人仰身直肢葬，两者存在一定差别。从随葬品比较来看，天山北路墓地器类有双耳罐、单耳罐、桶形罐、注流壶、錾耳壶、腹耳壶、单耳杯、无耳杯、盆、匜、四系罐、曲颈罐等，其中以双耳罐最多，部分彩陶、素面双耳罐与五坝墓地一致。从典型器物比较来看，天山北路墓地双耳彩陶罐（M550、M599）与五坝 B 型 Ⅲ 式双耳罐（M47：2）一致；天山北路墓地双耳素面罐与五坝 C 型双耳罐（M41：2）器形一致；天山北路墓地双耳带流罐与五坝单耳带流罐（M43：1）器形相似；天山北路一期典型西城驿早期墓葬 M599 系统测年结果为 1943BC~1763BC，其年代上限与五坝墓地晚期上限一致[2]。综上，天山北路墓地第一期与五坝晚期时代相当。

2012 年青海省文物考古研究所对互助金禅口遗址进行了发掘[3]，2016 年青海省文物考古研究所对大通长宁遗址进行了抢救性发掘[4]。这两处遗址为典型齐家文化遗存，发现少量西城驿文化遗存与之共存。从典型器物比较来看，长宁遗址双耳彩陶罐与五坝 B 型 Ⅲ 式双耳罐（M47：2）器形和纹饰相似，长宁遗址双大耳罐与五坝双大耳罐器形相似，年代应该相当。金禅口遗址 F3、Y2 出土的彩陶片与五坝 B 型 Ⅲ 式双耳罐、B 型盆纹饰一致，金禅口遗址双耳深腹罐（F3 ②：7）、双耳鼓腹罐（F3d2：3）与五坝 F 型双耳罐、D 型 Ⅲ 式双耳罐形制一致。综上，金禅口、长宁遗址与五坝墓地晚期时代相当。

2004 年北京大学考古文博学院等发现内蒙古阿拉善盟苏红图遗址，并采集一大批石器和陶器标本。2011 年 7 月对遗址进行复查，新发现一处地点并采集了部分陶器标本[5]。苏红图采集的彩陶罐饰黑带纹和网格菱形带纹，与干骨崖调查采集的双耳罐上菱形网格纹相似，亦与五坝墓地 B 型 Ⅲ 式双耳彩陶罐纹饰一致，时代应该与五坝晚期相当。

综上所述，河西走廊潘家庄、西土沟乙地点及河西走廊调查的典型西城驿文化遗存，与五坝晚期相当。同时，五坝墓地晚期典型西城驿文化彩陶与青海长宁、金禅口，哈密天山北路一期及内蒙古苏红图等遗址出土同类器物一致，为典型西城驿文化遗存，也与五坝晚期相当。

---

[1] 宿白：《苏秉琦与当代中国考古学》，科学出版社，2001 年。

[2] Tong J, Ma J, Li W, et al., "Chronology of the Tianshanbeilu cemetery in Xinjiang, northwestern China," *Radiocarbon*, 2020, 63(1): 1-14.

[3] 青海省文物考古研究所、互助土族自治县文物管理所：《青海互助县金禅口遗址发掘简报》，《四川文物》2020 年第 1 期，第 4~21 页。

[4] 国家文物局：《2006 中国重要考古发现》，文物出版社，2007 年。

[5] 北京大学考古文博学院、内蒙古阿拉善博物馆：《内蒙古阿拉善盟苏红图遗址调查简报》，《考古与文物》2016 年第 1 期，第 3~8 页。

第二节　生业与经济

一　五坝墓地手工业研究

（一）五坝墓地制陶工艺

五坝墓地墓葬中共出土陶器83件，其中夹砂陶42件、泥质陶41件，除半山及马厂晚段泥质陶数量比例较高外，其余各期均以夹砂陶为主。按照纹饰可分为素面陶和彩陶两种，半山及马厂晚段以彩陶居多，其余各段均以素面陶居多，这与陶质相对应。陶色方面，素面陶以红陶为主，彩陶以橙黄陶为主，各期陶色统计见表五。半山时期器形以壶、罐、杯为主；马厂时期器形主要有罐、盆、杯，还有少量壶和器盖；西城驿／齐家文化时期器形以罐、壶为主，有少量盆等。本小节主要通过肉眼观察，结合邻近地区同时期陶器特征及制作工艺分析，简单探讨五坝墓地各类陶器的制作工艺。

表五　五坝墓地出土陶器陶系表

纹饰 陶色 时代	素面					彩陶				
	红	红褐	橙黄	灰	比例	红	橙黄	灰	红褐	比例
西城驿／齐家	8	1	2	3	61%	1	8			39%
马厂　晚段	8		5	2	43%	9	11			57%
马厂　早段	2		7	3	57%	2	7			43%
半山	1			1	40%		3			60%

1. 原料制备工艺

根据目前科技检测分析，甘青地区该时期主要陶器制作原料均为第三纪红黏土。大多泥质陶陶质细腻，特别是半山—马厂时期彩陶，橙黄色陶胎不见杂质，陶泥都应该经过了淘洗。夹砂陶所用的羼和料为砂粒，有粗砂、细砂之分。

2. 器物成型技术

通过观察器物残断面、未修整的面及内壁制作痕迹，我们推断大部分器物至少使用了泥条筑成、捏塑成型两种制法，成型过程中还较多地使用了分段套接的方法。部分陶器内壁刮抹较为平整，但手摸仍能感受到泥条的凹凸感，部分器物底部未加修整，泥条及其接缝极为明显。如M13∶1彩陶盆及M24∶1双耳罐，器底为泥条圈筑而成，未加抹平修整，每根泥条首尾相接。捏塑成型的制法主要见于器形较小的杯，如M39∶2陶杯，器表留有清晰的指窝按压痕迹。捏塑法更多是作为辅助性方法,用于制作器物上的附件,如器耳及錾等。环形耳、鸡冠状錾和盲耳均为一次成型,先捏出一定宽度及厚度的泥条或泥片,后将其粘贴于器壁。根据观察,五坝墓地陶器在制作过程中较多使用了分段套接(对接)的方法,主要见于器形稍大的器物,内外接缝处往往接缝明显,周边留有一周不间断的指窝按压痕迹。目前可见的有口颈套接、颈肩套接、肩腹套接。口颈套接主要为口沿套接于颈内,如 M25:1 双耳彩陶罐及 M22:1 双耳罐;颈肩套接多为颈部套于肩内,少量肩部套于颈内,如 M38:3 敞口盆和 M36:1 侈口罐。

3. 制作修整工艺

器形修整是手制陶器不可缺少的一道工序,为使器表光滑、各部分充分结合及器形更规整,坯体成形需要在器壁内外进行修整,五坝墓地出土器物所见修整方法主要有湿手抹平、细泥抹光、刮抹、轮修等。湿手抹平是用沾水的手将器表抹平,由于吸水,从胎壁本身析出细泥浆,遮盖住泥条缝隙、小凹坑或粗糙面,从而使器表显得平整,它与胎壁之间没有分层现象,因而不能与胎壁分离,如 M22:1 双耳罐,表面有薄薄一层细泥层,腹部因析出泥浆有限,不能完全遮盖粗糙面。细泥抹光是夹砂陶修整器表常见的一种方法,通过涂抹一层细泥,遮盖住粗糙面,使器表平整,如 M20:1 四系罐,表面涂抹有一层较厚的细泥,肩部局部剥落。刮抹是利用工具对器壁进行横向或竖向刮削,刮抹痕迹是五坝墓地出土陶器上可见最多的修整痕迹,应为该地先民广泛使用的陶器修整方式。根据刮抹痕迹可以推断使用的刮抹工具至少有两种。一种为片状工具,刮抹痕一般等宽,如 M7:1 单耳杯,内壁自下而上刮抹,刮痕紧密且等宽,单个刮片宽约 0.1 厘米,未对刮痕进行抹平处理。另一种为刮面较圆滑的工具,该类工具多用于外壁的修整,刮痕中间较深,两侧较浅,剖面整体呈弧形,如 M48:3 双耳罐,下腹可见明显的五组刮痕,刮痕呈线条状,较短,是刮抹工具与坯体的接触面不大所致。大部分彩陶器表未饰彩区域光亮,说明大部分彩陶陶坯烧制前都进行磨光。个别陶器口沿上可见同心圆"轮纹",推测可能使用了轮修工艺,五坝墓地大部分器物器壁厚薄均匀,器形规整,大部分彩陶表面光滑,内壁基本无凹凸感,说明五坝墓地应普遍进行了轮修。彩陶绘制的横条带纹平滑、线条均匀,彩绘线条明显采用了轮绘方法,说明陶轮的使用在五坝墓地先民中已经十分普遍。

4. 纹饰及装饰方法

五坝墓地出土陶器纹饰多见彩绘、戳印纹及泥条凸棱,有少量绳纹、刻划纹等。

彩陶除少数为黑红复彩外,大多为黑彩,饰彩处多施紫红色或橙黄色陶衣,陶衣涂刷于器表,未饰彩部分不见陶衣。除陶衣外,部分夹细砂彩陶表面及口沿内侧涂细泥抹光,便于更好地施彩及防止彩绘脱落。根据对彩绘图案线条叠压关系观察,可以大致看出古代陶工的绘制思路。彩陶盆纹饰大致相同,口沿外及颈部均饰若干组平行条带纹,腹部饰宽带纹两周,宽带间饰折线纹或垂弧纹,多为从上到下依次绘制,如 M28:1 彩陶盆。部分腹部则先绘制出两周宽带纹,再于其中填充折线纹等纹饰,如 M26:2 双耳彩陶盆。彩陶罐和壶上的彩绘最大特色为分区绘制,对称性极强。颈肩部多上下分区,以条带纹相间隔,腹部多左右分区,以竖带纹夹竖线纹相间隔。腹部多以耳或鋬为等分点将腹部整体分为耳下两区域及左右两侧区域，两两对称，耳下区域面积较小，纹饰也较为简单，两侧区域绘制腹部主体纹饰，相对的两区域纹饰基本相同。少部分陶罐腹部不分区，成片绘制，也有的分为六个或八个单元，均为复数。

此外，根据对彩绘线条的观察，绘制工具最少可分两类。M45：1彩陶罐上一圆圈纹尾部笔锋开叉，绘制工具可能为若干软细毛做成的"笔"，而M16：1彩陶罐等器表绘制网格纹、菱格纹等细密纹饰的线条细长流畅，笔锋硬朗、尖锐，绘制工具则更可能为较硬的材质制成，李新燕曾推测绘制该类纹饰的工具可能是狼、鹿的硬毫制成的长锋笔[1]。绘制方法最突出的为使用了轮绘，部分绕器身一周的宽带纹中间无间断，为一次性完成，推测该类线条应在陶轮上完成。

泥条凸棱多见于夹砂双耳罐上，少量饰于泥质陶上，器表有烟炱，均为炊煮器，判断各类夹砂陶可能是实用器。该类器物特征较为统一，口沿外有双耳，耳两侧对称有双鋬或乳突，竖向凸棱统一位于耳、鋬或乳突下。一类凸棱为夹砂质，均饰于夹砂陶，截面呈三角形，凸棱较宽，凸浮于器表，大部分粘接烧制不牢，易脱落，如M34：2和M44：16保留有凸棱脱落的痕迹。另一类凸棱为细泥质，截面呈三角形，凸棱较细，见于磨光处理或细泥抹光夹砂陶器表，紧贴于器表，不易脱落，以M13：3、M20：1为代表。

戳印纹在五坝墓地出土陶器上较为常见，多饰于肩部、耳上下两端及鋬上。肩部一周及耳上下戳印凹窝多见于彩陶上，凹窝大小一致，较规整，鋬上戳印纹形制不规整，戳印较为随意。M38彩陶壶，肩腹部及耳上戳印有若干凹窝，部分凹窝内还镶嵌有白色石块，中间以白色或黑色黏合剂将其固定。

刻划纹数量较少，主要见于器盖及罐上。器盖上饰"十"字形刻划纹，双耳罐肩部及耳、鋬下施刻划纹，与该墓地出土数量较多的泥条凸棱结构相同，如M6：1和M9：1。

席纹是用植物类材料经过有规律交织编成的几何纹。五坝墓地的席纹均见于器底，器底有席纹的现象在多个遗址中均有发现，李文杰在研究古代制陶工艺过程中认为这并不属于装饰范畴，而是为防止坯体与陶轮粘连，放置席子作为二者的隔离层所致[2]。

5.修补工艺

陶器破碎后，古人为能正常使用，便采取一定方法进行修复，五坝墓地出土及采集陶器中有5件彩陶上有多组钻孔，钻孔成组分布于残片两边，均为从外向里的单面钻。该类器物均制作精美，纹饰精致，制作及绘制均耗费了较多时间和精力，所以破碎后才会进行修补以继续使用，透过这一行为可以看出制作精美的彩陶在当时是极为珍惜的[3]。

总之，五坝墓地陶器制作较为复杂，以泥条圈筑为主要成型方法，少量的捏制作为辅助成型

［1］李新燕：《甘肃彩陶制作工艺实验与探索》，《考古与文物》2005年第6期，第85~89页。
［2］李文杰：《中国古代制陶工艺研究》，科学出版社，1996年。
［3］李水城：《半山与马厂彩陶研究》，北京大学出版社，1998年。

方法。各部位单独制作，最终拼接成型为一大特点。常见修整方法为刮抹和细泥抹光，部分使用轮修等。不同的器物，装饰方式也不相同，泥质陶多饰黑彩，夹砂陶多饰泥条凸棱。陶器制作工序及彩陶绘制方法整体制作思路一致，显示出流程化生产的特点。

（二）五坝墓地制骨工艺

五坝墓地出土骨器共 28 件，种类包括骨柄石刀、骨锥、骨笄、骨针、骨管、骨饰品和磨制骨料等，出土器物多保存较好，制作较为精细，反映了先民较高的制骨手工业水平。本文通过对骨器原料的鉴定、骨器表面的痕迹观察，以期初步认识五坝先民们制作骨器时的骨料选材、制作工艺及加工流程。

1. 骨料选材

五坝墓地出土骨器多经复杂工序加工而成，所以多数骨器已无法确定具体为动物身体上的哪个部位，也无法确定动物种属等信息，仅能笼统地分辨出为哺乳动物和大型鸟类肢骨，部分骨柄石刀还直接利用动物肋骨修整成器。在制作不同器物时，先民对骨料也进行了不同选择，如骨锥多选用动物掌、趾骨，保留一端关节便于手握，另一端削磨出锋尖；骨柄石刀多选用骨壁较厚的大型哺乳动物的肢骨切割出骨片加工而成。这些均表明先民们在制作骨器时对骨料的硬度、形状及可加工性已有充分的了解，为节省时间及精力，多利用骨料形状稍作加工而成，体现了"因形做器"的特点，反映了先民制骨工艺和技术的进步性。

2. 制作工艺

通过对器表人工加工痕迹的观察，可以确定先民加工骨料的主要方法至少有劈裂剖分法、片切割法、削切法及磨制法四种，少量器物上还使用两面对钻和刻槽的方法对器物进行钻孔和装饰。

劈裂剖分法系将动物肢骨从中间劈开，再对劈裂下来的骨片继续进行加工的方法，如 M44 随葬有 3 件羚亚科动物的肢骨，可能是制作骨器的骨料。M9∶2 骨锥系用动物肢骨骨片制作，其制作方法为从关节处进行劈裂，一端保留有部分原关节，另一端磨成锋尖，劈裂面保留，未修整。M44∶17 骨臂饰，由 24 片宽约 1 厘米的骨片制成，骨片大小相当，厚薄均匀，劈裂面平直。制作方法为将骨料劈裂成大小相当的骨片，然后磨制规整，再用黑色胶状物将其逐片紧密粘贴。

片切割法为利用片状工具切割或锯割，主要用于骨骼上关节的去除、骨片的获取、凹槽的切割等。五坝墓地出土多件骨器上有片切割的痕迹，该种加工方法应是五坝先民普遍使用的一种骨料加工方法。M53∶5 骨管，系用大型鸟类肢骨加工而成，两端均残留有切割凹槽，切割面较为平整。仔细观察可以发现，端口部分割痕十分整齐，不仅残留有切割凹槽，局部还残留断茬痕迹。结合这些残迹，推测切割流程为一手固定动物长骨，另一手持工具在要分解的部位前后滑动，待划穿骨壁后，转动骨体，从另一侧继续滑动，待锯割一周完毕后，手握骨体两端，将其沿锯割处掰断。

五坝墓地出土了 6 件制作规整的骨柄石刀，个别残存有石刃（石叶），系大型哺乳动物肢骨制成，制作精美，工艺复杂。骨柄石刀的制作工序复杂，难度高，其制作流程为选取合适的动物肢骨，去除两端关节，再通过片切割的方法截取骨片，之后削切多余骨料，修整器形及刃部，再在刃部处锯割出镶嵌石片的凹槽，最后器表通体磨光。肢骨片为选取动物肢骨较平的一侧骨壁切割而成，切割痕迹因后续削切及磨制已不清晰，器身侧面均有凹槽，凹槽内可见清晰的线性切割痕迹，可能为用片状工具锯割而成。M25∶8，器身扁平，通体磨光，双刃，一侧直刃，一侧弧刃，刃部截面呈"V"形，两面均镶嵌有石叶；M44∶1，整体呈片状长条形，刃部微弧，背部较直，刃部截面呈"V"形凹槽，刃部镶嵌有 3 片玛瑙质细石叶。

削切法系削去多余骨料的一种加工方法，多用于骨锥的制作及器物的局部修整。如 M5∶3 及 M48∶6，两件骨锥制作方法一致，均为利用动物肢骨切磨而成，柄部保留有原关节。从形制来看，应为将肢骨一端斜切，另一端保持原状，之后再将下端磨成锋尖。削切法应用最多的为器物的局部修整，如 M44∶8 骨笄和 M53∶5 骨管，局部均可见明显的削切痕迹；如以 M44∶1 为代表的骨柄石刀，一侧刃部呈弧形，也应为削切多余骨料修整而成。

磨制是新石器时代骨器制作的主要技术手段[1]，也是五坝墓地出土骨器广泛使用的制作及修整方法。经统计，五坝墓地所出骨质工具及装饰品均经磨制环节。一方面主要为修整出锋利的刃部或尖部，另一方面则是使器体更为精致。如 M9∶2 骨锥，仅磨出锋尖，其余部分未打磨；M25∶6 骨管，通体磨光，上有竖向较长的磨痕。

五坝墓地出土骨器上钻孔不多，主要见于骨针上。如 M44∶5 和 M53∶6，通体磨光，柄部呈扁平状，上有一对钻而成的小圆孔，孔径约 0.1 厘米。

3. 加工流程

通过制作工艺的分析，该遗址的骨器制作和加工流程可分为选料、截料、成型修整 3 个步骤。骨料多选择哺乳动物和大型鸟类肢骨，根据器形和用途选择制骨的材料。截料主要利用劈裂剖分法、片切割法和削切法进行骨料的截取。成型修整主要为修整器体、加工刃部及凿钻穿孔。

二 五坝墓地人群生业经济研究

五坝墓地经历了半山晚期—马厂时期和西城驿 / 齐家文化时期三个发展阶段，下面主要通过墓葬内出土的少量动物骨骼及人骨稳定碳氮同位素结果，并结合河西走廊及周边地区同时期植物考古、动物考古和人骨、动物骨骼稳定碳氮同位素结果，简单探讨五坝墓地各期人群的生业经济。

五坝墓葬出土了少量的动物骨骼，经鉴定主要包括羊、狗、羚亚科、大型鸟类的骨骼，特别是发现了部分用大型鸟类肢骨磨制的骨管，说明羊、狗是五坝先民重要的家养动物，同时也兼有狩猎经济。

甘青地区仰韶时代家养的猪、狗是先民最重要的家养动物和肉食资源来源，随着马家窑文化和齐家文化不断波浪式向河西走廊地区推进，猪、狗成为河西走廊先民最重要的家养动物和肉食

---

[1] 马萧林：《关于中国骨器研究的几个问题》，《华夏考古》2010 年第 2 期，第 138~142 页。

资源来源[1]。目前可靠的动物骨骼鉴定表明至少在马厂时期西亚驯化的牛、羊已经传播至河西走廊地区。河西走廊地区马厂时期磨咀子遗址出土动物遗存鉴定结果显示，鸟纲2种，种属不明，哺乳纲包括鼠、兔、家猪、中型鹿、黄牛、绵羊和山羊等10种。家猪、黄牛、绵羊为家养动物，出土的马骨破碎且极少。依据可鉴定标本数统计，家养动物占到哺乳动物总数的80%，家养动物中猪最多，占63%，其次是绵羊，占32%；按最小个体数统计，绵羊最多，占55%，其次是猪，说明猪和羊是磨咀子遗址先民最重要的肉食来源[2]。综上，至少在马厂时期，河西走廊先民已经大规模进行畜牧牛羊和家养猪狗获取肉食资源，马厂先民还保持陇东黄土高原地区的传统，猪是最重要的家养动物，同时羊的比例较高，表明羊也成为最重要的家养动物，五坝墓地随葬羊距骨，也证实羊已经成为该时期五坝先民畜牧的家养动物。

西城驿/齐家文化时期，河西走廊西河滩、缸缸洼、火石梁、海藏等遗址出土动物遗存经鉴定，西河滩遗址主要家养动物包括绵羊、山羊、猪、狗等家养动物和鹿科、兔、鸟等野生动物[3]。火石梁遗址主要包括猪、狗、牛、山羊、绵羊、羚羊属、鹿科、兔及大型食肉动物，可鉴定标本数表明，山羊/绵羊的比例最高占到38%。缸缸洼遗址主要包括猪、狗、牛、山羊、绵羊、羚羊属、鹿科、兔、鼠等，可鉴定标本数表明，山羊/绵羊的比例最高，占到40%[4]。海藏遗址动物遗存可以分为两大类，一类是人类饲养或可能饲养的动物，包括食草性家养动物绵羊、山羊、黄牛、马和杂食性动物猪、狗；一类是人类狩猎动物，主要为野生食草性哺乳动物，种类主要包括野生的牛科和鹿科，如羚羊、盘羊、马鹿、梅花鹿、狍子等，食肉性动物豹属等。海藏遗址出土动物骨骼可鉴定标本数和最小个体数均显示出西传而来的食草性家畜绵羊/山羊和黄牛占主导，杂食性家畜猪次之的动物资源结构。从可鉴定标本数看，绵羊/山羊遗存的数量占比最高，黄牛次之，家猪随后；而最小个体数则显示，绵羊/山羊在动物群中的比例远高于黄牛和猪，后二者比例相似[5]。目前部分西城驿/齐家文化遗址鉴定结果统计表明，家养动物主要为猪、狗、牛、山羊、绵羊，羊已经成为河西走廊该时期先民最重要的家养动物和肉食资源来源，猪、狗的比例已经开始降低。同时期邻近地区金禅口、长宁遗址出土动物骨骼表明除猪狗外，羊成为最重要的家养动物和肉食资源来源[6]。近年学者通过西北地区出土牛、羊动物的年龄鉴定，表明先民畜牧牛羊是为了更多地

［1］董广辉、杨谊时、任乐乐等：《河西走廊地区史前时代生业模式和人与环境相互作用》，科学出版社，2020年。

［2］动物考古课题组：《中华文明形成时期的动物考古学研究》，《科技考古（第三辑）》，科学出版社，2011年。

［3］Vaiglova P, Reid REB, Lightfoot E, et al., "Localized management of non-indigenous animal domesticates in Northwestern China during the Bronze Age," *Scientific Reports*, 2021, 11: 15764, DOI:10.1038/s41598-021-95233-x.

［4］Ren L L, Yang Y S,Qiu M H, et al., "Direct dating of the earliest domesticated cattle and caprines in northwestern China reveals the history of pastoralism in the Gansu-Qinghai region," *Journal of Archaeological Science*, 2022, DOI: 10.1016/j.jas.2022.105627.

［5］海藏遗址报告待出版。

［6］任乐乐：《青藏高原东北部及其周边地区新石器晚期至青铜时代先民利用动物资源的策略研究》，兰州大学博士学位论文，2017年；李谅：《青海省长宁遗址的动物资源利用研究》，吉林大学硕士学位论文，2012年。

获取奶或毛等次级产品而非单纯的肉食[1]。从这个层面判断，五坝墓地先民可能大规模畜牧牛羊获得奶和毛等次级产品，以获取更多的资源。

目前河西走廊地区不同时期家养动物鉴定及比例表明，随着半山—马厂先民扩张至河西走廊地区，该时期五坝先民保持着黄土高原地区人群饲养猪狗杂食性动物获取肉食资源的传统，随着距今4000年前后整个欧亚草原牧业经济进程的加速，东西方文化交流的加快，西城驿/齐家文化时期西亚驯化的牛、羊和中亚驯化的马大规模传入河西走廊地区，从而改变了河西走廊饲养猪、狗的传统，向畜牧牛羊的生业经济转变。

人骨骨骼稳定碳氮同位素可以重建先民农业种植结构和家畜饲养结构，直接反映古代居民饮食习惯，也可以反映出人群和文化之间的交流过程。目前对河西走廊地区磨咀子遗址、五坝墓地、海藏遗址、西城驿遗址人骨进行了碳氮同位素检测分析，对磨咀子、西城驿、西河滩遗址动物骨骼也进行了碳氮同位素检测分析[2]，为认识五坝墓地乃至河西走廊先民摄食结构和动物的饲养管理提供了重要的证据。

五坝墓地55个人骨个体进行了人骨稳定同位素检测分析（表六）。55个人骨个体骨胶原 $\delta^{13}C$ 的范围为 -8.4‰~-5.6‰，均值为 -7.3±0.5‰，说明五坝墓地先民整体呈 C_4 信号，先民主要摄食了 C_4 粟、黍作物或者以粟、黍食物为主的动物，仅1个个体（MW032）为 -13.1‰，呈 C_3/C_4 混合信号，说明少量的先民摄食了一定量的 C_3 麦类作物或者以 C_3 麦类或其他植物为食物的动物。与河西走廊地区马厂—西城驿/齐家时期植物鉴定结果一致。与邻近地区同时期人骨碳同位素结果比较，磨咀子马厂时期13个人骨个体骨胶原 $\delta^{13}C$ 的范围为 -7.8‰~-6.7‰，均值为 -7.1±0.4‰，表明磨咀子马厂先民整体呈 C_4 信号，先民主要摄食了 C_4 粟、黍作物或者以粟、黍食物为主的动物。邻近河湟地区红谷下海石马厂墓地6个人骨 $\delta^{13}C$ 平均值为 -8.7±0.4‰[3]，同样表明下海石马厂先民整体呈 C_4 信号，先民主要摄食了 C_4 粟、黍作物或者以粟、黍食物为主的动物。目前河西走廊地区及邻近地区植物考古证据同样说明该时期先民主要种植和摄食粟、黍作物。磨咀子遗址系统采样，出土炭化植物遗存统计显示粟、黍占出土植物遗存的90%以上[4]，西城驿遗址

[1] 宋艳波、陈国科、王辉等：《张掖西城驿遗址2014年出土动物遗存分析》，《东方考古（第13集）》，科学出版社，2016年，第233~242页。

[2] Liu X Y, Lightfoot E, O'Connell, et al., "From necessity to choice:dietary revolutions in west China in the second millennium BC," *World Archaeology*, 2014, 46(5): 661-680; Vaiglova P, Reid REB, Lightfoot E, et al., "Localized management of non-indigenous animal domesticates in Northwestern China during the Bronze Age," *Scientific Reports*, 2021, 11; 15764, DOI: 10.1038/s41598-021-95233-x; 张雪莲、张君、李志鹏等：《甘肃张掖市西城驿遗址先民食物状况的初步分析》，《考古》2015年第7期，第110~120页。

[3] 马敏敏：《公元前两千纪河湟及其毗邻地区的食谱变化与农业发展—稳定同位素证据》，兰州大学博士学位论文，2013年。

[4] 赵志军：《中华文明形成时期的农业经济发展特点》，《中国国家博物馆馆刊》2011年第1期，第19~31页。

表六　五坝墓地人骨稳定碳氮同位素检测结果[1]

实验编号	δ ^{13}C（‰）	C（%）	δ ^{15}N（‰）	N（%）	C/N
MW001	−6.0	38.7	10.2	14.3	3.2
MW002	−7.1	35.2	8.4	13.1	3.1
MW003	−7.6	41.5	7.8	15.4	3.1
MW004	−7.6	39.4	9.4	14.8	3.1
MW006	−6.8	40.1	12.5	14.7	3.2
MW007	−8.1	38.2	8.8	14.2	3.1
MW008	−7.7	41.2	7.7	15.3	3.1
MW009	−8.0	38.4	8.5	14.4	3.1
MW010	−7.3	41.1	9.2	15.3	3.1
MW011	−7.1	41.3	9.1	15.5	3.1
MW012	−7.0	39.9	7.7	14.9	3.1
MW013	−7.4	38.8	8.6	14.5	3.1
MW014	−7.5	39.6	8.5	14.8	3.1
MW015	−7.3	42.1	8.9	15.6	3.1
MW016	−7.3	46.1	9.1	17.1	3.1
MW017	−7.8	45.9	9.2	17.0	3.2
MW018	−8.0	46.6	9.2	17.3	3.1
MW019	−7.5	42.6	9.7	15.9	3.1
MW020	−8.4	46.7	8.5	17.2	3.2
MW021	−7.5	39.7	10.1	14.8	3.1
MW022	−7.2	47.5	9.2	17.6	3.1
MW023	−7.2	40.9	8.9	15.2	3.1
MW024	−6.6	42.3	11.3	15.5	3.2
MW025	−7.2	48.6	7.7	18.1	3.1
MW026	−7.1	47.0	9.8	17.4	3.2
MW027	−7.1	46.7	8.1	17.3	3.1

[1] 此表改自：Vaiglova P, Reid REB, Lightfoot E,et al., "Localized management of non-indigenous animal domesticates in Northwestern China during the Bronze Age," *Scientific Reports*, 2021, 11: 15764, DOI:10.1038/s41598-021-95233-x.

实验编号	δ¹³C（‰）	C（%）	δ¹⁵N（‰）	N（%）	C/N
MW028	−7.0	45.4	8.9	16.5	3.2
MW029	−7.1	44.0	9.1	16.3	3.1
MW030	−6.7	45.3	10.8	16.7	3.2
MW031	−7.6	42.3	8.4	15.6	3.2
MW032	−13.1	44.7	10.0	16.6	3.1
MW033	−7.1	42.3	7.9	15.7	3.1
MW034	−7.5	39.7	8.7	14.9	3.1
MW035	−8.2	34.7	9.3	12.9	3.1
MW036	−7.5	42.7	10.4	15.8	3.2
MW037	−7.3	46.1	9.8	17.1	3.1
MW038	−7.1	42.9	7.8	15.9	3.1
MW039	−7.1	44.2	8.4	16.4	3.1
MW040	−7.2	43.5	8.0	16.1	3.2
MW041	−5.6	44.6	12.1	16.6	3.1
MW042	−8.0	45.3	8.9	16.1	3.3
MW043	−6.9	45.5	9.0	16.9	3.1
MW044	−6.6	44.9	11.4	16.5	3.2
MW045	−8.3	41.8	9.2	15.5	3.1
MW046	−7.0	39.0	9.2	14.5	3.1
MW047	−7.3	41.3	8.5	15.4	3.1
MW048	−6.7	44.6	11.4	16.4	3.2
MW049	−7.3	42.7	8.3	15.8	3.2
MW050	−7.8	43.1	8.8	15.9	3.2
MW051	−7.3	39.5	9.4	14.8	3.1
MW052	−7.4	40.6	8.3	15.1	3.1
MW053	−7.8	39.8	7.8	14.9	3.1
MW054	−7.3	43.3	9.7	16.1	3.1
MW055	−7.1	42.9	8.5	15.9	3.1
MW056	−7.7	41.0	9.1	15.2	3.1

马厂晚期出土炭化植物遗存鉴定主要为粟、黍，占出土植物遗存的80%[1]，鸳鸯池墓地发现了随葬储藏粟、黍的陶瓮，河西走廊粟、黍旱作农业在马厂时期得到快速发展，成为先民最重要的植物性资源，说明五坝墓地先民与河西走廊同时期先民一致，主要种植粟、黍作物。值得注意的是五坝墓地 1 个个体呈 C_3/C_4 混合信号，说明该先民可能摄食了 C_3 麦类作物。河西走廊其他西城驿文化和齐家文化人骨碳同位素表明该时期先民摄食了麦类作物，西城驿遗址 4 具人骨 $\delta^{13}C$ 值为 –9.76‰ ~–8.27‰，指示摄食了大量的 C_4 类植物，也应该摄食了麦类以及以 C_3 植物为食的动物，西城驿—四坝文化时期西城驿遗址发现了麦类作物，四坝文化时期麦类作物出土已经很普遍，说明西城驿先民或多或少摄食 C_3 麦类作物。海藏遗址人骨骨胶原 $\delta^{13}C$ 的范围为 –15.5‰ ~–6.8‰，少数个体呈 C_3/C_4 混合信号，说明部分先民摄食了一定量的 C_3 麦类作物或者以 C_3 麦类或其他植物为食物的动物，表明西城驿 / 齐家文化时期河西走廊先民已经摄食了一定量的麦类作物。目前考古证据表明，距今 4000 年后河西走廊缸缸洼、火石梁、西城驿、皇娘娘台、海藏遗址都出土了麦类作物遗存[2]。植物考古证据和人骨同位素证据表明，西城驿 / 齐家文化麦类作物已经成为河西走廊先民重要的农作物，粟、黍、麦类混合农业在河西走廊逐渐形成。

56 个人骨骨胶原 $\delta^{15}N$ 的范围为 7.7‰ ~12.5‰，均值为 9.1 ± 1.1‰，说明五坝先民摄食了大量的动物蛋白质，且肉食量比较高。与河西走廊马厂类型磨咀子遗址比较，磨咀子遗址人骨骨胶原 $\delta^{15}N$ 的范围为 7.7‰ ~9.2‰，均值为 8.3 ± 0.4‰，五坝先民 $\delta^{15}N$ 明显高于磨咀子遗址，进一步表明五坝先民摄食了大量的蛋白质。与海藏遗址齐家文化遗存比较，海藏遗址人骨骨胶原 $\delta^{15}N$ 的范围为 8.0‰ ~10.9‰，均值为 9.4‰，海藏遗址食草家养动物 $\delta^{15}N$ 均值为 6.5‰，杂食性家养动物 $\delta^{15}N$ 均值为 8.2‰，五坝墓地人骨 $\delta^{15}N$ 与海藏遗址人骨 $\delta^{15}N$ 相近，但是高于海藏遗址杂食性动物和食草性动物的 $\delta^{15}N$ 值，同样也高于西城驿 / 齐家文化时期缸缸洼、火石梁、西河滩遗址杂食性动物和食草性动物的 $\delta^{15}N$ 值，且远高于食草性动物 $\delta^{15}N$ 值，进一步表明五坝墓地乃至整个河西走廊西城驿 / 齐家文化先民摄食大量的肉食资源，这与动物考古结果相对应。距今 4000 年后随着畜牧牛、羊的牧业经济进一步影响到河西走廊，食草性动物大规模饲养，人类可饲养和利用的动物增加。

综上所述，通过五坝墓地出土的少量动物和人骨稳定碳氮同位素结果结合河西走廊半山—西城驿 / 齐家文化已有的相关动植物考古的研究成果，对五坝先民生业经济和摄食结构有了初步的认识。五坝半山先民不断西进至适合定居农业发展的民乐盆地后，带来了粟、黍种植和家畜猪、狗饲养，保持了黄土高原地区定居的粟、黍农业兼饲养猪、狗的生活方式。五坝马厂类型时期，随着西传而来的家畜牛、羊传播至河西走廊，逐渐被五坝马厂先民接受，家畜牛、马、羊的大规

［1］范宪军、陈国科、靳桂云：《西城驿遗址浮选植物遗存分析》，《东方考古（第 14 集）》，科学出版社，2017 年，第 228~244 页。

［2］杨谊时：《河西走廊史前生业模式转变及影响因素研究》，兰州大学博士学位论文，2017 年。

模饲养和管理水平的提高，畜牧经济得到了快速的发展，对先民的生存生活方式产生了重要的影响。五坝西城驿／齐家时期，距今 4000 年后西亚驯化的麦类作物传播至河西走廊地区，欧亚马、牛、羊畜牧经济波及河西走廊地区，畜牧经济得到了快速的发展，五坝墓地乃至河西走廊地区先民开始发展粟、黍和麦类混合农业，并且大规模畜牧牛、羊。正如俞伟超先生所言"中国西北地区自齐家文化开始，农业经济开始向复杂的畜牧经济转变，这一区域经济形态演变对我国以及世界其他地区古代社会有重要影响。"

第三节　早期东西方文化交流

前文通过五坝墓地与河西走廊及邻近地区考古学文化进行比较，对五坝墓地时代属性和文化特征有了清晰的认识。五坝墓地经历了半山晚期、马厂中晚期和西城驿／齐家文化早期，绝对年代为 4400BP~3800BP，正值中国新石器时代末期和青铜时代早期阶段。从马家窑类型开始，甘肃中东部文化呈波浪式向河西走廊推进，此后，半山类型—马厂类型—齐家文化都逐渐向西传播。本节以五坝墓地彩陶、竖穴偏洞室墓等文化因素探讨早期东西方文化交流与互动。

下面以彩陶为主要依据，揭示主要分布于甘青宁东部的考古学文化西扩走廊的所谓"东风西渐"进程及河西走廊在与中亚文明的交互中接受其文化因素的所谓"西风东渐"的过程。

中国彩陶自发现之初，彩陶传播与"彩陶之路"的探索从未中断，已有百年的研究历史。以陇原和关中盆地为轴心的黄土的儿女创造了中国黄河流域的彩陶文化。正如李新伟先生所说"唯有陇原地区坚守着仰韶文化传统，更西进形成马家窑文化，将彩陶艺术推向巅峰，西入河西走廊、南下四川盆地，为中华文明之形成开辟了更广阔的空间，打通了直达欧亚草原腹心地带的通道。"[1]

当今，"仰韶文化西来说"或者"彩陶文化西来说"早已过时，"彩陶之路"也已变为早期中国文化向西拓展之路。下面以不同文化时期彩陶遗存为重点，简要梳理河西走廊考古学文化与类型的分布范围、演进格局及其西渐进程，以更好地理解彩陶之路。

至迟在仰韶文化庙底沟类型时期彩陶已经扩张至青海东部的黄河上游。古浪县调查发现的器形、花纹为半坡类型典型特征的彩陶钵，有可能将仰韶文化的分布西界推进至河西走廊最东端，距今 6000 年前后仰韶彩陶已经传播至河西走廊的东端。至马家窑文化阶段，西传趋势愈演愈烈。古浪陈家厂子遗址发现的彩陶小口平底瓶年代或可早到石岭下类型。至迟在距今 5000 年前后马家窑类型进抵河西走廊东部，目前河西走廊马家窑类型遗存发现较少，仅在部分遗址、墓葬发现少

---

[1] 李新伟：《"跨界"和"出圈"——中国考古百年华诞史前考古重大发现评述》，《中国文物报》2022 年 4 月 8 日。

量彩陶，其中武威地区塔儿湾和五坝山出土了典型马家窑类型时期彩陶壶和彩陶盆[1]。根据目前考古调查资料和测年结果显示，马家窑类型晚期距今4800年彩陶已经扩张至河西走廊西部[2]，在酒泉照壁滩和高苜蓿地发现马家窑类型彩陶。

半山类型被视为马家窑类型的继续和发展，兰州附近—洮河中下游—湟水下游是其分布的中心区。半山早期分布西界至于青海省东部，见于乐都柳湾、西宁朱家寨、同德宗日遗址等。中期北界发生了明显变化，已进入甘肃景泰县北部，在宁夏南部海原也有零星发现，见于景泰马胡地沟、张家台、喜集水和宁夏固原河川等。兰州以北的皋兰、景泰两县地理位置重要，由此向东可通宁夏，向西直逼河西走廊，在文化传播上有着重要的中介作用。半山中期进入景泰，是进一步西向传播的关键一步。半山晚期开始跨过黄河向更为西北的河西走廊寻求发展，武威朵家梁、半截墩滩，永昌鸳鸯池、民乐五坝发现有半山晚期的遗存，五坝墓地的发掘将半山类型的西界从永昌推进至民乐一线。抑或从湟水下游的永登和红谷经天祝直接进入河西走廊。彩陶作为半山类型向西传播的代表物，其从河湟地区到走廊中部民乐地区的西进路线见证了半山类型的西向传播浪潮和文化交互。半山类型是马家窑类型的延续，其在走廊西端却不见分布，有待新的考古发现补充其空档。

马厂类型整体上较半山类型分布空间大为扩展，呈逐步向西、向北扩张的趋势，其在河西走廊有空前的发展，具体表现为遗址数量大大增加，分布范围广为扩展，兰州—湟水中下游一带是其分布的中心区。马厂早期河西走廊已成为核心区外围的重要分布区，该时期西北界在武威附近，见于古浪朵家梁等。马厂中期呈现出新的繁荣景象，河西走廊成为马厂类型东、西两大分布区中的西部重心区，西部河西走廊主要包括武威磨咀子、头墩营，永昌鸳鸯池、三角城、北山湾子，民乐五坝，该时期西北界在民乐附近。马厂晚期亦保持繁荣势头，继续西进，远端已深入到走廊西端的酒泉、金塔境内，见于酒泉干骨崖、高苜蓿地等。马厂末期主要分布于河西走廊，西界同样至于走廊西段的酒泉，见于缸缸洼、西河滩等。彩陶作为代表物，从兰州—湟水中下游到酒泉地区的西进路线见证了马厂类型的西向传播过程。

近年西城驿遗址二期遗存的发掘，因发现典型"过渡类型"遗存，学者提出西城驿文化，其分布核心区在河西走廊，河西走廊大部分遗址西城驿文化往往与齐家文化共存。以西城驿文化典型饰菱形网格纹的双耳彩陶罐和陶盆为例，主要分布于河西走廊的中西部，目前在敦煌西土沟、旱峡，酒泉干骨崖、西河滩、三奇堡，瓜州潘家庄、兔葫芦，金塔二道梁、缸缸洼、火石梁、榆树井、一个地窝南，张掖西城驿，民乐五坝、东灰山，山丹四坝滩等都有发现。西城驿文化还影响到其他地区，向东影响到河西走廊东部齐家文化遗址，见于皇娘娘台、海藏遗址，东南至河湟地区，见于青海大通长宁、金禅口等遗址，兰州附近七里河大坪遗址，北达内蒙古，见于阿拉善

[1]甘肃省文物考古研究所：《武威塔儿湾新石器时代遗址及五坝山墓葬发掘简报》，《考古与文物》2004年第3期，第8~11页。

[2]杨谊时：《河西走廊史前生业模式转变及影响因素研究》，兰州大学博士学位论文，2017年。

盟苏红图、西达布素图、必鲁图遗址，西抵新疆，见于哈密天山北路墓地。西城驿文化彩陶从河西走廊到新疆哈密地区的西进路线见证了西城驿文化的西向传播过程。

综上，最早进入河西走廊的是马家窑类型，其在河西分布的西界止步于酒泉。继之而起的是半山类型和马厂类型，前者的西端抵达民乐，后者已推进至酒泉。西城驿文化兴起后，进一步向西、向北发展，分布空间大大超前，西抵新疆哈密，北至内蒙古阿拉善地区。也就在这个时期，齐家文化西进河西走廊，亦止步于酒泉、金塔一线，再西不见其踪迹。在张掖及其以西，西城驿文化与齐家文化接触频繁，常见你中有我、我中有你的共存现象，在两者的长期共存与交互中孕育出了四坝文化。

前文就甘青宁地区多波彩陶西进浪潮进行论述，下面拟从以"早期东方文化圈"与"早期西方文化圈"为代表的亚欧大陆的角度探讨该时段内的文化交流与互动。韩建业曾梳理出以彩陶为代表的早期中国文化以陕甘地区为根基东风西渐的四个阶段，后发现中亚南部彩陶文化可能更早就对甘青等地产生影响，真正意义上的"彩陶之路"自然也包括彩陶的西风东渐在内[1]。中亚南部青铜时代早期文化可能对中国甘青和新疆地区产生过一定影响，表现在锯齿纹彩陶、尖顶冠形符号、人物雕塑、土坯建筑、权杖头、农作物大小麦、家畜牛马羊等方面。锯齿纹是马家窑文化半山类型彩陶的标志性特征，罕见于马家窑文化马家窑类型晚期，却流行于土库曼斯坦南部的纳马兹加二至四期文化，该文化从大约公元前4000年的铜石并用时代开始就盛行锯齿纹，并延续至青铜时代早期，因此，半山类型彩陶上的锯齿纹图案与纳马兹加文化有关，很有可能就是纳马兹加四、五期通过绿洲远距离影响的结果[2]。到了五坝墓地半山阶段，锯齿纹已退化为细密的斜向短线纹，是半山类型锯齿纹的晚期特征。

综上，始源于渭河上游的彩陶文化，向东、北、南传播，距今5000年前后向西传播，对河西走廊产生了深远的影响。在黄河流域彩陶文化逐渐退出历史舞台后，传播至河西走廊的彩陶文化是其最后的繁荣期，继而西传进入天山地区以后，在天山地区又绵延了近两千年。陇原大地的彩陶流播，马家窑类型首先进入河西走廊，西抵酒泉，而后是中亚南部文化因素向甘青地区渗透，接着才是半山—马厂—西城驿彩陶文化的波浪式西进浪潮，五坝墓地的发掘将半山类型的分布西界推进至民乐地区，马厂类型分布西界至于酒泉，西城驿文化分布西界远抵新疆哈密地区，开辟了直达欧亚草原腹心地区的通路。作为丝绸之路的前身，"彩陶之路"是早期中西文化交流的首要通道，对早期中西方文明的形成和发展都产生过重要影响。

中国的西北地区是洞室墓最早发现的区域，甘青地区半山—马厂—齐家文化墓地发现了部分洞室墓，引起了学者关注，学者就开始探讨中国洞室墓的起源和传播过程[3]。五坝墓地最特殊的

---

[1] 韩建业：《"彩陶之路"与早期中西文化交流》，《考古与文物》2013年第1期，第28~37页；韩建业：《再论丝绸之路前的彩陶之路》，《文博学刊》2018年第1期，第20~32页。

[2] 韩建业：《马家窑文化半山期锯齿纹彩陶溯源》，《考古与文物》2018年第2期，第54~59页。

[3] 谢端琚：《试论我国早期土洞墓》，《考古》1987年第12期，第1097~1104页。

埋葬形式就是出现了竖穴偏洞室墓,从半山类型晚期一直延续到西城驿 / 齐家文化时期。下面我们通过梳理中国早期洞室墓的发现和研究,结合其时空分布特征,探讨欧亚大陆上这种特殊葬俗的起源和传播过程。

洞室墓一般由竖穴墓道和洞室两部分组成,根据墓道和洞室的位置关系,可大致分为两类,一类墓道与墓室垂直分布,即墓室位于墓道短边一侧,另一类墓道和墓室平行分布,即墓室位于墓道长边一侧[1],也有学者根据形状将土洞墓划分为"凸"字形与"曰"字形两类[2]。目前中国境内早期洞室墓的考古发现大致可以分为四个区域,一是内蒙古东南部和河北西北部地区,二是关中地区,三是陇山西侧的甘青宁地区,四是新疆地区。

中国最早的竖穴偏洞室墓发现于关中地区杨官寨遗址。偏洞室墓为该遗址主要的埋葬形式,共发现 173 座,占墓葬总数的 81%。该批墓葬具有十分典型的庙底沟类型特征,经测年绝对年代为公元前 3637~ 前 2918 年[3]。

较早发现竖穴偏洞室墓的还有华北和东北地区,主要见于河北阳原县姜家梁遗址、赤峰市大南沟和哈啦海沟遗址,韩建业将这一地区的洞室墓称为洞室墓"北方传统"的"东部支系"[4]。姜家梁与大南沟年代接近,哈啦海沟年代略晚,从目前分期和测年结果看,小河沿文化年代在 3000BC~2200BC[5]。姜家梁遗址土洞墓 7 座,占墓葬总数的 9% 左右,大南沟墓地 19 座明确属于洞室墓,占墓葬总数的 23% 左右。哈啦海沟墓地 19 座竖穴偏洞室墓,占墓葬总数的 82%[6]。

目前西北地区最早的偏洞室墓发现于新疆地区的尼勒克县西南端阿布热勒山南麓的山前地带,发现阿凡纳谢沃文化时期墓葬 1 座,Ⅲ M5 地表有低矮的石封堆,封堆外围有石圈,平面近似圆形,封堆下有 3 个墓室和立石遗迹。墓室结构有竖穴土坑、竖穴偏室两种,碳 –14 绝对年代为 2933BC~2751BC[7]。同时在和布克赛尔县松树沟墓地也发现了阿凡纳谢沃文化时期墓葬 2 座,M16 地表封堆为圆形石堆,由卵石和土混合堆积而成,墓室为圆角长方形,竖穴土坑偏室,碳 –14 绝对年代为 3055BC~2696BC[8]。青铜时代至早期铁器时代伊犁河流域竖穴偏洞室墓广泛流行[9],同时在中部天山地区也发现了大量的偏洞室墓。

[1] 马金磊:《甘青地区青铜时代土洞墓的初步研究》,《考古与文物》2013 年第 2 期,第 32~40 页。

[2] 谢端琚:《试论我国早期土洞墓》,《考古》1987 年第 12 期,第 1097~1104 页。

[3] 陕西省考古研究院、高陵区文体广电旅游局:《陕西高陵杨官寨遗址庙底沟文化墓地发掘简报》,《考古与文物》2018 年第 4 期,第 3~17 页。

[4] 韩建业:《中国先秦洞室墓谱系初探》,《中国历史文物》2007 年第 4 期,第 16~25 页。

[5] 赵宾福、任瑞波:《再论小河沿文化的分期与年代》,《边疆考古研究(第 17 辑)》,科学出版社,2015 年,第 127~142 页。

[6] 白佳依:《小河沿文化时期偏洞室墓研究》,《赤峰学院学报(汉文哲学社会科学版)》2018 年第 8 期,第 1~5 页。

[7] 新疆文物考古研究所、中国人民大学考古文博系、伊犁州文物局等:《新疆伊犁州墩那高速公路尼勒克段沿线古代墓葬的发掘》,《考古》2020 年第 12 期,第 3~20 页。

[8] 新疆文物考古研究所:《和布克赛尔县 219 国道松树沟墓地考古发掘报告》,《新疆文物》208(1–2),第 55~81 页。

[9] 李溯源:《新疆伊犁河谷史前考古学文化研究》,南京大学博士学位论文,2013 年。

关中和新疆之间的甘青宁地区是将洞室墓发扬光大的区域，甘青宁地区最早的洞室墓发现于兰州周边和湟水下游的半山类型时期和宁夏南部的菜园类型，之后在马厂类型时期有大量的发现。兰州附近半山晚期的焦家庄、十里店和土谷台发现了土洞墓，其中土谷台墓地共发现半山土洞墓34座，土洞墓占到91%[1]，时代为半山晚期。湟水下游地区半山时期土洞墓较少，仅循化苏呼撒墓地发现半山时期长方形偏洞木棺墓，时代为半山晚期[2]。宁夏南部菜园类型的切刀把墓地、二岭子湾墓地及寨子梁墓地清理少量的洞室墓，均为在墓坑的一端，挖出一个近似长方形的小龛，弧顶、弧壁。墓主多放置于龛内，随葬品放置在外部坑中[3]。马厂类型时期土洞墓在甘青地区兰州附近及湟水中下游地区快速发展，在土谷台、糜地岘、下海石、马牌、柳湾等发现大量土洞墓[4]，河西走廊的鸳鸯池也有零星发现，其中下海石几乎全部为土洞墓，柳湾土洞墓占到44%，土谷台占到56%，马牌占到45%。在五坝墓地之前，甘青地区半山—马厂时期的土洞墓全部为"凸"字形土洞墓。五坝墓地发现的7座全部为竖穴偏洞室墓，M44半山时期竖穴偏洞室墓是甘青地区目前发现的最早的竖穴偏洞室墓。五坝墓地继半山类型之后的马厂类型、西城驿文化和齐家文化均发现有竖穴偏洞室墓，马厂时期还出现了目前所见年代最早的竖穴双偏洞室墓。甘青地区马厂之后的青铜时代齐家文化也发现了部分土洞墓，特别是齐家文化晚期的磨沟墓地数量占比大，形制也更为多样，按照偏室数量可将其分为单偏室、双偏室和多偏室，按照偏室位置可分为左右偏室和上下偏室[5]。齐家文化之后的四坝、卡约、辛店、沙井等多支考古学文化多竖穴偏洞室墓，"凸"字形土洞墓基本消失。

从中国北方地区发现的土洞墓的时空分布来看，中国最早的竖穴偏洞室墓在公元前3600~前3000年出现在关中地区，时代为庙底沟类型时期，时代稍晚的小河沿文化时期在内蒙古的东南部多个墓地出现了偏洞室墓，韩建业将这一区域称为北方传统的"东部支系"。距今5000年前后的新疆伊犁河谷地区阿凡纳谢沃文化时期，部分石堆墓为竖穴偏洞室墓，之后青铜时代至早期铁器时代伊犁河谷至中部天山地区发现了大量洞室墓，韩建业将这一区域称为西方传统的"天山支系"。甘青宁地区在距今4500年前后的菜园文化或半山类型同时出现了土洞墓和竖穴偏洞室墓，也是中国北方地区洞室墓最为流行的区域，一直延续到马厂、齐家文化及之后的诸文化。

从目前考古发现来看，欧亚草原较早的洞室墓发现于欧亚草原的伏尔加河下游和第聂伯河以

[1]甘肃省博物馆、兰州市文化馆：《兰州土谷台半山—马厂文化墓地》，《考古学报》1983年第2期，第191~222页。

[2]青海省考古研究所：《青海循化苏呼撒墓地》，《考古学报》1994年第4期，第425~449页。

[3]宁夏文物考古研究所、中国历史博物馆考古部：《宁夏菜园——新石器时代遗址、墓葬发掘报告》，科学出版社，2003年。

[4]甘肃省文物考古研究所：《兰州红古下海石——新石器时代遗址发掘报告》，科学出版社，2008年。

[5]甘肃省文物考古研究所、西北大学丝绸之路文化遗产保护与考古学研究中心：《甘肃临潭磨沟墓地齐家文化墓葬2009年发掘简报》，《文物》2014年第6期，第4~23页；甘肃省文物考古研究所：《甘肃重要考古发现（2000~2019）》，文物出版社，2020年；钱耀鹏、毛瑞林：《甘肃临潭磨沟齐家文化墓地发掘及主要收获》，《考古学研究（九）》，文物出版社，2012年。

东的黑海北岸洞室墓文化和中亚南部里海沿岸的纳马兹加四期出现了洞室墓[1]。新疆阿凡纳谢沃文化洞室墓应该是受到欧亚草原洞室墓文化和屈肢葬向东影响的结果，进而进一步向东影响，可能最早影响到河西走廊，进而到河湟地区，河湟地区大量出现洞室墓，流行屈肢葬，河西走廊地区五坝墓地最早出现了竖穴偏洞室墓，与欧亚草原地区偏洞室关系密切，然而目前考古证据显示伊犁河谷和河西走廊之间土洞墓存在很大的缺环，有待进一步的考古发现补充时空范围内的缺环。中国北方地区土洞墓出现就如大多数学者认为的可能是受到窑洞式建筑影响[2]，关中地区土洞墓受到窑洞式建筑影响而出现[3]。关中地区可能是中国北方地区洞室墓最早出现的地方，之后随着关中地区仰韶文化向西传播，进而影响到甘青地区，随着马家窑文化不断西进，进而影响到河西走廊，然而目前甘青地区在公元前3500~前2500年时空范围内缺少土洞墓的证据，有待进一步的考古发现补充时空范围内的缺环。五坝墓地乃至甘青地区洞室墓的出现是受中国北方系统影响的结果还是西方传统影响的结果，还待更多的考古发现来证实。

第四节　主要收获

五坝墓地是河西走廊地区继早年发掘的鸳鸯池墓地后，又一处正式发掘的新石器—青铜时代早期墓地，其文化内涵丰富，包含有半山类型、马厂类型、齐家文化和西城驿文化遗存，为构建黑水河流域史前文化发展序列，乃至探索河西走廊地区史前各文化及类型间的相互关系及葬俗葬制、手工业生产、生业经济、早期东西方文化交流与互动提供了新的考古学材料。此次发掘的意义和收获如下。

根据叠压打破关系、出土器物组合及演变特征，与周边地区墓葬对比研究，将整个墓地分为三期四段，代表了甘青宁地区半山类型、马厂类型和西城驿／齐家文化发展过程中的不同阶段。基于目前学者对甘肃中部、青海省东北部和宁夏南部半山类型、马厂类型和西城驿／齐家文化的分期研究，五坝墓地早期相当于半山类型晚期阶段，中期可以分为早晚两段，分别相当于马厂类型中期和晚期阶段，晚期相当于西城驿二期／齐家文化中期阶段。早期绝对年代为4400BP~4250BP，中期绝对年代为4200BP~4000BP，晚期绝对年代为4000BP~3800BP。

从时空布局来看，五坝墓地从早到晚在数量上有一个由少及多，进而减少的变化过程，在分布上有一个由西向东，进而向西的渐移过程，从这个层面看，墓地历时较长，各期墓葬都经过规划，都有一定的分布范围和埋葬规律，且不同时期墓葬人群有密切关系。根据墓葬形制、葬制葬俗和随葬器物的差异，将墓地分为东西两区，西区从半山类型延续至西城驿／齐家文化时期，西城驿／

---

[1] 桑栎：《解读里海沿岸社会复杂化进程—铜石并用时代至青铜时代》，吉林大学硕士学位论文，2006年。

[2] 谢端琚：《试论我国早期土洞墓》，《考古》1987年第12期，第1097~1104页；韩建业：《中国先秦洞室墓谱系初探》，《中国历史文物》2007年第4期，第16~25页。

[3] 张弛：《窑洞征服史前黄土高原》，《考古与文物》2022年第2期，第102~118页。

齐家文化时期墓葬集中分布，东区从马厂类型中期延续至西城驿／齐家文化时期，马厂类型晚期墓葬主要集中在东区。

五坝墓地墓葬形制包括竖穴土坑墓和竖穴偏洞室墓，流行仰身直肢葬，少量的扰乱葬，随葬陶、骨、石、玉器及串饰品等遗物，陶器组合常见罐、盆、杯、壶等，彩陶占到49%。一般置于墓主头、脚附近。陶器以泥条圈筑为主要成型方法，少量捏制作为辅助成型方法，各部位单独制作，最终拼接成型。刮抹和细泥抹光为常见修整方法，部分轮修。不同的器物，装饰方式也不相同，泥质陶多饰黑彩，夹砂陶多饰泥条凸棱。骨器制作和加工流程可分为选料、截料、成型修整三个步骤。多选择哺乳动物和大型鸟类和大型哺乳动物肢骨为制骨材料，多利用劈裂剖分法、片切割法和削切法进行骨料的截取，成型修整包括修整器体、加工刃部及钻孔等。

基于五坝墓地出土的少量动物和人骨稳定碳氮同位素结果，结合河西走廊及其周边地区半山类型—西城驿／齐家文化已有的相关动植物考古及人骨、动物骨骼稳定碳氮同位素的研究成果，对五坝先民生业经济和摄食结构有了初步的认识。五坝半山先民不断西进至适合定居农业发展的民乐盆地，带来了黄土高原地区粟、黍种植农业兼饲养猪、狗的生活方式。马厂类型时期，西传而来的家畜牛、羊传播至河西走廊，逐渐被五坝马厂先民畜养。西城驿／齐家时期，麦类作物、马传播至河西走廊地区，畜牧经济得到了快速的发展，五坝乃至河西走廊地区先民开始发展粟、黍和麦类混合农业，并且大规模畜牧牛、羊。

始源于渭河上游的彩陶文化西进对河西走廊产生了深远的影响。马家窑类型首先进入河西走廊，西抵酒泉，而后半山时期中亚南部文化因素向甘青地区渗透，继而为半山—马厂—西城驿彩陶文化的波浪式西进浪潮。五坝墓地的发掘将半山类型的分布西界推进至民乐地区，马厂类型分布西界至于酒泉，西城驿文化影响到新疆哈密地区，开辟了直达欧亚草原腹心地区的通路。五坝墓地洞室墓是目前中国发现的较早的偏洞室墓，从中国北方地区发现的土洞墓的时空分布来看，新疆阿凡纳谢沃文化洞室墓和关中地区偏洞室墓都有可能影响到河西走廊地区，有待进一步的考古发现弥补时空范围内的缺环。

138

附表一　民乐五坝墓地墓葬登记表

墓号	墓向（度）	时期	墓葬形制	墓道（长×宽）-深（厘米）	墓室（长×宽）-深（厘米）	葬式	人数	头向	性别、年龄（岁）	保存状况	随葬品	备注（开口、打破、扰乱等情况）
M1	85	不明	竖穴土坑墓		（56~67）×（23~33）-28	不明	1	东	6±3	较差	无	开口于③d层下
M2	265	中期晚段	竖穴土坑墓		（102~113）×（56~60）-25	俯身葬	1	西	3~5	较差	双耳陶罐1	开口于③层下，打破M3
M3	127	中期早段	竖穴带龛土坑墓		（206~229）×（55~60）-34 龛：宽40，进深39	仰身直肢葬	1	东南	男性成年	较好	单耳陶杯1、双耳陶罐1、双耳彩陶罐1、骨锥1	开口于③层下，被M2及现代坑打破，打破M23
M4	不明	晚期	竖穴土坑墓		90×98-39	扰乱葬	1	不明	20±		双耳陶罐1（残）	开口于③d层下，北部叠压在北壁下
M5	83	中期晚段	竖穴土坑墓		（175~187）×（25~72）-25	侧身葬	1	东	6±	较差	单耳彩陶罐1、骨锥1、彩陶石刀1	
M6	85	中期晚段	竖穴土坑墓		（125~140）×（30~54）-22	仰身直肢葬	1	东	18个月~2岁±	较好	双耳陶罐1、双耳彩陶罐1	开口于③d层下，北部叠压在北壁下
M7	87	中期晚段	竖穴土坑墓		（110~120）×（35~55）-30	不明	1	东	新生儿	极差	单耳彩陶杯1	开口于③d层下
M8	87	不明	竖穴土坑墓		（79~88）×（35~40）-14	仰身直肢葬	1	东	3~5	较差	无	开口于③层下，东部被管线打破，北部叠压压在北壁下
M9	92	中期晚段	竖穴土坑墓		（208~224）×（45~50）-（32~41）	仰身直肢葬	1	东	男性25~30	较好	双耳陶罐1、骨锥1、骨柄石刀1、石锛1	开口于③d层下，打破M29，西北部被管线打破
M10	88	不明	竖穴土坑墓		130×（22~37）-58	侧身葬	1	东	婴幼儿	较差	无	开口于③层下
M11	不明	不明	竖穴土坑墓		（64~81）×（56~66）-27	扰乱葬	1	不明	男性30~35	较差	无	开口于③层下，北部叠压在北壁下

续附表一

墓号	墓向(度)	时期	墓葬形制	墓道(长×宽－深)(厘米)	墓室(长×宽－深)(厘米)	葬式	人数	头向	性别，年龄(岁)	保存状况	随葬品	备注(开口、打破、扰乱等情况)
M12	不明	中期晚段	竖穴土坑墓		(98~117)×(34~37)-29	不明	不明	不明			单耳陶杯2	开口于③c层下，南部被管线打破
M13	84	中期晚段	竖穴土坑墓		(150~165)×(40~65)-32	仰身直肢葬	1	东	12~14	较好	彩陶盆1，双耳彩陶罐1，双耳陶罐1	开口于③层下
M14	177	晚期	竖穴土坑墓		(97~110)×(42~46)-82	仰身直肢葬	1	南	6~14	较好	陶壶1，串饰1	开口于③层下，南部叠压在南壁下
M15	不明	不明	竖穴土坑墓		(155~176)×(109~124)-58	扰乱葬	1	不明	男性成年	较差	无	开口于③层下，西部和南部叠压在探沟壁下
M16	87	中期晚段	竖穴土坑墓		(74~83)×(60~63)-20	俯身葬	1	东	男性25±	较差	双耳彩陶罐1	开口于③层下，西侧被现代坑打破，北部叠压在北壁下
M17	85	中期晚段	竖穴带龛土坑墓		(47~53)×(38~43)-(29~33) 龛：宽29，进深13	仰身直肢葬	1	东	18±	较差	彩陶壶1，双耳彩陶罐1，串饰1	开口于③层下，打破 M28，西部被现代坑打破
M18	180	不明	竖穴土坑墓		72×62-82	仰身直肢葬	1	南	6~14	较好	串饰1件	开口于③层下，南部被管线打破，北部叠压压在北壁下
M19	177	中期晚段	竖穴带龛土坑墓		(204~211)×(30~60)-80 龛：宽39，进深33	仰身直肢葬	1	南	女性35~40	较好	双耳彩陶罐2，双耳陶盆2，串饰1	开口于③层下，打破 M20
M20	88	中期早段	竖穴带龛土坑墓		(142~145)×(54~60)-102 龛：宽37，进深24	仰身直肢葬	1	东	男性30~35	较好	四系陶罐2，玉斧1	开口于③层下，被M19打破，西部和南侧部分叠压在探沟壁下，西部未清理
M21	不明	不明	竖穴土坑墓		(94~100)×(55~60)-38	扰乱葬	1	不明	2±	较差	无	开口于③d层下，北部叠压在北壁下

续附表一

墓号	墓向（度）	时期	墓葬形制	墓道（长×宽－深）（厘米）	墓室（长×宽－深）（厘米）	葬式	人数	头向	性别、年龄（岁）	保存状况	随葬品	备注（开口、打破、扰乱等情况）
M22	不明	中期晚段	竖穴土坑墓		（55~72）×（40~55）－19	不明	不明	不明		较差	双耳陶罐 1	开口于③层下，北部叠压在北壁下
M23	不明	不明	竖穴土坑墓		（142~160）×（20~24）－53	不明	不明	不明			骨管 1	开口于③层下，东部及北部被现代坑及 M3 打破，南部叠压在南壁下
M24	不明	中期晚段	竖穴带龛土坑墓		98×45-54 龛：宽 47，进深 15	不明	不明	不明			双耳陶罐 1，双耳彩陶罐 1	开口于③b层下，北部被管线打破，打破 M28
M25	88	中期晚段	竖穴土坑墓		（184~207）×（30~81）－56	仰身直肢葬	1	东	男性 30~35	较好	双耳彩陶罐 1、双耳陶罐 1，石片 2，骨柄石刀 2，骨管 2	开口于③层下，被 M26 打破，打破 M32
M26	175	晚期	竖穴土坑墓		178×64－（33~38）	仰身直肢葬	1	南	14~15	较好	双耳彩陶壶 1，双耳彩陶盆 1，串饰 1，羊距骨 1	开口于③d层下，北部管线打破，南部叠压在南壁下
M27	85	晚期	竖穴带龛土坑墓		（73~77）×（38~40）－34 龛：宽 34，进深 16	仰身直肢葬	1	东	成年	较好	双耳陶罐 1	开口于③层下，东部叠压在东壁下
M28	115	中期早段	竖穴土坑墓		（186~200）×（58~60）－59	仰身直肢葬	1	东南	男性 30~35	较好	彩陶盆 1，双耳陶罐 1	开口于③d层下，西北角被管线打破，南部被 M17 打破，北部被 M24 打破
M29	不明	不明	竖穴土坑墓		（109~118）×（54~58）－54	扰乱葬	1	不明	男性（?）成年	较差	无	开口于③d层下，北部被 M9 打破
M30	87	不明	竖穴土坑墓		（171~178）×（30~37）－30	仰身直肢葬	1	东	男性 30~40	较好	无	开口于③d层下，南部被管线打破

续附表一

墓号	墓向（度）	时期	墓葬形制	墓道（长×宽）-深（厘米）	墓室（长×宽）-深（厘米）	葬式	人数	头向	性别、年龄（岁）	保存状况	随葬品	备注（开口、打破、扰乱等情况）
M31	不明	不明	竖穴土坑墓		（66~75）×（30~32）-44	扰乱葬	3	不明	2个体：成年；1个体：未成年	较差	无	开口于③d层下，北部叠压在北壁下
M32	115	不明	竖穴土坑墓		117×41-42	仰身直肢葬	1	东南	女性 40±	较好	石锤1	开口于③d层下，东部被M25打破，南部和西部叠压在探沟壁下
M33	82	晚期	竖穴土坑墓		（87~93）×（58~62）-32	仰身直肢葬	1	东	7~9	较差	双耳彩陶罐1，双耳彩陶壶1，双孔石刀1	开口于③c层下，西部被现代坑打破
M34	87	中期晚段	竖穴偏洞室墓	（204~214）×（82~87）-88	212×35-54	仰身直肢葬	1	东	14~15	较差	双耳陶罐2，双耳彩陶罐1，单耳彩陶罐1，串饰1，狗头骨1	开口于③a层下，打破M52，西部叠压在西壁下
M35	170	不明	竖穴偏洞室墓	（176~180）×（30~32）-65	178×34-42	仰身直肢葬	1	南	女性（?）40~45	较好	骨柄石刀1，贝饰1	开口于③a层下，南部被管线打破，北部叠压在北壁下
M36	87	晚期	竖穴土坑墓		（138~151）×（70~75）-53	扰乱葬	1	东	3±	较好	陶侈口罐1	开口于③b层下，打破M45
M37	175	不明	竖穴土坑墓		（170~177）×（61~67）-（19~26）	仰身直肢葬	1	南	女性 40±	较差	串饰2	开口于③b层下，北部被管线打破，东部叠压在东壁下
M38	177	晚期	竖穴土坑墓		88×42-35	仰身直肢葬	1	南	6±	较差	彩陶壶1，双耳陶罐2，敞口盆1	开口于③c层下，北部被现代坑打破，南部叠压在南壁下

续附表一

墓号	墓向（度）	时期	墓葬形制	墓道（长×宽-深）（厘米）	墓室（长×宽-深）（厘米）	葬式	人数	头向	性别、年龄（岁）	保存状况	随葬品	备注（开口、打破、扰乱等情况）
M39	87	中期早段	竖穴土坑墓		（115~120）×（32~53）-31	仰身直肢葬	1	东	2±	较好	双耳彩陶罐1、单耳彩陶罐1、陶杯1	开口于③c层下，打破M44，南部叠压在南壁下
M40	85	不明	竖穴土坑墓		（184~201）×（60~63）-40	仰身直肢葬	1	东	女性35~45	较好	无	开口于③b层下，东部叠压在东壁下
M41	88	晚期	竖穴土坑墓		（85~100）×（40~47）-30	仰身直肢葬	1	东	18±	较好	双耳彩陶罐1、双耳陶罐1、串饰1件	开口于③b层下
M42	85	中期晚段	竖穴土坑墓		（105~109）×（50~54）-18	仰身直肢葬	1	东	6±	较差	单耳陶杯1	开口于③c层下
M43	不明	不明	竖穴土坑墓		（87~104）×（50~60）-77	扰乱葬	1	不明	女性40±	较差	无	开口于③a层下，打破M53，北部和西部叠压在探沟壁下
M44	87	早期	竖穴偏洞室墓	247×43-（56~71）	（240~251）×（77~81）-36	仰身直肢葬	2	东	男性40±，未成年7~8	较好	单耳彩陶罐1、双腹耳彩陶壶1、双耳陶罐2、单耳彩陶杯1、骨柄石刀1、动物骨骼3、骨针1、骨锥3、骨臂饰1、串饰3、狗下颌骨1	开口于③c层下，被M38打破，M39、M38打破，墓道叠压在南壁下
M45	87	中期早段	竖穴偏洞室墓	（193~200）×（50~59）-（97~105）	190×32-46	仰身直肢葬	2	东	女性35±，未成年2±	较好	双耳彩陶罐1、双耳陶罐3、陶器盖1、串饰2	开口于③b层下，南部被M36打破
M46	87	晚期	竖穴偏洞室墓	（105~110）×（42~53）-98	108×31-60	仰身直肢葬	1	东	女性20~25	较好	双耳彩陶罐1、双耳陶罐1、陶器盖1	开口于③a层下，西部叠压在西壁下
M47	177	晚期	竖穴偏洞室墓	（137~163）×（50~54）-99	（210~218）×（60~62）-61	仰身直肢葬	1	南	男性25~30	较好	双耳彩陶罐2、双大耳陶罐2、单孔石刀1	开口于③c层下，打破M49，南部叠压在南壁下

续附表一

墓号	墓向（度）	时期	墓葬形制	墓道（长×宽－深）（厘米）	墓室（长×宽－深）（厘米）	葬式	人数	头向	性别、年龄（岁）	保存状况	随葬品	备注（开口、打破、扰乱等情况）
M48	91	中期早段	竖穴双偏洞室墓	(200~214)×(32~37)－96	北: 197×(46~54)－45 南: 204×40-45	仰身直肢葬	3	东	北偏室：女性 17-20，未成年 1±；南偏室：男性成年	南偏室较好，北偏室较差	双耳陶罐2，陶器盖1，单耳彩陶罐1，串饰1，骨片饰1，骨锥1，细石叶1	开口于③a层下，南部被管线打破，西部被M35打破，北部叠压在北壁下
M49	92	不明	竖穴土坑墓		134×(50~65)－85	仰身直肢葬	1	东	男性 30~35	较好	无	开口于③c层下，被M47打破
M50	95	不明	竖穴土坑墓		(136~148)×(41~45)－56	仰身直肢葬	1	东	女性（？）20~25	较好	无	开口于③b层下，南部被管线打破
M51	不明	不明	竖穴土坑墓		(146~150)×(68~72)－43	扰乱葬	1	不明	女性 25~40	较差	无	开口于③c层下，北部叠压在北壁下
M52	87	中期早段	竖穴土坑墓		160×(63~77)－110	不明	1	东	成年	较差	单耳陶杯1，双耳陶罐1	开口于③a层下，北部被管线打破，南部被M34打破，西部叠压在西壁下
M53	93	中期晚段	竖穴土坑墓		88×(46~55)－106	仰身直肢葬	1	东	男性 25~30	较好	单耳彩陶罐1，双耳彩陶罐1，双耳陶罐1，单耳陶杯1，骨管1，骨针1	开口于③a层下，被M43打破，西部叠压在西壁下，未清理

附表二　民乐五坝墓地出土遗物登记表

出土单位	编号	名称	质地、颜色	纹饰	保存程度	尺寸（厘米）					时期	备注
						口径	腹径	底径	高	厚		
M2	1	双耳罐	夹砂红陶	凸棱纹	完整	6.9	9.7	4.5	8.3	0.3~0.6	中期晚段	手制，器表有烟炱，置于墓主头骨北侧
M3	1	单耳杯	夹砂橙黄陶	素面	完整	6	7.3	4.6	7.8	0.3~0.6		手制，置于脚龛
	2	双耳罐	夹砂红陶	素面	耳残	7.2	11.7	5.4	10.4	0.3~0.5	中期早段	手制，器表有烟炱，置于脚龛
	3	双耳彩陶罐	夹细砂橙黄陶	戳印凹窝、网格纹	完整	10.8	15.5	5.4	11.9	0.3~1.6		手制，器表磨光，置于胸龛
	4	骨锥	骨	素面	残	长12.8	宽0.7			0.1		磨制，置于胸龛
M4	1	双耳罐	泥质红陶	戳印凹窝	残	9.1			残高10	0.25		手制，置于墓室中部
	2	细石叶	玛瑙质	素面	完整	长3.4	宽0.7			0.16	晚期	打制，出土于填土
M5	1	彩陶罐	泥质红陶	横向连续菱形网格纹	完整	9.6	12.4	4.2	9.6	0.4~0.6	中期	手制，置于墓主头骨东侧
	2	单耳彩陶杯	泥质红陶	网格折带纹	完整	3.5	6	3.7	9.6	0.4~0.6	晚段	手制，置于墓主头骨东侧
	3	骨锥	骨	素面	完整	长10.5	宽0.1~1.7			0.1~0.5		磨制，置于墓主肋骨南侧
	4	骨柄石刀	骨	素面	残	残长14.3	宽0.2~2.1	刃槽宽0.2		0.46		磨制，置于墓主肋骨南侧
M6	1	双耳罐	夹砂灰陶	刻划纹	耳、鋬残	5.8	9.8	5.4	8.3	0.4~0.6	中期晚段	手制，器表有烟炱，置于墓主头骨东侧
	2	双耳彩陶罐	泥质橙黄陶	折带纹、弧线纹	完整	8.2	12.8	5	10	0.2~0.5		手制，置于墓主头骨东侧
M7	1	单耳彩陶杯	泥质红陶	回形网格纹	完整	4.6	6.4	4.8	8.3	0.3~0.8	中期晚段	手制，置于墓主头骨东侧

续附表二

出土单位	编号	名称	质地、颜色	纹饰	保存程度	尺寸（厘米）口径	腹径	底径	高	厚	时期	备注
M9	1	双耳罐	夹砂红陶	刻划纹	整残	5.4	9.8	3.9	9.6	0.3~0.4		手制，器表有烟炱，置于墓主头骨东侧
	2	骨锥	骨	素面	完整	长11.9	宽1			0.2	中期	磨制，置于墓主头骨东侧
	3	骨柄石刀	骨	素面	残	残长15.5	宽1.4			0.3	晚期	磨制，置于墓主头骨东侧
	4	石铲	砂岩	素面	残	长15	宽6			0.3~1		磨制，置于左侧肱骨及肋骨之间
M12	1	单耳杯	夹砂红陶	素面	耳残	5.8	6.4	5.7	10.8	0.2~0.7	中期晚段	手制，器表有烟炱，置于墓室两端
	2	单耳彩陶杯	泥质红陶	平行宽带纹	耳残	6	7.2	6	12.6	0.2~0.7		手制，置于墓室西端
M13	1	彩陶盆	泥质红陶	平行宽带纹、折带纹	完整	24.7	21.4	12	13.4	0.5~0.7	中期晚段	手制，轮修，置于墓主头骨东侧
	2	双耳彩陶罐	夹砂红陶	戳印凹窝、回形纹、菱形网格纹	完整	10.1	18.3	8.3	15.8	0.3~0.7	中期晚段	手制，轮修，置于墓主头骨东侧
	3	双耳罐	夹砂橙黄黄陶	凸棱纹	完整	6.2	11.2	4.8	11.2	0.3~0.6	中期晚段	手制，器表有烟炱，置于墓主头骨东侧
M14	1	陶壶	夹砂红陶	素面	完整	10.6	30.4	9.8	30	0.4~0.9	晚期	手制，轮修，器表磨光，置于墓主脚骨北侧
	2	串饰	石	素面	完整	直径0.6	孔径0.2			0.2		共50颗，散置于墓主下肢骨附近
M16	1	双耳彩陶罐	泥质橙黄黄陶	戳印凹窝、菱形网格纹、回形网格纹	完整	7.4	14.4	6.3	12.6	0.2~0.6	中期晚段	手制，置于墓主头骨南侧

续附表二

出土单位	编号	名称	质地、颜色	纹饰	保存程度	尺寸（厘米）口径	腹径	底径	高	厚	时期	备注
M17	1	彩陶壶	泥质橙黄陶	网格三角纹、折带纹、"X"形纹	完整	3	7.2	2.7	7.1	0.2~0.6		手制，置于龛内
	2	双耳彩陶罐	泥质红陶	戳印凹窝、回形网格纹	完整	8.8	12.1	5	10	0.3~0.8	中期晚段	手制，置于龛内
	3	串饰	石	素面	完整	直径0.4	孔径0.2			0.25		共118颗，散置于墓主颈部两侧
M18	1	串饰	石	素面	完整	直径0.6	孔径0.3			0.12	不明	共73颗，散置于墓主颈部附近
	2	骨锥	骨	素面	完整	长8.8	宽0.1~1.8			0.3		出土于填土
M19	1	彩陶盆	泥质橙黄陶	平行条带纹、折带纹	完整	23.8	22.5	7.9	15.3	0.4~0.9		手制，轮修，置于龛内
	2	双耳彩陶罐	泥质橙黄陶	戳印凹窝、回形网格纹	完整	10.4	17.1	7.4	13.6	0.2~0.8		手制，置于龛内
	3	串饰	石	素面	完整	直径0.6	孔径0.3			0.12	中期晚段	共73颗，散置于墓主头南侧
	4	双耳彩陶罐	夹细砂红陶	戳印凹窝、回形纹、菱形网格纹	耳残	7.3	14.4	6.6	13.7	0.3~0.7		手制，置于墓主头南侧
	5	双耳罐	夹砂红陶	凸棱纹	完整	8.4	15.6	6.7	14.5	0.3~0.8		手制，用细泥抹光，器表有烟炱，置于墓主头南侧
	6	彩陶盆	泥质橙黄陶	平行条带纹、折带纹	完整	25.4	22.1	8	15.6	0.5~0.9		手制，轮修，置于墓主头南侧
M20	1	四系罐	夹砂橙黄陶	凸棱纹	完整	16	24.2	11	22.5	0.3~1.1		手制，表面磨光，器表有烟炱，置于龛内
	2	四系罐	夹砂橙黄陶	素面	完整	9.5	15	5.7	13.6	0.4~0.9	中期早段	手制，表面磨光，器表有烟炱，置于墓主头东部
	3	玉斧	透闪石	素面	完整	长10.6	宽5.2			2.8		磨制，置于墓主肋骨北侧

续附表二

出土单位	编号	名称	质地、颜色	纹饰	保存程度	尺寸（厘米）					时期	备注
						口径	腹径	底径	高	厚		
M22	1	双耳罐	夹砂红陶	凸棱纹	耳残	6.6	10	5.2	9.7	0.3~0.5	中期晚段	手制，器表有烟炱，置于墓室东南角
M23	1	骨管	骨	素面	完整	长3.9	外径1.2	内径0.8			不明	磨制，置于人骨北侧
M24	1	双耳罐	泥质橙黄陶	凸棱纹	完整	10.8	18.2	8.8	17.2	0.3~0.7	中期晚段	手制，器表有烟炱，置于龛内
	2	双耳彩陶罐	泥质橙黄陶	回形纹	耳残	7.6	10.8	4.5	9.4	0.4~0.8		手制，置于龛内
M25	1	双耳彩陶罐	泥质橙黄陶	菱格纹	完整	9.5	16.8	6.3	15.8	0.3~0.6		手制，置于墓主头骨东侧
	2	双耳罐	泥质红陶	素面	整残	7.7	11.1	5.1	11.1	0.3~0.8		手制，器表有烟炱痕迹。置于墓主头骨东侧
	3	石片	砂岩	素面	残	长4.2	宽3.1			0.2~1		打制，置于上肢骨南侧
	4	骨柄石刀	骨	素面	完整	长22.8	宽1.9	刃槽宽0.3		0.3	中期晚段	磨制，置于上肢骨南侧
	5	骨管	骨	素面	完整	长17.2	宽0.8~1.1			0.1~0.2		磨制，置于上肢骨南侧
	6	骨管	骨	素面	完整	长19	宽0.8~1.5			0.1		磨制，置于上肢骨南侧
	7	石片	玛瑙	素面	完整	长5.4	宽2.5			0.8		打制，置于上肢骨南侧
	8	骨柄石刀	骨	素面	完整	长22	宽0.1~2	刃槽宽0.3		0.3		置于左掌骨下方
M26	1	双耳彩陶壶	泥质橙黄陶	戳印凹窝、大菱形纹、几向纹	完整	6.9	20	9.5	19	0.3~0.8	晚期	手制，置于墓主头骨南侧
	2	双耳彩陶盆	泥质红陶	折带纹、菱格三角纹	完整	15.9	19.5	8	14.9	0.4~0.8		手制，置于墓主头骨南侧
	3	串饰	石	素面	完整	直径0.6	孔径0.2			0.15		共115颗，散置于墓主颈部附近
	4	羊距骨	骨	素面	完整	长2.4	宽1.5~1.7			1.4		置于上肢骨西侧

续附表二

出土单位	编号	名称	质地、颜色	纹饰	保存程度	尺寸（厘米）					时期	备注
						口径	腹径	底径	高	厚		
M27	1	双耳罐	夹砂橙黄陶	素面	耳残	11.2	27	10.3	26	0.3~1.3	晚期	手制、轮修，器表有烟炱，置于瓮内
M28	1	彩陶盆	泥质橙黄陶	平行条带纹、垂弧纹	完整	25.1	22	8.6	13.3	0.5~0.8	中期	手制，置于墓主头骨东侧
	2	双耳罐	夹砂橙黄陶	凸棱纹	完整	7.1	12	5.5	10.4	0.2~0.6	早段	手制，器表有烟炱，置于盆（M28：1）内
M32	1	石锤	砾石	素面	完整	长13.9	宽5.7			4.3~5	不明	置于墓主股骨中间
M33	1	双耳彩陶罐	泥质橙黄陶	菱格纹、网格纹	完整	6	11.7	3.7	9.8	0.2~0.9		手制，置于墓主头骨北侧
	2	双耳罐	夹砂橙黄陶	素面	完整	4.4	6.6	3.6	6.4	0.3~0.6	晚期	手制，置于墓主头骨北侧
	3	双耳彩陶壶	夹细砂橙黄陶	脱落、不明	完整	4.5	15.4	5.8	11.4	0.3~0.6		手制，置于墓主上肢骨北侧
	4	双孔石刀	砂岩	素面	完整	长约10.4	宽约5.4			0.4		置于墓主上肢骨南侧
M34	1	双耳罐	夹砂红陶	凸棱纹	完整	6.9	9.7	5.6	8.2	0.3~0.6		手制，器表有烟炱，置于墓主头骨东侧
	2	双耳罐	夹砂红陶	凸棱纹	完整	11	16.3	8.3	13.7	0.3~0.7		手制，置于墓主头骨北侧
	3	双耳彩陶罐	泥质橙黄陶	戳印凹弦、回形网格纹、菱格纹	完整	12.3	15.3	5.1	12.3	0.3~0.6		手制、轮修，置于墓主头骨东侧
	4	单耳彩陶罐	泥质红陶	回形网格纹、折带纹、"X"形纹	完整	12.2	16.9	6.7	11.7	0.3~0.6	中期晚段	手制，置于墓主头骨东侧
	5	串饰	石	素面	完整	直径0.5	孔径0.2			0.2		共104颗，散置于墓主颈部两侧
	6	双耳罐	夹砂橙红陶	凸棱纹	残	13.6	残长19.5		残高6.7	0.4~0.6		手制，置于墓道中部
	7	石刀	砂岩	素面	残	长约4.2	宽2.6~2.9			0.4		置于墓道东部

续附表二

出土单位	编号	名称	质地、颜色	纹饰	保存程度	尺寸（厘米）					时期	备注
						口径	腹径	底径	高	厚		
M35	1	骨柄石刀	骨	素面	残	残长12.1	宽2.4	刃槽宽0.3		0.3		磨制，置于墓主头骨西侧
	2	贝饰	贝壳	素面	2件残	长1.5	宽1.4			0.1	不明	共7个，散置于墓主颈部附近
	3	绿松石块	绿松石	素面	残	残长1.3	残宽0.6			0.5		出土于填土
M36	1	侈口罐	夹砂红陶	竖绳纹	完整	10.8	14.2	9.1	16.6	0.3~0.8	晚期	手制，器表有烟炱，置于墓主下肢骨西侧
M37	1	串饰	石	素面	完整	直径0.6	孔径0.3			0.1	不明	共9颗，散置于墓主颈部东侧
	2	串饰	石	素面	完整	直径0.3	孔径0.2			0.1		共26颗，散置于墓主颈部西侧
M38	1	彩陶壶	泥质橙黄陶	戳印凹窝、网格纹	完整	4	11.8	5	11	0.4~0.8		手制，置于墓主头骨南侧
	2	双耳罐	泥质灰陶	素面	完整	8	9	4.7	8.7	0.3~1.0		手制，置于墓主头骨南侧
	3	敞口盆	泥质灰陶	素面	完整	12.6	11	5.2	8.5	0.4~0.8	晚期	手制，器表磨光，置于墓主头骨南侧
	4	双耳罐	夹砂红陶	戳印纹	完整	7.2	9.6	5.8	12.2	0.3~0.7		手制，器表有烟炱，置于墓主头骨南侧
M39	1	双耳彩陶罐	夹砂橙黄陶	菱形网格纹	完整	4.2	8	3	7	0.4~0.58		手制，置于墓主头骨东侧
	2	陶杯	夹砂红陶	素面	完整	2.9		4.5	4.5	0.2~0.4	中期早段	手制，器表内外壁涂朱砂，置于墓主头骨东侧
	3	单耳彩陶罐	泥质红陶	网格纹、宽带纹	完整	7.4	12	5.4	10	0.2~0.5		手制，置于墓主下肢骨西侧
	4	骨珠	骨	素面	完整	长1.9	直径0.5~0.9			0.2		出土于填土

续附表二

出土单位	编号	名称	质地、颜色	纹饰	保存程度	口径	腹径	底径	高	厚	时期	备注
M41	1	双耳彩陶罐	泥质橙黄陶	菱格纹、网格纹	完整	6.1	11.6	4.5	9.8	0.3~0.5		手制，置于墓主下肢骨南侧
	2	双耳罐	夹砂灰陶	素面	完整	6.2	11.4	4.5	9.1	0.3~0.4	晚期	手制，器表磨光，有烟炱，置于墓主下肢骨南侧
	3	串饰	石	素面	完整	直径0.4	孔径0.1			0.2		共89颗，散置于墓主头颈部附近
M42	1	单耳杯	夹砂橙黄陶	素面	耳残	5.4		5.2	8.1	0.3~0.7	中期晚段	手制，置于墓主头骨东侧
	2	绿松石块	绿松石	素面	残	长1	宽0.7			0.3		出土于填土
M43	1	单耳带流盂	夹砂橙黄陶	素面	完整	3.8	6.2	3.7	6.9	0.2~0.7	不明	手制，器表有烟炱，出土于填土上部
M44	1	骨柄石刀	骨石复合	素面	完整	长24.3，细石叶长2~2.4	宽0.3~2.3，细石叶宽0.5~0.6			0.3，细石叶厚0.1~0.3		置于成人下肢骨南侧
	2	动物骨骼	骨	素面	完整	长16.2	宽1.2~2			1.2		置于成人下肢骨南侧
	3	动物骨骼	骨	素面	完整	长15.7	宽1.3~2.3			1.4		置于成人下肢骨南侧
	4	动物骨骼	骨	素面	完整	长15.7	宽1.2~2.1			1.3		置于成人下肢骨南侧
	5	骨针	骨	素面	完整	残长9.1	直径0.3	孔径0.1			早期	置于成人头骨东侧
	6	串饰	绿松石、骨、石	素面	完整	绿松石珠①长1.2，宽0.4~1.3，厚0.4；绿松石珠②	长约1.2，宽约0.3，厚约0.2；浅白色石珠直径0.4，孔径0.2，厚0.2	长约1.5，宽约1.2，厚约0.3；骨珠长约0.9，宽0.2~0.7，厚0.2				共353颗，散置于儿童颈部两侧
	7	串饰	石	素面	完整	直径0.4	孔径0.2			0.2		共228颗，散置于儿童头颈南侧
	8	骨笄	骨	素面	完整	长18.3	直径0.1~0.88					置于儿童头骨北侧
	9	骨锥	骨	素面	完整	长6.3	宽0.1~0.49			0.1~0.3		置于成人下肢骨南侧

续附表二

出土单位	编号	名称	质地、颜色	纹饰	保存程度	口径	腹径	底径	高	厚	时期	备注
M44	10	狗下颌骨	骨	素面		长约13.7	宽约4.8					置于成人左肱骨南侧
	11	骨锥	骨	素面	完整	长9	宽0.1~0.48			0.2		置于儿童下肢骨南侧
	12	骨锥	骨	素面	完整	长10.8	宽0.1~1			0.2~0.4		置于儿童股骨之间
	13	单耳彩陶壶	泥质橙黄陶	网格纹、菱格纹	完整	13.3	22.7	8.6	21	0.3~0.8		手制，器表打磨光滑，置于儿童头骨东侧
	14	双腹耳彩陶罐	泥质橙黄陶	红黑复彩旋涡纹	完整	13.4	26.8	9.5	20.3	0.2~1		手制，器表打磨光滑，置于儿童头骨东侧
	15	双耳罐	夹砂灰陶	素面	完整	10.3	17.7	7.2	15.3	0.4~1.0	早期	手制，器表有烟炱，置于儿童头骨东侧
	16	双耳罐	夹砂红陶	凸棱纹	完整	8.2	11	5.4	10.1	0.2~0.6		手制，器表用细泥抹光，置于儿童头骨东侧
	17	骨臂饰	骨	素面	完整	骨片长14.4~16.5	宽0.3~1.1			0.1		共24片，套于成人右尺骨和桡骨上
	18	串饰	石	素面	完整	直径0.4	孔径0.2			0.3		共160颗，散置于墓室南部成人颈部
	19	单耳彩陶杯	泥质橙黄陶	宽带锯齿纹	完整	5.8	8	4.2	6.2	0.2~0.4		手制，置于儿童头骨东侧
M45	1	双耳彩陶罐	泥质橙黄陶	圆圈纹、贝纹	完整	13.6	25	9.1	17.2	0.2~0.9	中期早段	手制，轮修，器表磨光，置于墓主头骨东侧
	2	双耳罐	夹砂橙黄陶	凸棱纹	完整	7.9	11.4	5	9.8	0.4~0.6		手制，器表有烟炱，置于墓主头骨东侧
	3	双耳罐	夹砂灰陶	素面	完整	4.4	8.8	4.9	7	0.2~0.5		手制，器表有烟炱，头骨东侧
	4	双耳罐	夹砂灰陶	凸棱纹	完整	4.2	6.8	3.3	6	0.2~0.4		手制，置于墓主头骨东侧
	5	器盖	夹砂灰陶	戳印纹	完整	盖径8.6	纽径3.9		4.2	0.2~0.8		手制，器表有烟炱，置于墓主头骨东侧

续附表二

出土单位	编号	名称	质地、颜色	纹饰	保存程度	口径	腹径	底径	高	厚	时期	备注
M45	6	串饰	石	素面	完整	直径0.4	孔径0.1			0.2		共88颗，散置于小孩颈部两侧
	7	串饰	石	素面	完整	直径0.4	孔径0.2			0.2	中期早段	共75颗，散置于成人颈部附近
M46	1	双耳彩陶罐	泥质橙黄陶	弧线纹、菱格纹、网格纹	完整	11.4	16.4	6.6	12.5	0.3~0.5		手制、轮修，置于墓主头骨东南侧
	2	双耳罐	夹砂红陶	凸棱纹	完整	7.1	11	5.2	8.4	0.3~0.8	晚期	手制，器表有烟炱，置于墓主头骨东南侧
	3	器盖	夹砂红褐陶	"十"字形刻划纹	完整	盖径5.6	纽径2.8		2	0.4~0.8		手制，置于墓主头骨东南侧
M47	1	双耳罐	夹砂红陶	刻划纹	完整	7.4	11.6	5.5	11.4	0.2~0.8		手制，器表有烟炱，置于墓主头骨南侧
	2	双耳彩陶罐	夹细砂橙黄陶	菱形网格纹、折带网格纹	完整	5.6	13.2	4.7	11.7	0.3~0.8		手制，器表用细泥抹光，置于墓主头骨南侧
	3	双大耳罐	泥质红陶	素面	完整	10.3	6.8	5.2	13	0.15~0.4	晚期	手制，器表磨光，置于墓主头骨南侧
	4	双耳彩陶罐	夹细砂橙黄陶	蝶形纹	完整	12	16	8	13	0.3~0.8		手制，器表用细泥抹光，置于墓主头骨南侧
	5	双耳罐	夹砂红陶	凸棱纹	完整	10	17.6	7.5	21	0.4~0.7		手制，器表有烟炱，置于墓主脚骨北侧
	6	单孔石刀	石	素面	完整	长约11	宽约5	孔径1.5		0.2~0.9		磨制，置于墓主右掌骨北侧
M48	1	双耳罐	夹砂橙黄陶	凸棱纹	完整	6.3	10.2	4	8.3	0.2~1	中期早段	手制，器表有烟炱，置于墓室东南角，倒置于M48:3上方
	2	器盖	泥质灰陶	刻划纹	完整	盖径8	纽径3.9		3.4	0.3~0.8		手制，置于墓室东南角

续附表二

出土单位	编号	名称	质地、颜色	纹饰	保存程度	尺寸（厘米）					时期	备注
						口径	腹径	底径	高	厚		
M48	3	双耳罐	夹砂橙黄陶	凸棱纹	完整	6.2	8.9	5.3	7.8	0.4~0.8		手制，器表有烟炱，置于北偏室东南角，置于 M48：4 上方
	4	单耳彩陶罐	泥质橙黄陶	网格纹	完整	9	13.8	5.1	11.3	0.2~0.4		手制，器表磨光，置于北偏室东南角
	5	串饰	石	素面	完整	直径 0.4	孔径 0.1			0.2	中期早段	共 61 颗，散置于成人颈部附近
	6	骨锥	骨	素面	完整	长 14.8	宽 0.1~1.6			0.3~0.9		磨制，置于小孩上肢骨北侧
	7	骨片饰	骨	素面	完整	长 9.7	宽 0.5			0.1		磨制，置于成人头骨东侧
	8	细石叶	玛瑙	素面	完整	长 2.4	宽 0.7			0.2		打制，置于成人左下肢骨南侧
M52	1	单耳杯	泥质橙黄陶	素面	完整	6.5	9.1	4.6	9	0.4~0.7	中期早段	手制，置于墓室东南角
	2	双耳罐	泥质灰陶	凸棱纹	完整	6.8	10.8	5.4	9.7	0.3~0.8		手制，器表有烟炱，置于墓室东南角
M53	1	单耳彩陶罐	夹细砂红陶	网格纹	完整	5.7	8	5.2	7.9	0.3~0.7		手制，器表用细泥抹光，置于墓主头骨北侧
	2	双耳彩陶罐	泥质橙黄陶	"S" 形纹、三角纹、连续菱格纹	完整	9	17.8	7.6	15.6	0.3~1.0		轮修，置于墓主头骨北侧
	3	双耳罐	泥质橙黄陶	凸棱纹	完整	7.7	14	6.3	10.9	0.4~0.7	中期晚段	手制，置于墓主头骨北侧
	4	单耳彩陶杯	泥质橙黄陶	"S" 形网格纹、菱格纹、网格纹	完整	11.7	12.7	10.8	13.2	0.3~0.5		手制，置于墓主头骨北侧
	5	骨管	骨	刻划纹	完整	长 21.6	宽 1.3~1.6			0.1~0.18		切割打磨而成，置于墓主颈部
	6	骨针	骨	素面	残	残长 7	直径约 0.2	孔径 0.1				磨制，置于骨管（M53：5）内
	7	骨珠	骨	素面	完整	长 1	宽 0.2~0.8			0.5		出土于填土

附录一

五坝墓地采集遗物

近现代多次修路和挖掘水管线过程中,当地群众在五坝墓地采集收藏了部分彩陶,2009年7月,在"村村通"工程中,当地村民在开挖水管沟时,发现了彩陶罐和人骨。当地文物部门对该遗址进行了调查,并从当地群众手中征集器物三十余件。2022年选择现藏于民乐县博物馆的部分遗物进行整理,现将资料公布,其中陶器19件、骨器2件、石器2件。

双耳彩陶罐 6件。

CJ:1,泥质橙黄陶,手制。侈口,圆唇,束颈,圆肩,圆鼓腹,下腹内收,小平底,最大腹径位于腹中。口肩之间有双耳,耳部与口沿平齐,口耳连接处压印有凹槽。下腹对称有双錾。器表及口沿内侧饰黑彩。口沿至颈肩部自上而下依次饰首尾相连的三角纹一周,长边饰小圆点一排、细带纹、短竖线及细带纹各一周。腹部饰细带纹两周,细带之间以竖条带和细线纹将腹部分为四个图案单元,以耳为界,对称分布,耳下两单元饰网格纹,内填小圆点,两侧两单元饰折线纹。口沿内侧饰折带纹及细带纹一周,折带间填充斜线纹。口径16、腹径22、底径7.2、高16.4、厚0.6厘米(图一,1;彩版六六)。

CJ:9,夹细砂橙黄陶,手制,器表磨光。直口,圆唇,矮直颈,圆肩,鼓腹,下腹内收,小平底,最大腹径位于腹中。口肩之间有双耳,耳部与口沿平齐。器表及口沿内侧饰黑彩,局部脱落。口沿至腹部依次饰竖向细带纹、横宽带纹、竖向细带纹、横宽带纹、连续"X"形纹各一周。口沿内饰横细带纹及竖细线纹。口径3.8、腹径6、底径2.4、高5.5、厚0.2~0.4厘米(图一,2;彩版六七,1)。

CJ:15,泥质橙黄陶,手制。侈口,圆唇,束颈,圆肩,圆鼓腹,下腹内收,小平底,最大腹径位于腹中。口肩之间有双耳,耳部与口沿平齐。肩部饰戳印凹窝一周,共六个。器表饰黑彩。口沿至肩部从上到下依次饰直角三角纹,长边一侧饰小圆点、细带纹及竖斜线纹各一周。腹部饰细带纹两周,细带间以竖带纹和竖线纹将腹部分为四个图案单元,以耳为界,对称分布。耳下两单元饰斜线纹,两侧单元饰回形网格纹。口径10.9、腹径18.3、底径6.4、高15.5、厚0.3~0.6厘米(图一,3;彩版六七,2)。

CJ:16,泥质红陶,手制。侈口,圆唇,束颈,圆肩,鼓腹,下腹弧收,小平底,最大腹径

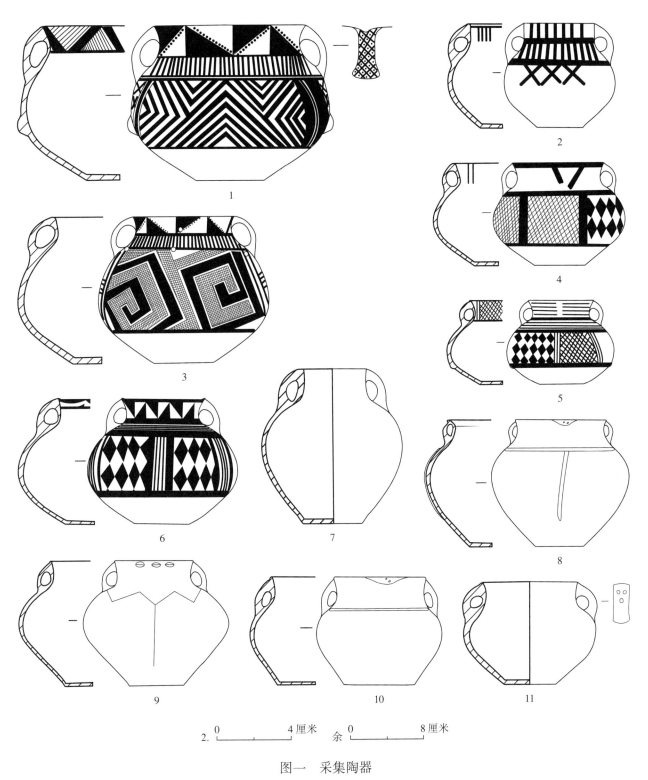

2. $\vdash$ 0 ___ 4 厘米　余 0 ___ 8 厘米

图一　采集陶器

1~6. 双耳彩陶罐（CJ：1、9、15~18）　　7~11. 双耳罐（CJ：3、7、8、13、14）

位于腹中略偏上。口肩之间有双耳，耳部与口沿平齐。器表及口沿内侧施黄色陶衣，饰黑彩，局部脱落。口沿外及颈部饰宽带纹一周，宽带下饰折带纹，肩腹部饰宽带纹两周，宽带间饰网格纹、连续菱格纹，中间以竖带纹间隔。口沿内仅可见竖线纹两道，其余纹饰不明。口径10、腹径14.2、底径5.4、高10.8、厚0.3~0.5厘米（图一，4；彩版六七，3）。

CJ：17，夹砂橙黄陶，手制，器表磨光。侈口，圆唇，束颈，圆肩，扁圆腹，下腹内收，小平底，最大腹径位于腹中。口肩之间有双耳，耳部略低于口沿，下腹对称有乳突。器表及口沿内侧饰黑彩，局部脱落。口沿至肩部自上而下依次饰平行条带纹四组、宽带纹一周、细带纹三周。腹部饰宽带两周，宽带间饰连续菱格纹、网格纹，中间以竖线纹间隔。口沿内饰网格纹，中间以竖线纹间隔，下接细带纹一周。口径7、腹径11.6、底径4.7、高8.8、厚0.2~0.5厘米（图一，5；彩版六七，4）。

CJ：18，泥质橙黄陶，手制。侈口，圆唇，束颈，圆肩，鼓腹，下腹弧收，小平底，最大腹径位于腹中。口肩之间有双耳，口耳连接处凸起。器表及口沿内侧饰黑彩。口沿外及颈肩部从上到下依次饰细带纹、首尾相连三角纹、宽带纹各一周和细线纹三周。腹部饰宽带纹两周，宽带间饰连续菱格纹，中间以竖带纹及竖线纹间隔。口沿内饰弧带纹及弧边三角纹各一周。口径9、腹径16、底径6、高13.2、厚0.3~0.6厘米（图一，6；彩版六七，5）。

双耳陶罐 5件。

CJ：3，夹砂橙黄陶，手制，器表磨光。直口，微侈，圆唇，束颈，圆肩，圆鼓腹，下腹内收，小平底，最大腹径位于上腹。口肩之间有双耳，耳部与口沿平齐。口径7.3、腹径15.1、底径6.1、高16.4、厚0.3~0.6厘米（图一，7；彩版六七，6）。

CJ：7，夹砂橙黄陶，手制，器表有烟炱。侈口，窄斜沿，圆唇，束颈，圆肩，圆鼓腹，下腹弧收，小平底，最大腹径位于上腹。口肩之间有双耳，耳部低于口沿，两侧对称有鸡冠錾，上饰戳印纹。肩部施横向凸棱一周，耳及乳突下饰纵向凸棱四道，延伸至下腹。口径9.8、腹径14.8、底径5.2、高13.3、厚0.3~0.6厘米（图一，8；彩版六八，1）。

CJ：8，夹砂橙黄陶，手制，器表用细泥抹光，表面有烟炱。侈口，圆唇，束颈，圆肩，圆鼓腹，下腹内收，平底，最大腹径位于上腹。口肩之间有双耳，耳部低于口沿，两侧对称有乳突。肩部施横向波折凸棱一周，耳及乳突下施纵向凸棱四道，延伸至下腹。口径8.4、腹径15.6、底径5.8、高13.2、厚0.3~0.6厘米（图一，9；彩版六八，2）。

CJ：13，夹细砂橙黄陶，手制。侈口，圆唇，束颈，圆肩，鼓腹，下腹内收，平底，最大腹径位于上腹。口肩之间有双耳，耳部略低于口沿，两侧对称有鸡冠錾，錾上饰戳印纹。肩部饰凸棱一周，已脱落。口径10、腹径13.5、底径7.7、高11.4、厚0.2~0.4厘米（图一，10；彩版六八，3）。

CJ：14，夹细砂橙黄陶，手制，器表有烟炱。侈口，圆唇，束颈，圆肩，圆鼓腹，下腹内收，小平底，最大腹径位于腹中。口肩之间有双耳，耳部与口沿平齐。耳面饰戳印纹。口径10.2、腹径14.4、底径5.4、高10.8、厚0.2~0.6厘米（图一，11；彩版六八，4）。

双耳彩陶盆　3件。

CJ：4，泥质橙黄陶，手制，器表磨光。敞口，圆唇，高领，鼓腹，下腹内收，小平底。口腹之间有双耳，耳部与口沿平齐。器表及口沿内侧施紫红色陶衣，饰黑彩。口沿外及领部从上到下依次饰宽带纹一周、平行条带纹四组、宽带纹一周。腹部饰宽带纹两周，宽带间饰三条细斜线构成的折带纹一周。口沿内自上而下依次饰宽带纹、弧边三角纹、宽带纹各一周，三角纹连接处还饰有圆点。领部还有两个小钻孔，应为修补穿孔。口径22.2、腹径20、底径7、高14.6、厚0.3~0.5厘米（图二，1；彩版六九，1）。

CJ：11，泥质红陶，手制，器表磨光。敞口，圆唇，高领，鼓腹，下腹内收，小平底。口腹之间有双耳，耳部与口沿平齐。器表及口沿内侧施紫红色陶衣，饰黑彩。领部饰平行条带纹四组，下饰宽带纹一周。腹部饰宽带纹两周，宽带间饰细带纹及宽带纹组成的折带纹。口沿及内壁饰上下宽带纹各一周，宽带间饰首尾相连的三角形网格纹一周。口径22、腹径20.9、底径8、高12、厚0.4~0.5厘米（图二，2；彩版六九，2）。

CJ：19，夹细砂橙黄陶，手制，器表磨光。敞口，圆唇，矮领，圆肩，鼓腹，下腹斜收，平底，最大腹径位于上腹。口肩之间有双耳，耳部略低于口沿。器表饰黑彩，局部脱落。口沿至领部自上而下依次饰细带纹一周、细线纹及"X"形纹。肩部饰宽带纹一周。腹部饰细带纹两周，细带之间饰宽带和细线组成的折带纹一周。口径9.7、腹径10.4、底径5.3、高8、厚0.3~0.5厘米（图二，3；彩版六九，3）。

彩陶盆　3件。

CJ：2，泥质红陶，手制。敞口，圆唇，高领，鼓腹，下腹内收，平底。上腹对称有双錾。器表及口沿内侧施紫红色陶衣，饰黑彩。领部饰平行条带纹四组，下接细带纹一周。肩腹部饰宽带纹两周，宽带间饰折带纹。口沿内部饰宽带纹和连续弧边三角纹各一周。口径16.2、腹径15.6、底径5.8、高9.3、厚0.2~0.4厘米（图二，4；彩版七〇，1）。

CJ：5，泥质橙黄陶，手制，器表磨光。敞口，圆唇，高领，鼓腹，下腹内收，小平底。腹部对称有双錾。器表施紫红色陶衣，饰黑彩。领部饰平行条带纹六组，下饰宽带纹一周。腹部饰宽带纹两周，宽带间饰交错连弧纹一周。腹部有钻孔一对，应是修补穿孔。口径26.8、腹径23.8、底径7.5、高14.7、厚0.4~0.7厘米（图二，6；彩版七〇，2）。

CJ：12，泥质红陶，手制，器表磨光。敞口，圆唇，高领，鼓腹，下腹内收，小平底。腹部对称有双錾。器表及口沿内侧饰黑彩。领部饰平行条带纹四组，下饰宽带纹一周。腹部饰宽带纹两周，宽带间饰交错连弧纹一周。口沿内侧饰宽带纹两周，宽带间饰相对的直角三角纹，中间填充网格纹，共三组。口径19.8、腹径17、底径6.2、高11.2、厚0.2~0.5厘米（图二，5；彩版七〇，3）。

彩陶壶　1件。

CJ：6，泥质橙黄陶，手制。直口，圆唇，直颈，圆肩，圆鼓腹，下腹内收，小平底，最大腹

图二　采集陶器

1~3. 双耳彩陶盆（CJ：4、11、19）　　4~6. 彩陶盆（CJ：2、12、5）

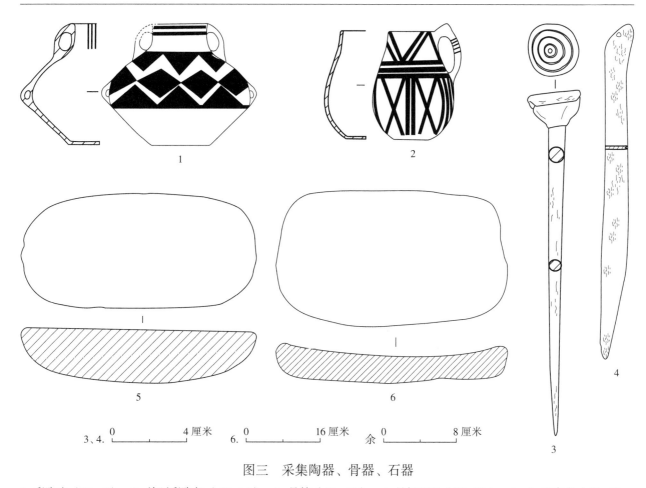

图三　采集陶器、骨器、石器

1. 彩陶壶（CJ∶6）　2. 单耳彩陶杯（CJ∶10）　3. 骨笄（CJ∶21）　4. 骨柄石刀（CJ∶20）　5、6. 石磨盘（CJ∶22、23）

径位于腹中。口肩之间有双耳，耳部与口沿平齐，一耳残，腹部对称有双耳。器表及口沿内侧施紫红色陶衣，饰黑彩，局部脱落。颈部饰细带纹一周，肩腹部饰细带纹两周，细带间自上而下依次饰首尾相连的倒三角纹、菱形纹、三角纹各一周。口沿内侧饰竖线纹。口径6、腹径15、底径6.1、高12.8、厚0.3~0.6厘米（图三，1；彩版七一，1）。

单耳彩陶杯　1件。

CJ∶10，泥质红陶，手制。直口，圆唇，筒状腹，下腹鼓，下腹近底部内收，平底，最大腹径位于下腹。口肩之间有一耳，耳部高耸，高于口沿。器表及口沿内侧施紫红色陶衣，饰黑彩，局部脱落，口沿内纹饰脱落，不明。颈、肩部自上而下依次饰重叠折带纹一周、宽带纹三周，腹部以竖条带纹将腹部分为六个区域，均饰"X"形纹。耳部侧面饰平行短斜线纹。口径5、腹径8.8、底径3.7、高11.4、厚0.2~0.3厘米（图三，2；彩版七一，2）。

骨笄　1件。

CJ∶21，利用动物肢骨加工磨制而成，通体磨光。由笄身和笄帽组成，笄帽与笄身由黑色胶状物粘接。笄身呈圆柱状，一端磨成尖状，截面呈圆形。笄帽呈蘑菇顶状，圆形，上刻划出同心圆圈。通长 18.2、笄身直径 0.1~0.9、笄帽直径 2.7 厘米（图三，3；彩版七一，3）。

骨柄石刀 1 件。

CJ：20，系用大型动物肢骨加工而成。器身扁平，刃部切割出截面呈"V"形的凹槽，柄部有一穿孔。长 17.7、宽 1.4、厚 0.2 厘米（图三，4；彩版七二，1）。

石磨盘 2 件。

CJ：22，砂岩。平面呈圆角长方形，一面有磨光面，较平，另一面圆弧，顶部较平。长 25.2、宽 12.1、厚 5.6 厘米（图三，5；彩版七二，2）。

CJ：23，砂岩。平面呈圆角长方形，一面有磨光面，中部内凹，磨光面微弧，另一面较平。长 50、宽 28.8、厚 5.6 厘米（图三，6；彩版七二，3）。

采集陶器 19 件，包括双耳彩陶罐 6 件、双耳罐 5 件、双耳彩陶盆 3 件、彩陶盆 3 件、彩陶壶 1 件、彩陶杯 1 件。从器形和纹饰判断，除 CJ：19 为西城驿文化时期外，剩余 6 件双耳彩陶罐、5 件双耳罐、2 件双耳彩陶盆、3 件彩陶盆、1 件彩陶壶、1 件彩陶杯时代为马厂文化时期。

从陶质、陶色、纹饰特征和型式分析判断，该批征集陶器大部分与发掘出土二期晚段同类型器物器形、纹饰一致，仅个别与三期同类型器物器形、纹饰一致。

附录二

五坝墓地出土人骨鉴定报告

贺乐天

（兰州大学历史文化学院考古与博物馆学研究所）

五坝墓地位于甘肃省民乐县六坝镇五坝村。2009 年，甘肃省文物考古研究所、张掖市文物保护研究所、民乐县博物馆联合对该墓地所在的一条东西向道路（墓葬密集区）进行了抢救性发掘，共发掘了新石器—青铜时代的墓葬 53 座，形制主要为竖穴土坑墓和竖穴偏室墓。根据墓葬打破关系和典型器物演变特征，将该墓地分为三期四段，一期为半山晚期，二期早段为马厂中期，二期晚段为马厂晚期，三期为齐家 / 西城驿文化时期，葬式包括仰身直肢葬和扰乱葬。

五坝墓地地处河西走廊沟通东西和南北的大通道。此前，河西走廊地区考古出土人骨的时代多为青铜时代及以后，对这些样本组的研究则更多集中于颅面部形态所反映的人群属性，并且非常关注东西方人群迁徙界限的问题[1]。民乐五坝墓地是目前为止河西走廊地区出土人骨数量最多且保存状况最好的新石器时代墓地，将为我们了解这一时期河西地区的古人口结构、人群属性、营养健康状况、行为活动模式等提供重要线索。

一 古人口学分析

1. 性别和死亡年龄分布

性别和年龄鉴定是人类骨骼考古研究的基础，一方面可以提供墓葬个体的基本信息。另外，也能为后续探讨人群的健康与疾病、社会等级分化、性别分工等问题提供依据。

根据邵象清《人体测量手册》[2]、朱泓《体质人类学》[3]，以及 Tim D. White《人骨手

[1] 韩康信、谭婧泽、张帆：《甘肃玉门火烧沟古墓地人骨的研究》，《中国西北地区古代居民种族研究》，复旦大学出版社，2005 年，第 191~283 页；朱泓：《东灰山墓地人骨的研究》，《民乐东灰山考古——四坝文化墓地的揭示与研究》，科学出版社，1998 年，第 72~183 页；郑晓瑛：《甘肃酒泉青铜时代人类头骨种系类型的研究》，《人类学学报》1993 年第 4 期，第 327~335 页。

[2] 邵象清：《人体测量手册》，上海辞书出版社，1985 年。

[3] 朱泓：《体质人类学》，高等教育出版社，2004 年。

册》[1] 的相关标准，对出土人骨进行性别和年龄鉴定。未成年人的年龄鉴定主要根据骨化点的出现、牙齿的萌出及骨骺愈合情况判断；成年人的年龄鉴定主要根据耻骨联合面、耳状关节面的变化、颅骨骨缝愈合及牙齿磨耗进行判断。对于年龄的记录采用具体数字和年龄分期两种表示方法。年龄分期表示法是用阶段性的年龄分期来归纳鉴定结果，一般可划分为婴儿期（0~2 岁）、幼儿期（3~6 岁）、少年期（7~14 岁）、青年期（15~23 岁）、壮年期（24~35 岁）、中年期（36~55 岁）和老年期（56 岁以上）。对于缺乏明确年龄标志的个体，根据骨骺愈合与否，记录为"未成年"或"成年"。

性别鉴定则主要依据颅骨、骨盆的形态特征。对于性别特征明显的个体记录为"男性"或"女性"。对于骨骼形态处于两性之间，性别特征不明显，或骨骼保存状态较差，缺失骨盆和颅骨的个体记录为"男性（？）"或"女性（？）"，表示男性或女性的可能性大。对于骨骼残破或缺乏可进行性别鉴定部位的个体则记录为"无法鉴定"。

除马厂时期墓葬外，其他两个时期墓葬出土人骨数量很少，因此我们在进行性别和死亡年龄分布统计时将所有样本合并。五坝墓地 53 座墓葬中共识别出 57 例个体。其中，性别明确者 29 例，鉴定率为 50.88%。男性或可能为男性的标本共 17 例，女性或可能为女性的标本 12 例，男性比女性的性别比为 142。

一般来说，新生儿性别比恒定在 105±2 的范围内[2]。五坝墓地的男性多于女性，这种性别比例失衡的现象在古人口学研究中非常常见，特别是在史前时期的人群中。有学者提出，统计学、埋藏环境、两性的埋藏概率、鉴定方法的误差、史前时期的溺杀女婴行为等都有可能是造成这种性别比不平衡的原因[3]。不过，五坝组标本中存在数量较多的无法判定性别的婴、幼儿期和少年期个体，如果能获得这些未成年个体的性别数据，可能会使性别比趋于均衡。

五坝组样本中死亡年龄阶段明确者 46 例，鉴定率为 80.7%。表一和图一展示了五坝墓地人口的死亡年龄结构。五坝组人群的死亡年龄段较分散，壮年期的死亡比例最高，为 28.26%，其次为婴儿期（15.22%）、幼儿期（15.22%）、少年期（15.22%）和中年期（15.22%），青年期占比最少，为 10.87%。未发现老年期死亡个体。

总体来看，未成年个体的死亡率高是五坝墓地古代居民死亡年龄结构中比较明显的特点，这一方面表明当时的生活和医疗条件比较恶劣，该人群在整个未成年期都面临着较高的死亡威胁。另外，这也说明该人群没有将夭折的未成年人择地另葬的习俗。而顺利度过未成年期的个体，其生存风险在壮年期达到顶峰，中年期和老年期显著回落。当然，应该是能存活到这一阶段的个体已经很少。

---

[1] White T D, Folkens P A, *The Human Bone Manual*, Elsevier Academic press, 2005.

[2] 刘长茂、张纯元：《人口结构学》，中国人口出版社，1991 年。

[3] 王仁湘：《原始社会人口控制之谜》，《化石》1980 年第 4 期，第 19~20 页；陈铁梅：《中国新石器墓葬成年人骨性比异常的问题》，《考古学报》1990 年第 4 期，第 511~522 页。

表一　五坝组人口死亡年龄结构表

年龄阶段（岁）	男性（%）	女性（%）	性别不明（%）	合计（%）
婴儿期（0~2）	0（0）	0（0）	7（33.33）	7（15.22）
幼儿期（3~6）	0（0）	0（0）	7（33.33）	7（15.22）
少年期（7~14）	0（0）	0（0）	7（33.33）	7（15.22）
青年期（15~23）	1（7.69）	4（33.33）	0	5（10.87）
壮年期（24~35）	11（84.62）	2（16.67）	0	13（28.26）
中年期（36~55）	1（7.69）	6（50）	0	7（15.22）
合计	13（100）	12（100）	21（100）	46（100）
未成年	0	0	3	3
成年	4	0	4	8
总计	17	12	28	57

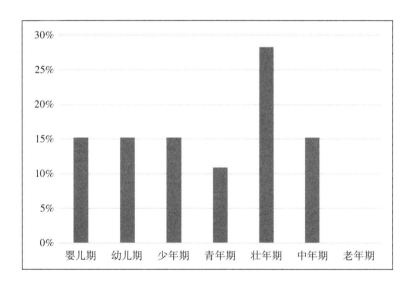

图一　五坝组各死亡年龄阶段的百分比

在两性差异方面，由于未成年人占比较大，能进行性别鉴定的个体数量不多，但死亡年龄阶段的分布似乎存在着较明显的两性差异。为了更直观地展现这种差异，我们绘制了五坝组男女两性在各个年龄段死亡之百分比（图二）。由图可知，两性在各年龄段的死亡比例差异明显，女性在青年期和中年期的死亡比例明显高于男性，而男性的死亡高峰期集中在壮年期。

史前时期女性在青年期的死亡率远远高于男性，这在古人口学研究中是比较常见的。联系到五坝墓地中未成年人较高的死亡比例，且存在青年女性与婴儿期个体合葬的情况[1]，这应该与史

［1］甘肃省文物考古研究所、张掖市文物保护研究所、民乐县博物馆：《甘肃民乐五坝史前墓地发掘简报》，《考古与文物》2012年第4期，第3~13、115页。

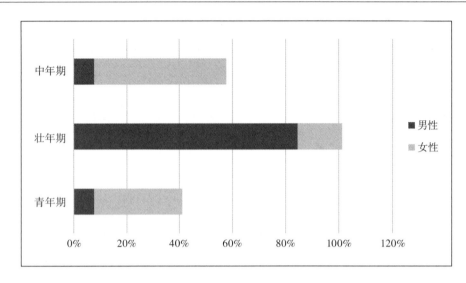

图二　五坝组男女两性在各个死亡年龄段的百分比

前时期青年女性由于难产、分娩、产褥期并发症等因素而更多地暴露在死亡风险中有关[1]。壮年期的两性死亡比例则与青年期相反，男性的死亡率明显高于女性。社会因素或许在其中起到了主导作用。壮年期的男性作为社会的主要劳动力，会进行更多的高危行为和重体力劳动，例如狩猎、放牧、遭遇暴力冲突等[2]。到了中年期，女性的死亡比例再次超过男性，这大约是因为女性的生存时间更长，死亡年龄较男性延迟。

2. 平均死亡年龄和平均预期寿命

在古人口学研究中，平均死亡年龄和平均预期寿命是常见的用于描述群体生存年限和生存状况的两个概念。其中，平均死亡年龄指的是一定时期内死亡者的年龄总和除以死亡者人数所得的年龄平均数[3]。根据五坝组古代居民的死亡年龄数据，我们计算了该人群的平均死亡年龄。在计算过程中，不包含年龄鉴定为"成年""未成年"的个体；而对于年龄鉴定为某一区间（如30~35岁）的个体，计算时取均值（即32.5岁）。

五坝组人群的平均死亡年龄为19.38岁。在古人口学研究中，通常认为一定时期内平均死亡年龄的高低受此时期全部人口年龄结构的影响[4]。因此，在进行平均死亡年龄的比较时，需要考虑"不同人群之间的年龄结构是否一致"，若年龄结构完全不同，则平均死亡年龄的比较并无太大意义。此时，便需要引入"平均预期寿命"的概念。

［1］［英］Roberts C., Manchester K.（著），张桦（译）：《疾病考古学》，山东画报出版社，2010年，第41页；尚虹：《山东广饶新石器时代人骨及其与中国早全新世人类之间关系的研究》，中国科学院研究生院博士学位论文，2002年。

［2］赵永生：《甘肃临潭磨沟墓地人骨研究》，吉林大学博士学位论文，2013年。

［3］李永胜：《人口统计学》，西南财经大学出版社，2002年，第178~179页。

［4］王峰、何平：《论平均预期寿命与平均死亡年龄》，《数学的实践与认识》2011年第12期，第150~159页。

平均预期寿命是指达到某一确切年龄□岁的一批人，按照某一种死亡水平计算的他们在未来可能存活的平均时间长度[1]。这种描述方式的特点是其不受人口年龄结构的影响，且与人口总数没有关系。平均预期寿命的实现需要通过编制生命表来获得。生命表的编制通常以1岁为一组，若将若干岁合并成一个年龄组，则为简略生命表。一般来说，对于墓葬出土人骨所代表的人群进行古人口学研究，通常都是采用"简略生命表"的形式进行计算。

本报告根据五坝组古代居民的死亡数据，采用Excel软件计算并制作简略生命表，在统计过程中，剔除了年龄鉴定为"成年"和"未成年"的个体，对年龄鉴定为某一区间的个体，在统计时取均值。因为样本量的限制，以及无法鉴定性别的未成年个体数量较多，我们不再对男女两性分别制作生命表。全部个体的简略生命表见表二。

表二　五坝组古代居民简略生命表

年龄组	死亡概率（%）	各年龄组死亡人数	尚存人数	各年龄组内生存人年数	未来生存人年数累计	平均预期寿命
0–	6.52	3	46	44.5	924	20.09
1–	23.26	10	43	152	879.5	20.45
5–	9.09	3	33	157.5	727.5	22.05
10–	16.67	5	30	137.5	570	19.00
15–	4.00	1	25	122.5	432.5	17.30
20–	16.67	4	24	110	310	12.92
25–	25.00	5	20	87.5	200	10.00
30–	40.00	6	15	60	112.5	7.50
35–	33.33	3	9	37.5	52.5	5.83
40–	100.00	6	6	15	15	2.50

由表二可知，五坝组古代居民的平均预期寿命为20.09岁，略高于平均死亡年龄（19.38岁）。

为了进一步分析五坝组人群的生存和死亡状况信息，本报告选取了其他甘青地区的样本组与之进行比较，包括柳湾组[2]、民和阳山组[3]和磨沟组[4]。各组样本的死亡年龄结构及平均预期寿命见表三，并绘制折线图（图三）。

由图三、表三可知，五坝组未成年人的死亡比例最高，与齐家文化时期的磨沟组接近，而远高于时代稍早的柳湾组和时代相近的民和阳山组。高比例的未成年人死亡率使得五坝组平均预期

[1]温勇、尹勤：《人口统计学》，东南大学出版社，2006年，第195页。

[2]潘其风、韩康信：《柳湾墓地的人骨研究》，《青海柳湾》，文物出版社，1984年，第261~303页。

[3]韩康信：《青海民和阳山墓地人骨》，《民和阳山》，文物出版社，1990年，第160~173页。

[4]赵永生：《甘肃临潭磨沟墓地人骨研究》，吉林大学博士学位论文，2013年。

表三　五坝组人群死亡年龄结构、预期寿命与各对比组的比较

样本组	未成年期	青年期	壮年期	中年期	老年期	平均预期寿命
五坝组	45.65%	10.87%	28.26%	15.22%	0.00%	20.09
柳湾马厂组	8.77%	10.09%	23.68%	37.28%	10.97%	—
民和阳山组	22.6%	9.1%	18.3%	27.4%	16.6%	—
磨沟组	38.85%	16.58%	16.91%	26.19%	1.48%	23.5

注：将婴儿期、幼儿期和少年期合并为未成年期。

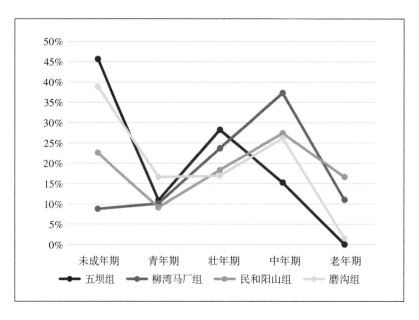

图三　五坝组死亡年龄结构与对比组的比较

寿命略低于磨沟组，也显然会远低于柳湾组和民和阳山组（对两组样本进行的古人口学研究中未计算平均预期寿命）。五坝组样本死亡年龄结构的另一个特点在于，其成年阶段的死亡高峰为壮年期，而其他三个对比组均为中年期。上述现象或许是因为五坝墓地的发掘规模较小[1]，目前出土人骨样本的死亡年龄特征还不能有效代表整个五坝墓地的人群。另一方面，我们也不能排除在新石器时代的甘青地区，不同地理位置的人群由于生活环境、生存压力等方面的差异，在死亡年龄结构和平均预期寿命上具有不同的特点。

二　颅骨的连续性形态特征研究

颅骨非测量特征即肉眼可观察的头骨形态特征变异，常用于古人类演化及现代人群形成和分

---

[1]甘肃省文物考古研究所、张掖市文物保护研究所、民乐县博物馆：《甘肃民乐五坝史前墓地发掘简报》，《考古与文物》2012年第4期，第3~13、115页。

化研究中，与颅骨的测量性状具有同等重要的意义[1]。根据性状的表现方式又可将其分为连续性特征和非连续性特征。前者指性状表现为不同的程度或级别；后者则指性状表现为几种不同的形态变异，或在大多数情况下明显存在或缺乏的二分性状[2]。五坝组颅骨的非连续性形态特征我们将另外成文进行分析，此处主要报告颅骨的连续性特征。

　　五坝组样本中，共14例成年个体的颅骨保存较好，其中男性8例、女性6例。根据其保存状况，选取了可观察率较高且在人类学研究中常用的13项连续性特征的观察项目，包括颅形、眉弓突度、眉弓范围、眉间突度、眶型、鼻根区凹陷、鼻前棘、犬齿窝、眶口倾斜度、枕圆枕、枕外隆突、乳突、鼻骨类型和齿弓形状。对这些形态特征的观察主要依据邵象清[3]和吴秀杰[4]的标准（表四）。

表四　五坝组颅骨连续性形态特征观察统计表

项目	性别	例数	形态分类及出现例数（出现率：%）						
			圆形	椭圆形	卵圆形	菱形	楔形	五角形	盾形
颅形	男	7	1（14.3）	2（28.6）	3（42.9）	1（14.3）	0	0	0
	女	6	0	5（83.33）	1（16.67）	0	0	0	0
	合计	13	1（7.7）	7（53.8）	4（30.8）	1（7.7）	0	0	0
			微显	中显	显著	特显			
眉弓突度	男	8	1（12.5）	3（37.5）	4（50）	0			
	女	6	2（33.3）	3（50）	1（16.7）	0			
	合计	14	3（21.4）	6（42.9）	5（35.7）	0			
			0级	1级	2级	3级	4级		
眉弓范围	男	8	0	4（50）	4（50）	0	0		
	女	6	1（16.7）	5（83.3）	0	0	0		
	合计	14	1（7.1）	9（64.3）	4（28.6）	0	0		
			不显	稍显	中等	显著	极显	粗壮	
眉间突度	男	8	0	4（50）	2（25）	2（25）	0	0	
	女	6	0	4（66.7）	2（33.3）	0	0	0	
	合计	14	0	8（57.1）	4（28.6）	2（14.3）	0	0	

[1]赵永生：《甘肃临潭磨沟墓地人骨研究》，吉林大学博士学位论文，2013年。

[2]吴秀杰：《中国全新世人群头骨形态特征的变异》，中国科学院研究生院博士学位论文，2006年。

[3]邵象清：《人体测量手册》，上海辞书出版社，1985年。

[4]吴秀杰：《中国全新世人群头骨形态特征的变异》，中国科学院研究生院博士学位论文，2006年。

项目	性别	例数	形态分类及出现例数（出现率：%）						
			近圆形	椭圆形	正方形	长方形	斜方形		
眶型	男	6	1（16.7）	3（50）	1（16.7）	1（16.7）	0		
	女	6	2（33.3）	1（16.7）	3（50）	0	0		
	合计	12	3（25）	4（33.3）	4（33.3）	1（8.3）	0		
			0	1	2	3	4		
鼻根区凹陷	男	8	0	5（62.5）	3（37.5）	0	0		
	女	6	4（66.7）	2（33.3）	0	0	0		
	合计	14	4（28.6）	7（50）	3（21.4）	0	0		
			不显	稍显	中等	显著	特显		
鼻前棘	男	5	0	3（60）	2（40）	0	0		
	女	5	1（20）	3（60）	1（20）	0	0		
	合计	10	1（10）	6（60）	3（30）	0	0		
			上窄型	中窄型	等宽型				
鼻骨类型	男	6	3（50）	3（50）	0				
	女	6	3（50）	3（50）	0				
	合计	12	6（50）	6（50）	0				
			平坦	浅	中等	深			
犬齿窝	男	6	3（50）	3（50）	0	0			
	女	5	1（20）	4（80）	0	0			
	合计	11	4（36.4）	7（63.6）	0	0			
			锐角型	直角型	钝角型				
眶口倾斜度	男	5	2（40）	3（60）	0				
	女	6	1（16.7）	5（83.3）	0				
	合计	11	3（27.3）	8（72.7）	0				
			不存在	微显	中显	显著	特显		
枕圆枕	男	7	0	4（57.1）	2（28.6）	1（14.3）	0		
	女	6	1（16.7）	2（33.3）	3（50）	0	0		
	合计	13	1（7.7）	6（46.2）	5（38.5）	1（7.7）	0		

续表四

项目	性别	例数	形态分类及出现例数（出现率：%）					
枕外隆突			不显	微显	明显	显著		
	男	7	1（14.3）	6（85.7）	0	0		
	女	6	3（50）	3（50）	0	0		
	合计	13	4（30.8）	9（69.2）	0	0		
齿弓形状			U 型	C 型	抛物线型			
	男	6	0	0	6（100）			
	女	3	0	1（33.3）	2（66.7）			
	合计	9	0	1（11.1）	8（88.9）			

表四为五坝组颅骨各项连续性特征的统计结果。由表可对该人群颅骨的 13 项特征做简要描述：

颅形：颅形一般可分为 7 种，即圆形、椭圆形、卵圆形、楔形、菱形、五角形和盾形。在五坝组人群中，男、女两性的颅形均以椭圆形和卵圆形为主。其中，男性的颅形以卵圆形为主（42.9%），其次为椭圆形（28.6%），圆形和菱形的出现率很低。女性的颅形则以椭圆形为主（83.33%），其次为卵圆形（16.67%）。未发现颅形为楔形、五角形和盾形者。

眉弓突度：现代人的眉弓突度可分为 4 个等级，分别为微显、中显、显著、特显，这一特征具有一定的性别差异。在五坝组人群中，男性的眉弓以中显（37.5%）和显著（50%）为主，微显者占比低。女性则以微显（33.3%）和中显（50%）为主，显著者仅有 1 例。

眉弓范围：根据眉弓水平延展于眶上缘的范围为标准，可将眉弓范围分为 5 级（0~4 级）。五坝组男性以 1 级（50%）和 2 级（50%）为主，即眉弓与眶上缘分离，而且未延伸至眶上缘中点（1 级），或眉弓内侧弯与眶上缘合并，眉弓已延伸至或超过眶上缘中点（2 级）。女性则以1 级为主（83.3%），也有 1 例为 0 级者。

眉间突度：眉间突度按隆起程度可分为 6 级，分别为不显、稍显、中等、显著、极显和粗壮。五坝人群中男性以稍显为最多（50%），其次为中等（25%）和显著（25%）。女性则主要表现为稍显（66.7%）和中等（33.3%）。

眶型：即眼眶形状，最常用的眶型分法有近圆形、椭圆形、正方形、长方形和斜方形 5 种。五坝组人群中，眶型变异较大，男性以椭圆形为主（50%），也有近圆形、正方形和长方形者。女性则以正方形为主（50%），也有近圆形和椭圆形者。

鼻根区凹陷：即鼻根点处的凹陷程度。这一性状与眉间的突起程度相关，一共可以分为 5 级（0~4 级）。五坝组人群中，男性以 1 级（62.5%）和 2 级（37.5%）为主，女性则以 0 级（66.7%）

和 1 级（33.3%）为主，无 3、4 级者出现。

鼻前棘：鼻前棘的发育程度与鼻骨的高突程度密切相关，根据发育程度的不同可分为 5 级，分别为不显、稍显、中等、显著和特显。总体来看，五坝组人群中男性的鼻前棘以稍显（60%）和中等（40%）为主，女性则以稍显为主（60%），也有表现为不显及中等者。

鼻骨类型：根据鼻骨上、中、下的宽度，可以把鼻骨分为三种类型，分别为上窄型、中窄型、等宽型。五坝组人群中，男女两性的鼻骨类型都以上窄型和中窄型为主。

犬齿窝：犬齿窝位于上颌骨的前外侧，介于眶下孔的下方、上颌骨颧突的前方和前臼齿根尖上方之间。根据其凹陷程度，可分为 4 个等级，即平坦、浅、中等和深。五坝组男、女两性个体的犬齿窝均以平坦和浅者为主，未见表现为中等及深者。

眶口倾斜度：眶口倾斜度以眶下点与眶上缘最高点的连线与眼耳平面所组成之角来表示。一般可分为 3 种类型，分别为锐角型、直角型和钝角型。五坝组男、女两性的眶口倾斜度均以锐角型和直角型为主，无呈钝角型者。

枕圆枕：枕圆枕为横行于枕骨中部，位于上项线和最上项线之间的条带状骨质增厚结构。根据其发育程度可分为 5 级，分别为不存在、微显、中显、显著、特显。五坝组男性以微显为主（57.1%），其次为中显（28.6%），也有 1 例个体表现为显著。女性同样以微显（33.3%）和中显（50%）为主，也有 1 例个体不存在枕圆枕。

枕外隆突：枕外隆突为枕部后正中线的隆起，根据隆突底部宽度和隆突高度，可以分为 4 个等级，即不显、微显、明显和显著。五坝组人群中，男性以微显占绝大多数（85.7%），女性则以不显（50%）和微显（50%）为主。两性个体的枕外隆突均无表现为明显或显著者。

齿弓形状：齿弓形状可分为三种类型，即 U 型、C 型和抛物线型。五坝组人群中，男女两性均以抛物线型占绝对优势。

通过上述各项形态特征的描述和统计可知，尽管包含少量非马厂时期的个体，但五坝组标本的颅骨形态基本一致。现将其总体特征概述如下：颅形以卵圆形和椭圆形为主；眉弓和眉间突度的发育程度中等偏弱，同时结合较浅的鼻根区凹陷；眶型以椭圆形、正方形和长方形为主，眶口倾斜度全部为锐角或直角；鼻棘不发达，多为中等偏弱；犬齿窝均为平坦—浅；齿弓形状以抛物线型为主。以上这些特征均显示出较为明显的东亚人群特质，而未见颅骨形态特征接近欧亚大陆西部人群者。

此外，女性颅骨和男性颅骨之间的形态分布基本一致，只是在一些和粗壮度有关的特征上发育较弱，如眉弓的发育程度、枕圆枕、枕外隆突等。这些差异应该都属于性别差异，不存在人群属性上的区别。

三　颅骨测量性状分析

颅骨测量性状的研究同样使用 14 例基本完整或保存稍好的成年人颅骨，其中男性 8 例、女性6例。测量方法依据《人体测量手册》中的相关描述。各项性状的个体测量值及平均值见附表一、二，根据这些测量项目归纳的五坝人群主要颅骨测量性特征出现率见表五。

由表五可知，五坝组男性的平均颅指数为71.71，女性的平均颅指数为69.5，表现为长颅型或特长颅型。从个体角度上看，男、女两性的头骨亦均以长颅型为主，男性中有1例为中颅型者，未发现圆颅类型的个体。

颅长高指数，男性的平均值为74.89，表现为正颅型。个体角度，男性以正颅型和高颅型为主；仅有的1例女性标本同样表现为正颅型。

颅宽高指数，所有的男性和仅有的1例女性标本均表现为狭颅型。其中，男性的平均值为104.53。

额宽指数，男性的平均值为69.58，为阔额型，女性为69.65，亦为阔额型。从个体出现率来看，男性的额型变异较大，主要有中额型（40%）和阔额型（40%），也有狭额型者；女性则以中额型（33.3%）和阔额型（66.7%）为主。

眶指数，男性平均值为78.61，为低眶型，女性平均值为84.67，为中眶型。从个体出现率看，男性以低眶型（33.3%）和中眶型（50%）为主，女性则以中眶型（33.3%）和高眶型（66.7%）为多。

鼻指数，男性平均值为51.6，女性为52.21，均为阔鼻型，但接近中鼻型上限。在个体出现率上，两性也均表现为以阔鼻型为主（男：60%，女：80%），中鼻型次之（男：40%，女：20%）。未见狭鼻型和特阔鼻型者。

面角和中面角所反映的五坝组人群垂直方向上的面突程度为中等，表现为以中颌型和平颌型为主。其中，男性以平颌型占多，女性则以中颌型为主，仅1例女性个体的面角落在突颌型之中。

齿槽面角即齿槽的突出程度，男性以中颌型（40%）和平颌型（40%）为主，女性则以特突颌型（40%）和突颌型（60%）为主。

鼻颧角主要反映面部水平方向的突出程度。其中，男性鼻颧角的平均值为143.3°，具有中等的面部扁平度（140°~144°）；女性鼻颧角的平均值为146.29°，具有较大的面部扁平度（145°~180°）。个体出现率方面，大多数男性个体都表现出较大的面部扁平度，但也有2例个体的鼻颧角较小（<140°）。女性则全部表现为中等或较大的面部扁平度。

综合以上的描述和统计，尽管五坝组样本保存的颅骨数量不多，但仍能将男性的颅面部测量特征概括如下：具有长颅型、狭颅型和偏高的正颅型相结合的颅型，较阔的鼻型，偏低的中眶型，平颌型及中等的齿槽突颌，中等的上面部扁平度。这些表现形式与朱泓先生提出的我国新石器时代居民中"古西北类型"人群的颅骨测量性特征基本一致[1]。而女性个体的绝大多数测量性特征与男性类似，只在面部垂直方向的突出程度、齿槽面角所示之突颌程度较男性更为明显，并且面

---

［1］朱泓：《建立具有自身特点的中国古人种学研究体系》，《中国古代居民体质人类学研究》，科学出版社，2014年，第i~v页。

表五   五坝组人群部分颅面部测量性特征出现率统计表

项目	性别	例数	形态分类及出现例数（出现率：%）				
			特长颅型	长颅型	中颅型	圆颅型	特圆颅型
颅指数	男	5	2（40）	2（40）	1（20）	0	0
	女	6	3（50）	3（50）	0	0	0
			低颅型	正颅型	高颅型		
颅长高指数	男	5	0	3（60）	2（40）		
	女	1	0	1（100）	0		
			阔颅型	中颅型	狭颅型		
颅宽高指数	男	5	0	0	5（100）		
	女	1	0	0	1（100）		
			狭额型	中额型	阔额型		
额宽指数	男	5	1（20）	2（40）	2（40）		
	女	6	0	2（33.3）	4（66.7）		
			低眶型	中眶型	高眶型		
眶指数 R	男	6	2（33.3）	3（50）	1（16.7）		
	女	6	0	2（33.3）	4（66.7）		
			狭鼻型	中鼻型	阔鼻型	特阔鼻型	
鼻指数	男	5	0	2（40）	3（60）	0	
	女	5	0	1（20）	4（80）	0	
			超突颌型	突颌型	中颌型	平颌型	超平颌型
面角	男	5	0	0	1（20）	4（80）	0
	女	5	0	1（20）	4（80）	0	0
			特突颌型	突颌型	中颌型	平颌型	
中面角	男	5	0	0	0	5（100）	
	女	5	0	0	3（60）	2（40）	
			超突颌型	特突颌型	突颌型	中颌型	平颌型
齿槽面角	男	5	0	0	1（20）	2（40）	2（40）
	女	5	0	2（40）	3（60）	0	0
			很小	小	中	大	很大
鼻颧角	男	6	1（16.7）	1（16.7）	0	4（66.7）	0
	女	6	0	0	1（16.7）	5（83.3）	0

部扁平度较男性略大。此外，女性的眶型较男性偏高。

四　颅面部测量性状的多元统计分析

1. 与甘青地区其他史前人群的亲缘关系

为了进一步了解五坝组人群与甘青地区其他史前人群的亲缘关系，我们将五坝组与其他 11 组甘青地区新石器—青铜时代人群的颅面部测量数据进行多元统计分析。

所选取的线性测量项目包括颅长、颅宽、颅高、最小额宽、颅基底长、面基底长、上面高、中面宽、眶宽 R、眶高 R、鼻宽、鼻高（对比组及数据见附表三）。为了降低大小因素的影响而只保留形状（shape）信息，对所有原始数据进行了校正，即将每个原始变量进行对数变换，并从中减去该个体所有测量值的对数几何平均值（log-geometric mean）[1]。经过校正后，两性样本的颅测量数据不存在显著差异，因此在后续分析中我们不再将两性样本分开进行。由于大多数五坝组颅骨样本都有数据缺失，且部分对比组未公布个体数据，此处分析采用的是平均值。相对于个体数据，使用平均值数据可能会造成一些潜在误差，但这部分分析不依赖统计显著性检验，因此这种误差可以忽略[2]。

主成分分析中，前三个主成分的累计贡献率为 68.83%，基本能够代表所有样本组颅面部测量性状的变异。其中，第一主成分（PC1）的贡献率为 30.63%，最大载荷变量为颅宽、额宽；第二主成分（PC2）的贡献率为 21.49%，最大载荷变量为上面高、眶高和鼻高；第三主成分（PC3）的贡献率为 16.41%，最大载荷变量为眶宽和鼻宽。根据前两个主成分的得分，我们以 PC1 为横坐标，PC2 为纵坐标生成了散点图（图四）。

由图四可知，甘青地区新石器时代组分布在横坐标左端（PC1），而与大多数的青铜时代组明显分开，显示出新石器时代组人群具有相对较小的颅宽和额宽。而纵坐标（PC2）主要反映的是两性差异，甘青地区各样本组中，大多数女性相对男性而言拥有较小的上面高和鼻高，以及较大的眶高。五坝组人群无论是男性还是女性都与时代相近的柳湾合并组及民和阳山组关系最为密切。这表明，在新石器时代晚期，青海的河湟地区与甘肃的河西走廊地区不仅在考古学文化上具有一致性，同时两地的古人群也具有较近的亲缘关系。

到了青铜时代，甘青地区人群的颅面部形状呈现出多样化的趋势。磨沟齐家组、磨沟寺洼组、四坝文化的火烧沟组和东灰山组男性的关系较为密切，且较多地继承了新石器时代组人群的颅面部特征。而卡约文化的李家山组、阿哈特拉山组、上孙家寨组以及四坝文化的干骨崖组男性的距离相对较近；永昌沙井组的男性和女性则与其他青铜组都有较为明显的区分。

[1] Darroch J N, Mosimann J E, "Canonical and principal components of shape," *Biometrika*, 1985,72: 241-252.

[2] Matsumura H, Hung H, Higham C, et al., "Craniometrics reveal Two Layers of prehistoric human dispersal in Eastern Eurasia," *Scientific Reports*, 2019(9): 1451.

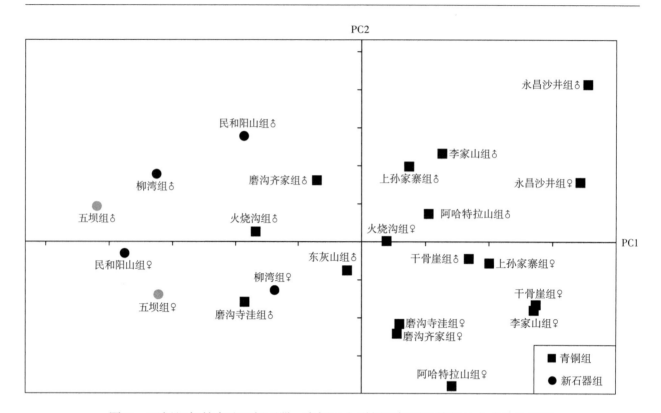

图四　五坝组与甘青地区新石器—青铜组人群颅面部测量特征的主成分分析图

青海（新石器时代）：柳湾组、民和阳山组

青海（青铜时代）：李家山组、阿哈特拉山组、上孙家寨组

甘肃南部（青铜时代）：磨沟齐家组、磨沟寺洼组

河西走廊（新石器时代）：五坝组

河西走廊（青铜时代）：火烧沟组、东灰山组、干骨崖组、永昌沙井组

　　总之，与新石器时代晚期相比，甘青地区青铜时代人群的体质特征变得相对复杂，不同地理和文化区之间的人群在颅面部形态上产生了一定的差异。而河西走廊地区表现尤为明显。位于该区的火烧沟组、东灰山组、干骨崖组地理位置相距较近且同属四坝文化，但人群的颅面部特征似乎存在一些差异。此外，该区时代稍晚的沙井文化人群更是与甘青地区其他新石器—青铜时代人群的颅面部特征存在较大差别，而很可能是由北方草原南下的北亚人群[1]。这些现象应与河西走廊乃至整个甘青地区沟通东西及南北的地理位置有关。在青铜时代，该区东西方向和南北方向的人群流动和基因交流较前一时期更加频繁。

　　2. 与其他地区史前人群的亲缘关系

　　在这一节，我们将考察的人群范围扩大，以探讨五坝组人群与中国境内其他史前人群的亲缘关系。受限于原始数据的可获得性，共选取了 14 组样本作为对比组。除新疆哈密地区的天山北

[1]韩康信：《甘肃永昌沙井文化人骨种属研究》，《永昌西岗柴湾岗——沙井文化墓葬发掘报告》，甘肃人民出版社，2001 年，第 235~264 页。

路组和焉不拉克组为青铜—铁器时代组外，其余对比组的时代均为新石器时代。分析所选取的线性测量项目共 11 项，包括颅长、颅宽、颅高、最小额宽、颅基底长、面基底长、上面高、眶宽 R、眶高 R、鼻宽、鼻高（对比组及数据见附表四）。本节的分析同样使用平均值，并采取上节中同样的方法进行原始数据的校正，以去除大小因素的影响。

　　主成分分析的结果显示，前三个主成分的累计贡献率为 70.98%，基本能够代表所有样本组颅面部测量性状的变异。其中，PC1 的贡献率为 40.46%，最大载荷变量为颅宽、颅高、最小额宽和鼻高；PC2 的贡献率为 18.6%，最大载荷变量为鼻宽、最小额宽和颅高；PC3 的贡献率为 11.92%，最大载荷变量为颅长、上面高和鼻高。根据前两个主成分的得分，我们以 PC1 为横坐标，PC2 为纵坐标生成了散点图（图五）。

　　在新石器时代，地理隔离的作用仍比较明显，生活在不同地理区域的古代人群在体质特征上还存在较为明显的差异。由图五可知，所有的样本大致可以分为四个亚组，与其所属的地理位置

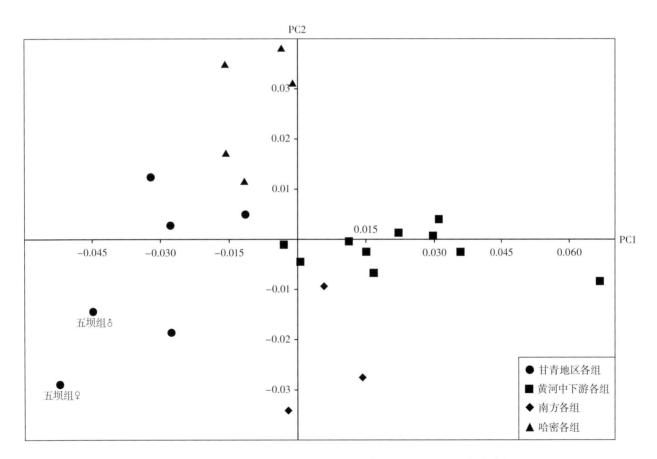

图五　五坝组与其他地区各史前人群颅面部测量特征的主成分分析图

甘青地区各组：五坝组（男、女）、民和阳山组（男、女）、柳湾组（男、女）
黄河中下游各组：孙庄组（男、女）、汪沟组（男、女）、笃忠组（男、女）、庙底沟组（男）、宝鸡组（男）、大汶口组（男）、西夏侯组（男）、徐堡组（女）
新疆哈密青铜时代各组：天山北路组（男、女）、焉不拉克组（男性 C、M、女）
南方地区各组：昙石山组（男）、河宕组（男、女）

及朱泓先生提出的新石器时代几大古人种类型基本对应，即甘青地区各组（对应"古西北类型"）、黄河中下游各组（对应"古中原类型"）、南方地区各组（对应"古华南类型"）和新疆哈密组（东西方混合人群）。当然，其中也存在一些样本组的颅面部形态处在不同地理组的过渡位置。与五坝组人群亲缘关系最为密切的仍为同属甘青地区的民和阳山组和柳湾合并组。但在这三组人群内部，颅面部形态也存在着细微的差别。与生活在青藏高原东北部的民和阳山组人群和柳湾合并组人群相比，生活在河西走廊地区的五坝组人群具有相对较大的鼻宽，这或许与鼻部形态对不同环境的适应有关。

另外，哈密地区青铜—铁器时代的焉不拉克男性 M 组和女性组也与甘青地区新石器时代各组的关系较为密切，这也与韩康信及魏东先生对焉不拉克组人群的研究一致[1]，即甘青地区古代人群沿河西走廊向西迁徙，最终对新疆东部地区青铜—铁器时代人群的构成产生了重要影响。

五 小结

通过上文的描述和研究，我们对民乐五坝墓地出土人骨所代表的人群有了一些初步认识，我们将其归纳如下：

从性别上看，五坝组人群中男性与女性的性别比为 142，男性明显多于女性。从死亡年龄上看，该人群的死亡年龄段主要集中在未成年期和壮年期。男女两性在各个年龄段的死亡比例存在明显不平衡。

与甘青地区其他古代人群相比，五坝组人群的平均死亡年龄（19.38 岁）和平均预期寿命（20.09 岁）都较低。这可能表明新石器时代河西走廊地区的生存条件相对恶劣，致使很多婴幼儿和儿童夭折；另一方面也不能排除样本的代表性问题，即五坝墓地发掘范围过小所致的数据偏差。

五坝组人群颅骨非测量性特征（主要是连续性特征）显示出比较明显的东亚人群特征，且男性和女性基本一致，未发现有颅骨形态接近欧亚大陆西部人群者。

五坝组人群男性颅骨的测量特征可以概括为具有长颅型、狭颅型和偏高的正颅型相结合的颅型，较阔的鼻型，偏低的中眶型，平颌及中等偏大的齿槽突颌，中等的上面部扁平度。女性个体的绝大多数测量性特征与男性相似，只在面部垂直方向的突出程度、齿槽面角所示之突颌程度较男性更为明显，并且面部扁平度较男性略大。由以上描述可知，尽管存在少量非马厂时期的个体，但五坝组人群在头骨的人群属性方面较为一致，属于"古西北类型"人群。

就甘青地区史前人群而言，五坝组样本与时代相近的柳湾组及民和阳山组之间存在较近的亲缘关系。同时，与其他青铜时代组相比，火烧沟组、东灰山组、磨沟齐家 / 寺洼组人群较多地继承了该区新石器时代人群的体质特征。

---

[1] 韩康信：《新疆哈密焉不拉克古墓人骨种系成分研究》，《考古学报》1990 年第 3 期，第 371~390 页；魏东：《新疆哈密地区青铜—早期铁器时代居民人种学研究》，吉林大学博士学位论文，2009 年。

中国境内 15 组史前人群（以新石器时代为主）的主成分分析结果显示，所有的样本大致可以分为四个亚组，即甘青地区各组、黄河中下游各组、南方地区各组和新疆哈密组。其中，五坝组人群与甘青地区新石器时代人群的颅面部形态基本一致，也与新疆哈密地区青铜—铁器时代的焉不拉克组人群具有较密切的亲缘关系。

附表一　五坝墓地成年男性个体颅骨测量数据

长度：毫米，角度：度，指数：百分比

马丁号	项目	M9	M11	M20	M25	M28	M44	M47	M53	平均值
1	颅骨最大长（g–op）	183.22	195.48	202.43	187.51	—	187.34	180.25	183.00	188.46
8	颅骨最大宽（eu–eu）	127.63	—	—	130.27	—	141.74	130.60	130.50	132.15
17	颅高（b–ba）	135.93	—	—	142.15	—	140.16	134.38	137.37	138.00
9	额骨最小宽（ft–ft）	82.63	—	—	89.39	75.87	102.94	88.76	96.52	89.35
5	颅基底长（n–enba）	100.83	—	—	104.75	—	106.28	100.41	107.14	103.88
40	面基底长（pr–enba）	95.13	—	—	95.71	—	97.85	99.67	100.77	97.83
48	上面高（n–pr）	66.98	—	—	73.68	65.10	75.87	77.76	71.06	71.74
45	面宽（zy–zy）	—	—	—	—	—	—	—	—	—
46	中面宽（zm–zm）	94.21	—	—	109.39	98.23	107.35	116.01	109.64	105.81
29	额骨矢状弦（n–b）	110.86	122.54	117.54	116.35	—	114.56	111.38	114.58	115.40
30	顶骨矢状弦（b–l）	114.21	122.68	137.23	105.07	—	120.89	123.88	113.26	119.60
31	枕骨矢状弦（l–o）	98.27	—	—	110.33	—	94.20	95.92	94.73	98.69
51	眶宽 R（mf–ek）	41.64	—	—	42.25	42.52	41.68	45.83	43.53	42.91
52	眶高 R	32.52	—	—	34.01	31.54	37.37	32.62	33.97	33.67
54	鼻宽	26.79	—	—	28.86	21.82	28.31	31.80	28.04	27.60
55	鼻高（n–ns）	53.71	—	—	56.25	—	59.55	56.29	53.13	55.79
72	面角（∠ n–pr FH）	84.48	—	—	87.50	—	88.25	86.44	88.20	86.97
73	中面角（∠ n–ns FH）	85.41	—	—	88.05	—	90.00	87.91	90.00	88.27
74	齿槽面角（∠ ns–pr FH）	79.25	—	—	85.57	—	82.04	81.43	86.93	83.04
77	鼻颧角（∠ fmo–n–fmo）	148.66	—	—	146.98	147.79	131.49	145.54	139.36	143.30
8：1	颅长宽指数	69.66	—	—	69.47	—	75.66	72.45	71.31	71.71
17：1	颅长高指数	74.19	—	—	75.81	—	74.82	74.55	75.07	74.89
17：8	颅宽高指数	106.50	—	—	109.12	—	98.89	102.89	105.26	104.53
9：8	额宽指数	64.74	—	—	68.62	—	72.63	67.96	73.96	69.58

马丁号	项目	M9	M11	M20	M25	M28	M44	M47	M53	平均值
48：45	上面指数	—	—	—	—	—	—	—	—	—
52：51	眶指数ⅠR	78.10	—	—	80.50	74.18	89.66	71.18	78.04	78.61
54：55	鼻指数	49.88	—	—	51.31	—	47.54	56.49	52.78	51.60

附表二　五坝墓地成年女性个体颅骨测量数据

长度：毫米，角度：度，指数：百分比

马丁号	项目	M35	M36-2	M40	M43	M46	M48-1	平均值
1	颅骨最大长（g-op）	179.35	179.58	185.40	187.36	182.92	181.28	182.65
8	颅骨最大宽（eu-eu）	126.62	122.03	125.53	135.54	128.49	123.54	126.96
17	颅高（b-ba）	—	—	—	—	131.47	—	131.47
9	额骨最小宽（ft-ft）	87.63	88.82	90.14	91.04	86.77	85.74	88.36
5	颅基底长（n-enba）	—	—	—	—	96.38	—	96.38
40	面基底长（pr-enba）	—	—	—	—	97.13	—	97.13
48	上面高（n-pr）	74.28	68.81	75.58	—	63.86	67.17	69.94
45	面宽（zy-zy）	—	—	—	—	—	—	—
46	中面宽（zm-zm）	106.00	101.11	—	95.49	103.53	103.31	101.89
29	额骨矢状弦（n-b）	106.58	107.57	115.18	113.97	112.02	108.60	110.65
30	顶骨矢状弦（b-l）	111.41	117.19	121.23	123.20	115.95	121.22	118.37
31	枕骨矢状弦（l-o）	—	—	99.20	—	101.01	—	100.11
51	眶宽R（mf-ek）	44.97	38.41	41.96	39.43	39.67	38.48	40.49
52	眶高R	35.95	32.99	36.63	32.06	34.12	33.70	34.24
54	鼻宽	32.87	28.19	28.39	—	24.15	26.78	28.08
55	鼻高（n-ns）	57.27	54.10	55.15	—	50.51	51.23	53.65
72	面角（∠ n-pr FH）	80.45	82.21	79.31	—	83.23	80.93	81.23
73	中面角（∠ n-ns FH）	83.78	85.01	86.12	—	84.37	82.85	84.43
74	齿槽面角（∠ ns-pr FH）	69.38	72.03	61.55	—	78.62	74.80	71.28
77	鼻颧角（∠ fmo-n-fmo）	141.85	148.25	146.19	148.16	146.86	146.43	146.29
8：1	颅长宽指数	70.60	67.95	67.71	72.34	70.24	68.15	69.50
17：1	颅长高指数	—	—	—	—	71.87	—	71.87

续附表二

马丁号	项目	M35	M36-2	M40	M43	M46	M48-1	平均值
17：8	颅宽高指数	—	—	—	—	102.32	—	102.32
9：8	额宽指数	69.21	72.79	71.81	67.17	67.53	69.40	69.65
48：45	上面指数	—	—	—	—	—	—	—
52：51	眶指数 I R	79.94	85.89	87.30	81.31	86.01	87.58	84.67
54：55	鼻指数	57.39	52.11	51.48		47.81	52.27	52.21

附表三　甘青地区新石器—青铜时代各组人群的颅面部测量数据

长度：毫米

		颅长	颅宽	颅高	最小额宽	颅基底长	面基底长	上面高	中面宽	眶宽R	眶高R	鼻宽	鼻高
李家山[1]	男	182.20	140.00	136.50	91.20	101.20	94.70	74.50	102.70	43.20	35.40	26.70	57.00
	女	177.30	136.40	130.60	89.20	93.70	89.60	68.90	99.30	40.90	34.60	26.80	52.40
上孙家寨[2]	男	182.70	139.90	137.90	90.60	101.10	95.00	73.50	103.50	42.60	34.80	26.50	56.10
	女	175.10	135.10	131.30	88.90	95.20	91.20	69.00	98.20	41.00	34.10	25.90	52.60
阿哈特拉山[3]	男	182.90	140.30	138.20	90.00	101.40	95.90	71.90	100.80	42.60	35.20	26.10	55.20
	女	175.80	133.70	130.70	87.40	95.70	92.10	65.30	98.20	40.80	34.60	25.60	50.10
火烧沟[4]	男	182.80	138.40	139.30	90.10	103.70	98.50	71.30	103.25	42.50	33.60	26.70	53.60
	女	176.40	135.20	130.40	86.87	97.30	93.20	69.11	98.70	41.28	33.54	26.20	52.70
干骨崖[5]	男	181.20	138.70	136.60	89.40	97.00	93.60	71.10	100.70	42.10	34.80	25.90	52.90
	女	175.40	136.00	126.20	89.40	97.00	92.00	66.90	96.10	38.70	33.80	26.00	51.10
磨沟齐家[6]	男	181.17	137.08	136.74	89.67	100.09	95.82	73.62	103.41	43.49	33.66	26.11	53.39
	女	173.64	133.96	130.82	87.66	95.66	92.73	66.59	98.50	42.14	33.47	25.95	50.65

［1］张君：《青海李家山卡约文化墓地人骨种系研究》，《考古学报》1993年第3期，第381~413、430~433页。

［2］韩康信、谭婧泽、张帆：《青海大通上孙家寨古墓地人骨的研究》，《中国西北地区古代居民种族研究》，复旦大学出版社，2005年，第1~162页。

［3］韩康信：《青海循化阿哈特拉山古墓地人骨研究》，《考古学报》2000年第3期，395~420页。

［4］韩康信、谭婧泽、张帆：《甘肃玉门火烧沟古墓地人骨的研究》，《中国西北地区古代居民种族研究》，复旦大学出版社，2005年，第191~283页。

［5］郑晓瑛：《甘肃酒泉青铜时代人类头骨种系类型的研究》，《人类学学报》1993年第4期，第327~335页。

［6］赵永生：《甘肃临潭磨沟墓地人骨研究》，吉林大学博士学位论文，2013年。

续附表三

		颅长	颅宽	颅高	最小额宽	颅基底长	面基底长	上面高	中面宽	眶宽 R	眶高 R	鼻宽	鼻高
磨沟寺洼[1]	男	176.90	136.60	136.62	86.44	100.40	94.64	69.28	103.10	44.40	34.34	27.82	53.84
	女	172.40	136.10	131.72	85.96	95.54	91.96	64.96	97.98	42.02	32.32	25.54	50.18
东灰山[2]	男	176.70	137.63	136.05	88.28	102.78	94.27	70.87	98.95	42.40	34.33	26.30	51.95
永昌沙井[3]	男	178.60	148.50	129.20	90.10	99.75	95.72	72.52	104.40	41.90	33.30	26.50	56.80
	女	171.90	136.50	123.40	87.60	92.00	92.40	68.50	97.20	41.00	32.80	24.90	52.30
民和阳山[4]	男	181.80	133.30	133.90	87.70	100.50	96.70	72.50	101.40	42.20	33.30	25.90	54.80
	女	172.30	127.00	130.90	81.60	97.60	92.80	68.70	95.10	40.90	32.50	26.40	51.00
柳湾[5]	男	185.93	136.41	139.38	90.30	105.26	100.68	74.21	107.14	43.87	34.27	27.26	55.77
	女	178.58	132.27	131.63	87.42	98.14	95.73	67.53	101.34	41.80	33.13	25.76	51.03
五坝墓地	男	188.46	132.15	138.00	89.35	103.88	97.83	71.74	105.81	42.91	33.67	27.60	55.79
	女	182.65	126.96	131.47	88.36	96.38	97.13	69.94	101.89	40.49	34.24	28.08	53.65

附表四　中国史前各组人群的颅面部测量数据

长度：毫米

		颅长	颅宽	颅高	最小额宽	颅基底长	面基底长	上面高	眶宽 R	眶高 R	鼻宽	鼻高
柳湾	男	185.93	136.41	139.38	90.30	105.26	100.68	74.21	43.87	34.27	27.26	55.77
	女	178.58	132.27	131.63	87.42	98.14	95.73	67.53	41.80	33.13	25.76	51.03
民和阳山	男	181.80	133.30	133.90	87.70	100.50	96.70	72.50	42.20	33.30	25.90	54.80
	女	172.30	127.00	130.90	81.60	97.60	92.80	68.70	40.90	32.50	26.40	51.00
郑州孙庄[6]	男	169.00	142.45	142.50	91.82	98.50	97.20	68.61	43.72	33.19	26.14	52.01
	女	164.00	144.00	140.55	90.75	93.75	91.75	63.06	42.15	31.42	25.54	46.49

---

[1] 赵永生：《甘肃临潭磨沟墓地人骨研究》，吉林大学博士学位论文，2013 年。

[2] 朱泓：《东灰山墓地人骨的研究》，《民乐东灰山考古——四坝文化墓地的揭示与研究》，科学出版社，1998 年，第 172~183 页。

[3] 韩康信：《甘肃永昌沙井文化人骨种属研究》，《永昌西岗柴湾岗——沙井文化墓葬发掘报告》，甘肃人民出版社，2001 年，第 235~264 页。

[4] 韩康信：《青海民和阳山墓地人骨》，《民和阳山》，文物出版社，1990 年，第 160~173 页。

[5] 潘其风、韩康信：《柳湾墓地的人骨研究》，《青海柳湾》，文物出版社，1984 年，第 261~303 页。

[6] 周亚威、张晓冉、顾万发：《郑州孙庄遗址仰韶文化居民的颅骨形态》，《人类学学报》2021 年第 4 期，第 611~627 页。

		颅长	颅宽	颅高	最小额宽	颅基底长	面基底长	上面高	眶宽 R	眶高 R	鼻宽	鼻高
昙石山[1]	男	189.70	139.20	141.30	91.00	101.10	103.50	68.00	42.20	33.80	29.50	51.90
汪沟[2]	男	172.37	146.49	145.13	94.13	102.21	100.12	69.19	42.47	33.31	26.38	53.45
	女	169.14	141.75	140.88	92.51	100.93	98.12	65.95	42.37	33.37	26.25	50.63
渑池笃忠[3]	男	187.09	140.56	150.00	93.84	103.08	94.95	69.68	43.25	35.12	26.80	51.55
庙底沟[4]	男	179.43	143.75	143.17	93.69	108.13	104.50	70.98	41.75	32.42	27.31	53.99
宝鸡[5]	男	180.22	143.25	141.55	93.29	102.63	102.02	70.16	43.60	33.90	27.29	52.13
大汶口[6]	男	181.10	145.70	142.89	91.64	104.95	104.95	74.84	42.82	35.05	27.45	54.72
西夏侯[7]	男	180.30	140.90	148.33	93.94	106.00	106.00	71.83	44.22	34.34	27.66	57.12
哈密天山北路[8]	男	185.59	137.02	132.30	94.91	102.70	102.28	68.23	43.23	32.71	25.09	53.06
	女	183.00	135.34	129.88	91.95	100.08	97.30	67.05	40.88	32.81	24.61	50.11
哈密焉不拉克[9]	男 M	187.57	136.37	133.76	93.74	100.76	97.22	70.37	42.37	33.36	25.07	54.01
	女	183.30	132.47	131.49	90.03	97.31	94.53	67.54	40.90	33.83	25.22	51.68
	男 C	183.34	133.30	135.83	90.86	102.26	98.66	68.35	42.70	33.21	25.99	53.06
河宕[10]	男	181.40	132.50	142.50	91.50	104.50	103.20	65.40	41.10	33.00	26.70	51.90
	女	183.90	136.10	149.00	91.10	104.00	99.00	68.10	42.20	33.40	27.80	50.60
徐堡[11]	女	171.50	135.00	136.75	90.00	102.00	97.65	65.35	42.10	32.45	25.69	49.37

［1］韩康信、张振标、曾凡：《闽侯昙石山遗址的人骨》，《考古学报》1976 年第 1 期，第 121~129 页。

［2］周亚威、王艳杰、顾万发：《汪沟遗址仰韶文化居民的颅骨形态学分析》，《边疆考古研究（第 27 辑）》，科学出版社，2020 年，第 371~393 页。

［3］孙蕾、武志江：《渑池笃忠遗址仰韶文化晚期人骨研究》，《华夏考古》2010 年第 3 期，第 100~109 页。

［4］韩康信、潘其风：《陕县庙底沟二期文化墓葬人骨的研究》，《考古学报》1979 年第 2 期，第 255~270 页。

［5］颜訚、刘昌芝、顾玉珉：《宝鸡新石器时代人骨的研究报告》，《古脊椎动物与古人类》1960 年第 1 期，第 33~34 页。

［6］颜訚：《大汶口新石器时代人骨的研究报告》，《考古学报》1972 年第 1 期，第 91~134 页。

［7］颜訚：《西夏侯新石器时代人骨的研究报告》，《考古学报》1973 年第 2 期，第 91~126、130~141 页。

［8］魏东：《新疆哈密地区青铜—早期铁器时代居民人种学研究》，吉林大学博士学位论文，2009 年。

［9］韩康信：《新疆哈密焉不拉克古墓人骨种系成分研究》，《考古学报》1990 年第 3 期，第 371~390 页。

［10］韩康信、潘其风：《广东佛山河宕新石器时代晚期墓葬人骨》，《人类学学报》1982 年第 1 期，第 42~52 页。

［11］周亚威、刘明明、冯春艳等：《徐堡遗址龙山文化居民颅骨的形态学研究》，《人类学学报》2018 年第 1 期，第 18~28 页。

附录三

五坝墓地浅色串珠材质分析

艾婉乔

（中国社会科学院考古研究所）

　　五坝墓地位于甘肃省民乐县六坝镇五坝村。2009 年甘肃省文物考古研究所等单位发掘新石器—青铜时代墓葬 53 座，其中多座墓葬出土用于陶器镶嵌或颈饰的浅色串珠，少则数枚，多则二三百枚，简报暂称"骨珠"[1]。为了解其质地，我们对部分串珠进行了显微观察和成分分析。

一　串珠概况及标本信息

　　这批串珠在清理后大致呈灰白色、淡黄、浅棕色，个别为白色，有些表面发红（图一、二）。串珠为圆片或短圆柱状，厚薄不一。有些珠孔内可见明显的对钻台面。根据上述特征，我们初步判断串珠为石质。对 M17、M19、M26、M37、M44 出土串珠的尺寸统计参见表一。

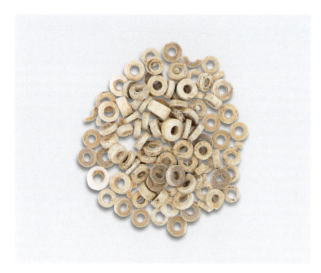

图一　五坝 M17 出土串珠

图二　五坝 M26 出土串珠

---

[1]　甘肃省文物考古研究所、张掖市文物保护研究所、民乐县博物馆：《甘肃民乐五坝史前墓地发掘简报》，《考古与文物》2012 年第 4 期，第 3~13 页。

表一　五坝墓地部分浅色串珠尺寸

单位：毫米

编号	时代	外径	孔径	厚度	出土位置
M44：6	半山	2.5~5	1.5~2.1	1~3.3	小孩颈部
M44：7	半山	2.5~4.5	1.8~2.5	0.7~4.9	成人左臂外侧2枚
M17：3	马厂	4~5	2~2.8	1~3	散置人骨颈部
M19：3	马厂	4.8~6	2.5~3	1.4~2.2	散置人骨颈部
M37：1	不明	5.5~6.9	2.8~3.2	1.5~2.2	散置人骨颈部
M26：3	西城驿文化	5~9	2~3	1.1~2.2	散置人骨颈部

　　串珠保存状态不一，既有形态规整的，也有表面存在孔洞或缺失的。前者以 M44 所出为代表，后者以 M26 所出为代表。我们共取样 3 枚进行成分分析。标本情况参见表二。

表二　五坝检测标本尺寸及表面特征

单位：毫米

编号	外径	厚	孔径	形态特征
WBM26-3-a	6.5	1.2	2.8	黄白色，原应为圆形薄片，表面有缺失、孔洞多
WBM44-7-a	4.4	2	2、2.2	表面黄色，局部似附着红色，为形态规整的短柱状
WBM44-7-c	2.5	1.5	2、1.9	白色，表面泛红，体形较小，为形态规整的短柱状

二　分析方法

　　显微观察和标本图的拍摄使用数码显微镜（AD4113T，台湾 Dinolite）。成分分析包括利用扫描电子显微镜（TM3030，日本 Hitachi，分析电压 15kV）及外接能谱（Quantax 70，德国布鲁克）进行元素分析；利用 X 射线衍射谱仪（XRD，D/Max RAPID II，50kV 50mA 2.5kW）进行矿物成分分析。

三　分析结果

　　三枚标本的数码显微照片参见图三至图五。

　　电镜观察串珠表面成分基本均一。能谱分析表明，主要元素包括 O（氧）、Ca（钙）、C（碳），还含有 Si（硅）、Al（铝）等，未见 P（磷），据此基本排除骨质。

图三　WBM26-3-a

从元素构成来看，主成分可能为碳酸盐并包含少量硅酸盐。以 WBM44-7-a 和 WBM44-7-c 为例，串珠表面的元素比例参见表三。

随后，我们对三件样品进行了无损 XRD 分析。三件串珠谱图类似，均与方解石契合。以 WBM26-3-a、WBM44-7-a 为例，参见图六、七。其中 WBM44-7-a 的测点聚焦于红色略厚处，

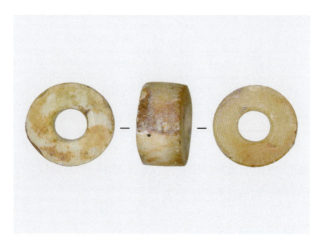

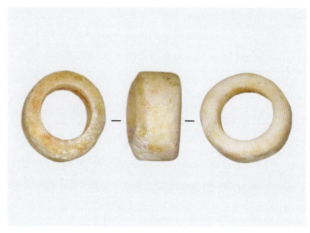

图四　WBM44-7-a　　　　　　　　　　　　　　图五　WBM44-7-c

表三　串珠表面能谱分析结果

		O	Ca	C	Si	Al	Fe	Mg	K	Na
WBM44-7-a	wt%	52.38	31.78	11.09	2.98	1.76				
	at%	63.43	15.36	17.88	2.06	1.26				
WBM44-7-c	wt%	53.68	22.03	13.14	4.90	2.72	1.38	0.86	0.73	0.55
	at%	62.40	10.22	20.35	3.25	1.87	0.46	0.66	0.35	0.45

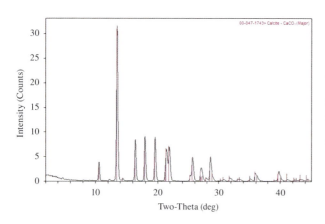
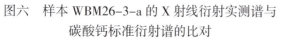

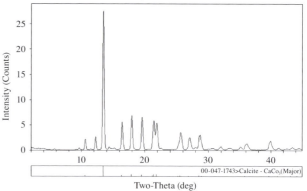

图六　样本 WBM26-3-a 的 X 射线衍射实测谱与
碳酸钙标准衍射谱的比对

注：黑色曲线为实测谱，紫色竖线为碳酸钙标准谱
（PDF 号：00-047-1743）

图七　样本 WBM44-7-a 的 X 射线衍射实测谱与
碳酸钙标准衍射谱的比对

注：上图为实测谱，下图为碳酸钙标准谱
（PDF 号：00-047-1743）

未检测到致色矿物。

四　认识与讨论

根据上述分析结果，五坝墓地出土串珠为石质。尽管串珠外观、保存状况存在差异，但主要矿物成分均为方解石。方解石是构成石灰岩、大理岩的主要矿物，推测古人应是利用了类似岩矿材料制作了串珠。

五坝出土的这种浅色短柱状或圆片状石珠，在甘宁青地区史前墓葬中比较常见，以往发掘简报中常作"骨珠"。五坝出土的串珠从颜色、质地、尺寸来看，比较多样。像 WBM44-7-c 这种尺寸小而晶莹的白色串珠，还见于宁夏菜园，在青海乐都柳湾，甘肃广河地巴坪、康乐边家林等半山墓葬中也有类似质地的串珠，但尺寸稍大；WBM44-7-a 这种淡黄色表面有红色物质的串珠还见于乐都柳湾；像 WBM26-3-a 表面因细小晶体脱落而出现残缺者，还见于青海民和拱北台马家窑文化墓葬、尕马台齐家晚期墓葬中的低硬度石珠。类似石珠标本检测结果多为碳酸钙、硫酸钙一类[1]，推测古人有意选择浅色、硬度不高的石料，如灰岩、大理岩、石膏。这类串珠在公元前三千纪流行于整个甘宁青地区，自公元前二千纪开始出现替代品，但从青海民和核桃庄出土的大理石串珠[2]来看，此类浅色低硬度短柱状串珠至少沿用至公元前一千纪以内。五坝所出见证了新石器晚期至青铜时代初期，此类串珠在河西走廊中部的流行。

附记：样品的 SEM-EDs 分析在北京大学考古文博学院科技考古实验室崔剑锋副教授指导下完成；XRD 检测在美国威斯康星大学麦迪逊分校（UW-Madison）地质系徐惠芳教授主管的 XRD 实验室进行，检测及解谱由该校人类学系研究人员 Randall Law 完成。特此说明并致谢！

---

［1］艾婉乔：《中国西北地区史前串珠的研究——旧石器晚期至公元前 1500 年》，北京大学博士学位论文，2018 年。
［2］青海省文物考古研究所、青海省文物管理处、西北大学文博学院：《民和核桃庄》，科学出版社，2004 年。

后　记

　　五坝墓地考古发掘工作由韩翀飞主持，项目负责人韩翀飞统筹整体发掘并负责现场发掘工作，参与发掘的人员包括甘肃省文物考古研究所马智全、王永安，张掖市文物保护研究所副所长王卫东，民乐县文化局主任科员刘义，民乐县博物馆周荣等。

　　本报告的资料整理及撰写工作由陈国科主持，杨谊时具体负责资料的整理，陈国科、杨谊时、姬鹏雅、樊青青、王永安参与编写工作，最终的统稿工作由陈国科、杨谊时完成。本报告为集体研究成果，为循名责实，陈国科、杨谊时各完成8万字，姬鹏雅和樊青青各完成10万字，王永安完成6万字。发掘、记录、绘图和现场拍照工作由马智全、王永安、王卫东负责。姬鹏雅、樊青青和王永安完成所有绘图工作和附表的校对工作。报告英文提要由复旦大学董惟妙翻译。

　　兰州大学贺乐天博士完成了人骨鉴定并撰写检测分析报告，中国社会科学院考古研究所艾婉乔博士完成串珠的检测并撰写检测分析报告，兰州大学仇梦晗博士完成了出土遗物的拍照工作。

　　发掘过程中得到张掖市文物保护研究所和民乐县文化局的积极协助，资料整理期间得到了民乐县博物馆韩亮馆长和焦成老师的大力支持，完成了民乐县博物馆藏征集的五坝墓地部分遗物的照相工作。本报告付梓出版之际，对辛勤参与五坝墓地发掘和资料整理工作的诸位表示感谢！

　　本次发掘所有资料以本报告为准。由于编写者水平有限，书中难免存在一些纰漏和错误，请专家学者批评指正。

Abstract

Wuba Cemetery is located in Wuba Village, Liuba Town, Minle County, in the middle of the Hexi Corridor. It is 18 kilometers away from the Xihuishan site in the northwest and 9 kilometers away from the Donghuishan site in the northeast. The excavation area is located between an east-west road in the villager's residential area of Wuba Village, and the cemetery is buried under the road. In the autumn of 2009, a rescue excavation was carried out on the cemetery in order to cooperate with the drinking water pipeline construction and road construction project of Minle County's "Every Village Access" project. A total of five trenches were deployed, and 53 tombs were excavated, with pottery, bone, stone tools and string ornaments were discovered.

Wuba cemetery is another Late Neolithic–Early Bronze Age cemetery officially excavated in Hexi Corridor after the previously excavated Yuanyangchi cemetery. It contains the remains of Banshan type, Machang type, Qijia culture/Xichengyi culture, which provides new archaeological materials for the construction of the development sequence of prehistoric culture in the Heishui River basin, and even for the exploration of the relationship between prehistoric cultures, as well as the burial customs and burial system, handicraft production, subsistence strategy, and early cultural exchanges and interactions between the East and the West in the Hexi Corridor. The significance and gains of this excavation are as follows.

Based on the stratigraphic succession relationship and the combination and evolution characteristics of unearthed artifacts, and the comparative study of tombs in surrounding areas, the whole cemetery is divided into three phases and four stages. According to the previous research on the classification of Banshan type, Machang type and Xichengyi/Qijia culture in Central Gansu, Northeastern Qinghai and Southern Ningxia, the early phase of Wuba cemetery is equivalent to the late stage of Banshan, and the middle phase can be divided into early and late stages, which are equivalent to the middle and late stages of Machang type respectively, and the late phase is equivalent to the second phase of Xichengyi and middle phases of Qijia culture. The time range of this cemetery is 4400BP–4250BP for the early phase, 4200BP–4000BP for the middle phase, and for the late it is 4000BP–3800BP.

According to the spatial and temporal characteristics and layout of Wuba cemetery, the number of tombs in Wuba cemetery increased from less to more, and then decreased. From the perspective of spatial change, there is a gradual shift process from west to east, and then to west. The cemetery lasted for a long time, and the tombs of each period were planned and followed a certain distribution range and burial rules, and there was a close relationship between people in different periods of burial. According to the differences in tomb form, burial customs and funerary objects, the cemetery can be divided into two areas: the western part contains remains from Banshan type to Xichengyi/Qijia culture, among them, the tombs of Xichengyi/Qijia culture period are concentrated here. The eastern part lasted from the middle of the Machang type to the Xichengyi/Qijia culture period, mainly the late Machang type tombs.

The relics of pottery, bone, stone, jade and string ornaments buried in Wuba cemetery provide important materials for understanding the burial custom, handicraft production technology and related research at Wuba cemetery. The types of tombs at Wuba cemetery include pit tombs and pit tomb with side caves. Extended supine position burial seems to be the most popular burial type with some exceptions of disturbed ones. The common pottery combination is jar, pot, cup, bottle, etc. , usually placed near the head and feet of the tomb owner, with colored pottery accounts for 48%. The pottery at Wuba cemetery is mainly shaped by clay strips, and a small amount of kneading is used as an auxiliary molding method. Each part is made separately and finally spliced into one. The common trimming methods are scraping and fine mud troweling, and some use wheel to polish. Different utensils are decorated in different ways. Clay pottery is mostly decorated with black colors, and sand mixed pottery is mostly decorated with clay strips and ridges. The pottery production process and the painted pottery drawing method are consistent with the overall production idea, showing the features of processed production. The manufacturing and processing of bone artifacts at Wuba cemetery can be divided into three steps: material selection, cutting, molding and trimming. Most of the bones are from the limb bones of mammals and large birds, and the materials selected are decided by the type and purpose of the implements. The main methods of cutting are splitting, cutting and slicing. Molding and trimming mainly includes dressing body, cutting edge and drilling holes.

Based on the results of stable carbon and nitrogen isotopes of a small number of faunal and human bones unearthed from Wuba cemetery, combined with previous study on flora and fauna, as well as carbon and nitrogen isotopes of human and animal bones in the Hexi Corridor and surrounding areas during Banshan type-Xichengyi/Qijia culture, a preliminary understanding of the diet and subsistence strategy of Wuba inhabitants is achieved. During Banshan period, people of Wuba moved westward to the Minle Basin, where suitable for agriculture. They brought millets, pigs and dogs, and maintained their way of life of millet agriculture and pig and dog raising as their ancestors did in the Loess Plateau. To the time of Machang type, with the arrival of cattle and sheep from the west to Hexi Corridor, and gradually accepted by the occupants of Wuba, large-scale breeding and management of cattle and sheep was improved, and the animal husbandry economy developed rapidly, which had an important impact on the life of the pioneers. During Xichengyi/ Qijia period after 4000BP, with the arrival of Western Asia originated wheat and barley in Hexi Corridor, the impact of animal husbandry of horses, cattle and sheep in Eurasia also reached the Hexi Corridor and developed rapidly. People of Wuba cemetery or the entire Hexi Corridor began to develop mixed agriculture of millet, wheat and barley, along with large-scale animal husbandry of cattle and sheep.

The painted pottery culture initially begin in the upper reaches of the Weihe River spread westward, northward and southward and arrived westward to Hexi Corridor around 5000BP, and its impact lasted long. After the painted pottery culture in the Yellow River basin gradually withdrew, the painted pottery that spread to the Hexi Corridor became the last prosperity of this culture, and even spread westward to Xinjiang. The Majiayao type first entered the Hexi Corridor and reached Jiuquan in the West. However, the westward movement of Banshan-Machang painted pottery culture was accompanied by the infiltration of cultural factors from southern Central Asia into Ganqing Region since the Banshan period. The excavation of Wuba cemetery make the westernmost distribution of Banshan type to Minle, and Machang type to Jiuquan. During Xichengyi period, this impact of this culture even reached Hami region in Xinjiang westwardly, opening up a direct access to the hinterland of Eurasian Steppe. As the predecessor of the "Silk Road", the "Painted Pottery Road" was a channel for early cultural exchanges between China and the West, which had an important impact on the formation and development of early Chinese and Western civilizations. Tombs with caves at Wuba cemetery are the earliest side-cave tombs found in China. According to the temporal and spatial distribution of the cave tombs found in northern China, the cave tombs of Afanasevo culture in Xinjiang should be the result of the eastward influence of the Catacombs culture and flexed burial custom from the Eurasian Steppe in Early Bronze Age. The influence continues to reach the Hexi Corridor eastward and radiates to the Hehuang region, resulting in a large number of cave tombs in the Hehuang region and the prevalence of flexed burials. The side-cave tombs closely related to the Catacombs culture in the Eurasian Steppe discovered at Wuba cemetery in the Hexi corridor are the earliest of this region. However, the current archaeological evidence shows that there is a large gap in the time of the cave tombs between the Ili River Valley and the Hexi Corridor, which needs to be fulfilled by further archaeological discoveries. In addition, Guanzhong area may be the first place where side-cave tombs appeared in northern China. With the westward spread of Yangshao culture, its influence reached Ganqing Region, and then with the continuous westward movement of Majiayao culture, it reached Hexi Corridor. However, there lacks key evidence of 3500-2500BC cave tombs in Ganqing Region, which needs to be supplemented by further archaeological discoveries.

1. 探沟全景

2. 发掘工作

彩版一　探沟全景、发掘工作

彩版二　资料整理工作

1. TG4局部墓葬分布

2. TG5南壁地层堆积局部

彩版三　TG4、TG5局部

1. 双耳陶罐（TG2②：2）

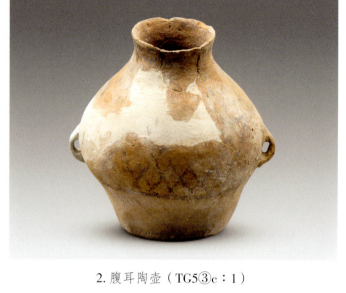

2. 腹耳陶壶（TG5③c：1）

3. 彩陶盆（TG2②：1）

4. 骨器（TG1③：1）

5. 石珠串饰（TG5③b：1）

6. 石磨盘（TG5③b：2）

彩版四　探沟地层出土器物

1. 双耳罐（M2：1）

2. 双耳罐（M4：1）

3. M4全景

彩版五　M2、M4及出土陶器

1. M3随葬品

2. M3陶器组合

3. 单耳陶杯（M3：1）

4. 双耳陶罐（M3：2）

5. 双耳彩陶罐（M3：3）

6. 骨锥（M3：4）

彩版六　M3出土器物

1. M5全景

2. M5随葬陶器

3. M5陶器组合

彩版七　M5及陶器组合

1.彩陶罐（M5∶1）

2.骨锥（M5∶3）

3.单耳彩陶杯（M5∶2）

彩版八　M5出土器物

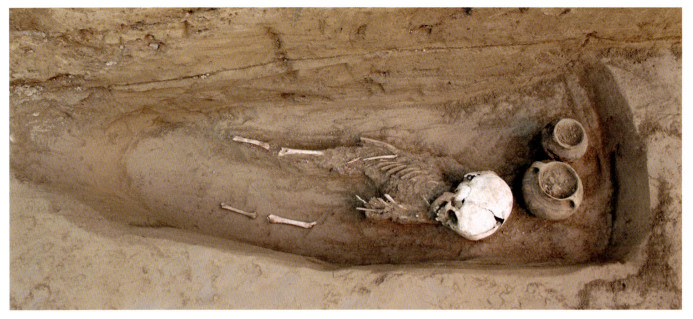

1. M6全景

2. M6随葬陶器

3. M6陶器组合

4. 双耳罐（M6：1）

5. 双耳彩陶罐（M6：2）

彩版九　M6及出土陶器

1. 单耳彩陶杯（M7：1）

3. M12陶器组合

2. M12随葬陶器

4. 单耳杯（M12：1）

5. 单耳彩陶杯（M12：2）

彩版一〇　M7、M12出土陶器

1. M9全景

2. M9随葬器物

3. 双耳陶罐（M9：1）

4. 骨锥（M9：2）

5. 骨柄石刀（M9：3）

6. 石锛（M9：4）

彩版一一　M9及出土器物

1. M13全景

3. M14全景及随葬品

4. M16随葬陶器

2. M13陶器组合

彩版一二　M13、M14、M16随葬品

2. 双耳彩陶罐（M13∶2）

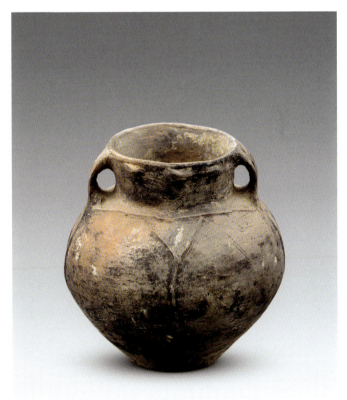

1. 彩陶盆（M13∶1）

3. 双耳罐（M13∶3）

彩版一三　M13出土陶器

1. 陶壶（M14：1）

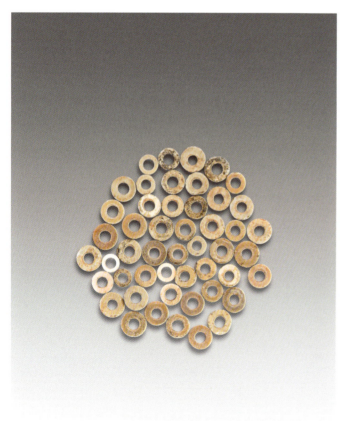

2. 石珠串饰（M14：2）

3. 双耳彩陶罐（M16：1）

彩版一四　M14、M16出土器物

1. M17随葬陶器

2. M17陶器组合

3. 石珠串饰（M17：3）

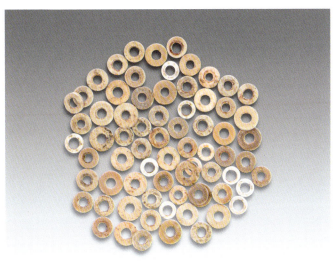

4. 石珠串饰（M18：1）

彩版一五　M17、M18出土器物

1. 彩陶壶（M17：1）

2. 双耳彩陶罐（M17：2）

彩版一六　M17出土陶器

1. M19陶器组合

2. 彩陶盆（M19：1）

彩版一七　　M19出土陶器

1. 彩陶盆（M19：6）

2. 双耳彩陶罐（M19：2）

彩版一八　M19出土陶器

1. 双耳彩陶罐（M19：4）

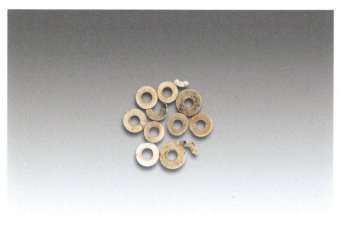

2. 石珠串饰（M19：3）

4. 双耳陶罐（M22：1）

3. 双耳陶罐（M19：5）

5. 骨管（M23：1）

彩版一九　M19、M22、M23出土器物

1. M20陶器组合

2. 四系陶罐（M20：1）

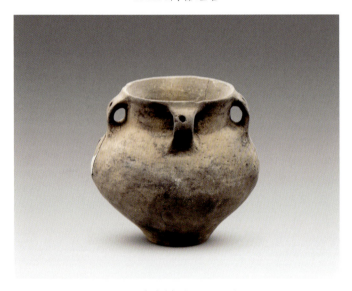

3. 四系陶罐（M20：2）

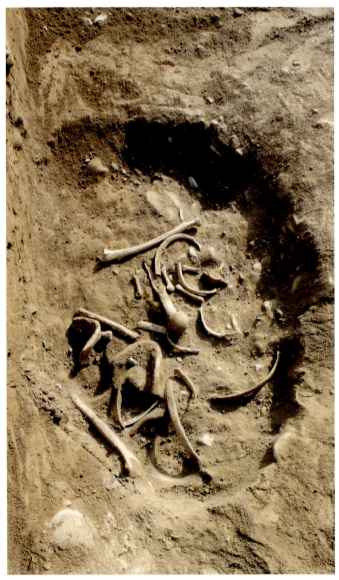

4. 玉斧（M20：3）

5. M21全景

彩版二○　M20、M21及出土器物

1. M24随葬陶器

2. M24陶器组合

3. 双耳罐（M24：1）

4. 双耳彩陶罐（M24：2）

彩版二一　　M24出土陶器

1. M25全景

2. M25随葬陶器

3. M25陶器组合

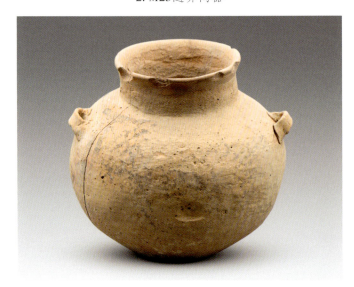

4. 双耳彩陶罐（M25∶1）

5. 双耳罐（M25∶2）

彩版二二　M25及出土陶器

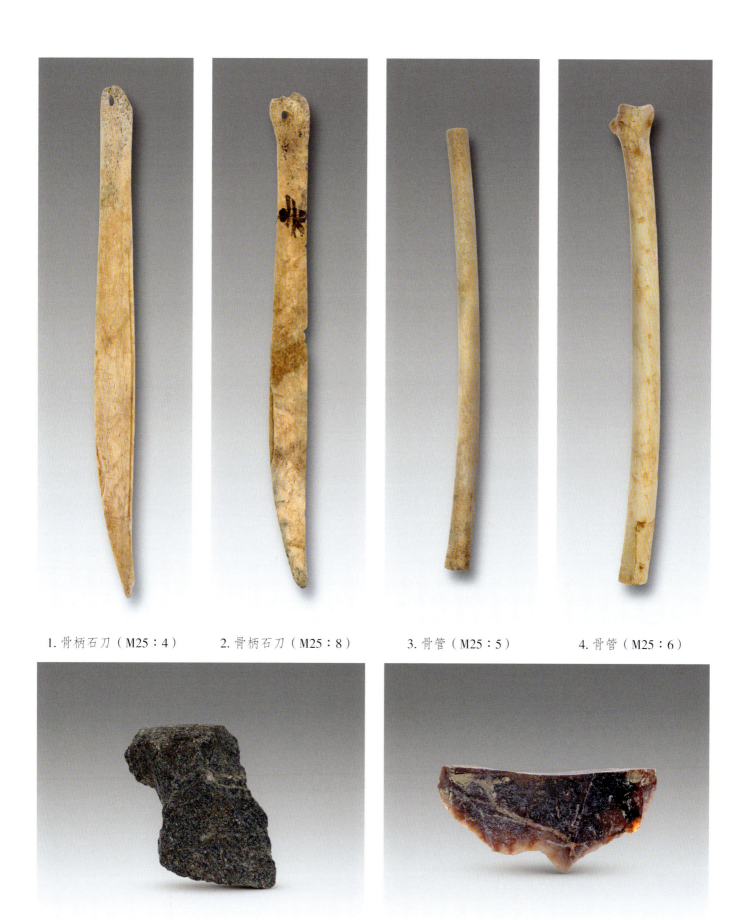

1. 骨柄石刀（M25：4）　　　2. 骨柄石刀（M25：8）　　　3. 骨管（M25：5）　　　4. 骨管（M25：6）

5. 石片（M25：3）　　　　　　　　　　　　　　　6. 石片（M25：7）

彩版二三　　M25出土器物

2. M26随葬陶器

1. M26全景

3. M26陶器组合

4. 石珠串饰（M26：3）

5. 羊距骨（M26：4）

彩版二四　M26及出土器物

1. 双耳彩陶壶（M26：1）

2. 双耳彩陶盆（M26：2）

彩版二五　M26出土陶器

1. 双耳陶罐（M27：1）

3. M30全景

2. M29全景

4. 石锤（M32：1）

彩版二六　M29、M30及M27、M32出土器物

2. M28随葬陶器

1. M28全景

3. M28陶器组合

4. 双耳罐（M28：2）

彩版二七　M28及出土陶器

1. 彩陶盆（M28：1）

2. 双耳彩陶罐（M33：1）

彩版二八　M28、M33出土陶器

1. M33陶器组合

2. 双耳陶罐（M33：2）

3. 双耳彩陶壶（M33：3）

4. 双孔石刀（M33：4）

彩版二九　M33出土器物

1. M34全景

2. M34偏室内人骨及随葬品

4. M34随葬狗的头骨

3. M34陶器组合

彩版三〇　　M34及出土遗物

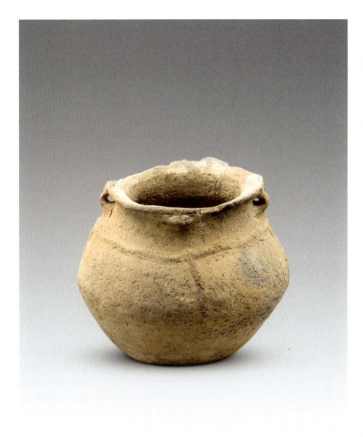

1. 双耳罐（M34：1）

2. 双耳罐（M34：2）

3. 双耳彩陶罐（M34：3）

彩版三一　M34出土陶器

彩版三二　M34出土单耳彩陶罐（M34：4）

彩版三三　M34出土单耳彩陶罐（M34：4）

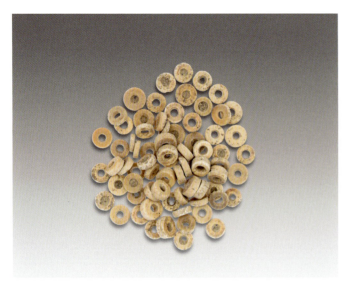

1. 石珠串饰（M34：5）

2. 双耳陶罐（M34：6）

3. 石刀（M34：7）

4. M35偏室及人骨

5. 贝饰（M35：2）

彩版三四　M34、M35及出土器物

1. 骨柄石刀（M35：1）

2. 侈口陶罐（M36：1）

3. M37全景

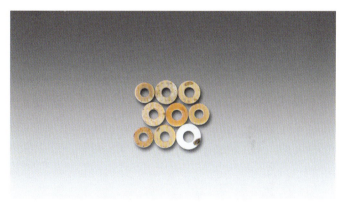

4. 浅色石珠串饰（M37：1）

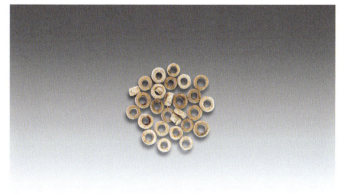

5. 浅色石珠串饰（M37：2）

彩版三五　M35、M36、M37及出土器物

1. M38全景

2. M38陶器组合

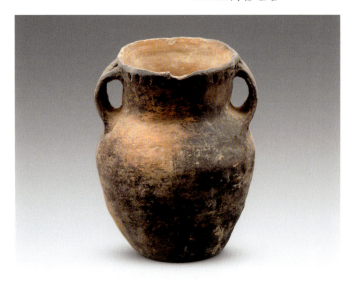

3. 双耳罐（M38：2）

4. 双耳罐（M38：4）

5. 敞口盆（M38：3）

彩版三六　　M38及出土陶器

彩版三七　M38出土彩陶壶（M38：1）

1. M39全景

2. M39陶器组合

3. 双耳彩陶罐（M39：1）

4. 陶杯（M39：2）

彩版三八　M39及出土陶器

彩版三九　M39出土单耳彩陶罐（M39：3）

2. M41随葬陶器

1. M40全景

3. M41陶器组合

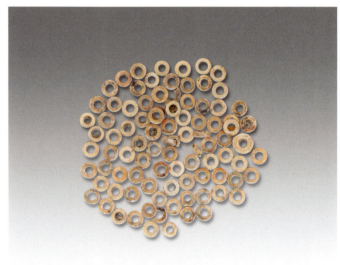

4. 双耳陶罐（M41：2）

5. 石珠串饰（M41：3）

彩版四〇　　M40、M41及出土器物

2. M42全景

1. 双耳彩陶罐（M41：1）

3. 单耳杯（M42：1）

4. 单耳带流壶（M43：1）

彩版四一　M41、M42、M43及出土陶器

1. M44偏室及人骨、随葬品

2. M44人骨

3. M44随葬骨器

4. M44随葬陶器

5. M44随葬骨臂饰

1. M44陶器组合

2. 双耳罐（M44：16）

3. 双耳罐（M44：15）

彩版四三　M44出土陶器

彩版四四　M44出土单耳彩陶壶（M44：13）

彩版四五　M44出土双腹耳彩陶罐（M44：14）

彩版四六　M44出土单耳彩陶杯（M44：19）

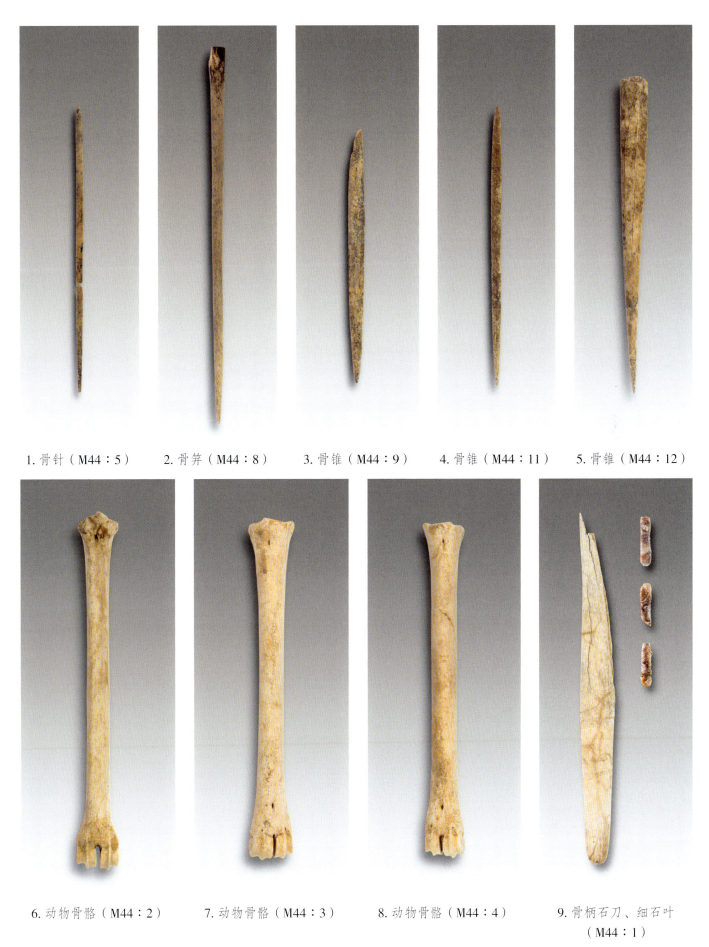

1. 骨针（M44：5）   2. 骨笄（M44：8）   3. 骨锥（M44：9）   4. 骨锥（M44：11）   5. 骨锥（M44：12）

6. 动物骨骼（M44：2）   7. 动物骨骼（M44：3）   8. 动物骨骼（M44：4）   9. 骨柄石刀、细石叶
（M44：1）

彩版四七   M44出土器物及动物骨骼

1. 狗下颌骨（M44：10）

2. 串饰（M44：6）

3. 绿松石珠及骨珠（M44：6）

4. 石珠串饰（M44：7）

5. 石珠串饰（M44：18）

彩版四八　M44出土串饰及狗下颌骨

1. M45偏室及人骨、随葬品

2. M45陶器组合

3. 双耳彩陶罐（M45：1）

彩版四九　M45及出土陶器

1. 双耳陶罐（M45：2）

2. 双耳陶罐（M45：3）

3. 双耳陶罐（M45：4）

4. 陶器盖（M45：5）

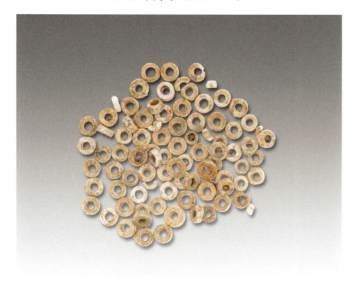

5. 石珠串饰（M45：6）

6. 石珠串饰（M45：7）

彩版五〇　M45出土器物

1. M46陶器组合

2. 双耳彩陶罐（M46：1）

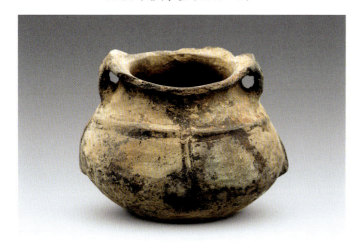

3. 双耳罐（M46：2）

4. 器盖（M46：3）

彩版五一　M46出土陶器

1. M47全景

3. M47陶器组合

4. 双耳罐（M47：1）

2. M47随葬陶器

5. 双耳罐（M47：5）

彩版五二　　M47及出土陶器

1. 双耳彩陶罐（M47：2）

2. 双耳彩陶罐（M47：4）

彩版五三　M47出土陶器

1. 双大耳陶罐（M47：3）

2. 单孔石刀（M47：6）

彩版五四　M47出土器物

1. M48随葬陶器

3. 双耳罐（M48：1）

4. 双耳罐（M48：3）

2. M48陶器组合

彩版五五　M48出土陶器

1. 单耳彩陶罐（M48：4）

2. 器盖（M48：2）

彩版五六　M48出土陶器

1. 骨锥（M48：6）

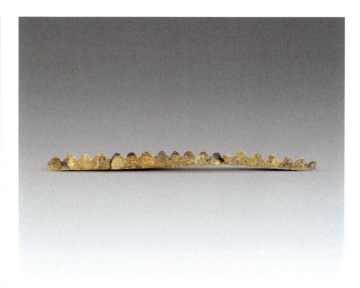

2. 骨片饰（M48：7）

3. 细石叶（M48：8）

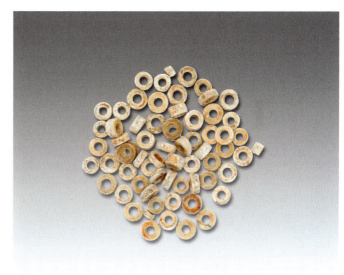

4. 石珠串饰（M48：5）

5. M50全景

彩版五七　M48、M50及出土器物

1. M52全景

2. M52陶器组合

3. 单耳杯（M52：1）

4. 双耳罐（M52：2）

彩版五八　M52及出土陶器

1. M53全景

2. M53随葬器物

3. M53陶器组合

彩版五九　M53及出土陶器

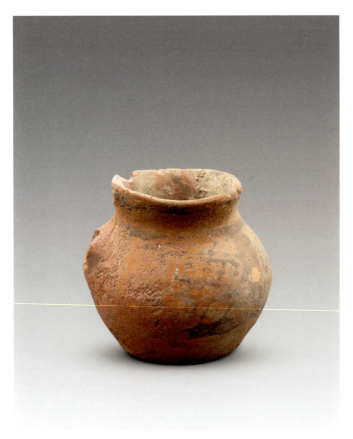

1. 单耳彩陶罐（M53：1）

2. 双耳罐（M53：3）

3. 双耳彩陶罐（M53：2）

1. 单耳彩陶杯（M53：4）

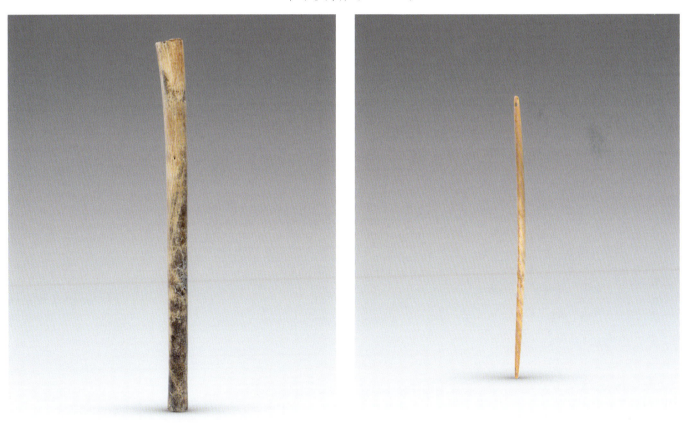

2. 骨管（M53：5）　　　　　　　3. 骨针（M53：6）

彩版六一　　M53出土器物

1. A型（M44：14）

2. A型（M45：1）

3. B型Ⅰ式（M39：1）

4. B型Ⅱ式（M17：2）

5. B型Ⅲ式（M47：2）

6. C型（M45：4）

彩版六二　双耳陶罐

1. D型Ⅰ式（M45：3）

2. D型Ⅱ式（M24：1）

3. D型Ⅲ式（M47：1）

4. E型Ⅰ式（M3：2）

5. E型Ⅱ式（M27：1）

6. F型（M38：4）

彩版六三　双耳陶罐

1. A型单耳陶罐（M39：3）

2. B型单耳陶罐（M53：1）

3. A型 I 式陶盆（M28：1）

4. A型 II 式陶盆（M19：6）

5. B型陶盆（M26：2）

6. C型陶盆（M38：3）

彩版六四　单耳陶罐、陶盆

1. A型陶壶（M44：13）

2. B型陶壶（M17：1）

3. C型陶壶（M38：1）

4. Ⅰ式陶杯（M44：19）

5. Ⅱ式陶杯（M53：4）

6. Ⅲ式陶杯（M5：2）

彩版六五　陶壶、陶杯

彩版六六　采集双耳彩陶罐（CJ：1）

1. 双耳彩陶罐（CJ：9）

2. 双耳彩陶罐（CJ：15）

3. 双耳彩陶罐（CJ：16）

4. 双耳彩陶罐（CJ：17）

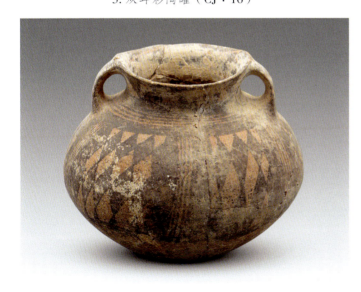

5. 双耳彩陶罐（CJ：18）

6. 双耳罐（CJ：3）

彩版六七　采集双耳陶罐

1. CJ：7

2. CJ：8

3. CJ：13

4. CJ：14

彩版六八　采集双耳陶罐

1. CJ：4

2. CJ：11

3. CJ：19

彩版六九　采集双耳彩陶盆

2. CJ：5

1. CJ：2

3. CJ：12

彩版七〇　采集彩陶盆

1. 彩陶壶（CJ∶6）

2. 单耳彩陶杯（CJ∶10）

3. 骨笄（CJ∶21）

彩版七一　采集陶器、骨器

1. 骨柄石刀（CJ：20）

2. 石磨盘（CJ：22）

3. 石磨盘（CJ：23）

彩版七二　采集骨器、石器